我從世間來

釋滿觀 著

推薦序

如水川流的世間路

星雲

文學的表現方式有多種，諸如散文、小說、傳記，乃至詩詞歌賦，有一時的抒懷，也有一世的遣情，舉凡庶民百姓心情興起，擊壤而歌、踏地為舞，是文學的表現形式；文學大家酒到興處，舉杯吟嘯、揮筆成詩，也是文學的表現形式，在這些寫作形式當中，我覺得長篇小說是最不易掌握，但也最能影響人心的一種文體。

譬如，我們固然可以從諸葛亮的〈出師表〉中，看到人臣的忠肝義膽，但終究還得看過《三國演義》，才能窺得全豹，深刻體會諸葛亮「鞠躬盡瘁，死而後已」的老婆心切。甚至清朝的雍正皇帝，為自己平反而頒布的《大義覺迷錄》，不但沒有辦法杜絕歷史對他的負面評價，反而成了反宣傳；倒是現代作家二月河先生，在他的「皇帝系列」小說中，為雍正的上位做了合理而人性的詮釋，改變了人們對雍正的看法和評價。

我對小說的涉獵，不敢說全面，但年輕時看過的《水滸傳》，至今還能一一舉出梁山泊好漢的名字、相貌、個性，和慣用武器。課徒之餘，為他們講說三國演義故事，弟子們也常驚訝我除了情節清楚，角色情緒到位，竟然還能原原本本背出人物的對話。其實，一部好的小說，教忠教孝、教仁教義，由於情節的帶引、角色的魅力，是具有潛移默化的功能，讓讀者一讀難忘的。

這樣的功能，尤其表現在佛經裡。在佛教經典中，有人物、有情節、有對話、有完整的架構、有優美的文辭，足可以當小說來讀，精采度和空間感甚至超過小說的，不在少數，胡適先生就曾說過《維摩詰經》是一部精采的戲劇小說。我年少時，接受嚴格的佛學教育。及長，因為看管圖書館的因緣，又讀了不少文學作品。這些養分深植心中，一朝機緣成熟，寫出了《玉琳國師》、《釋迦牟尼佛傳》、《十大弟子傳》等小說，甚至以這些書的版稅，創建了佛光山，爾後有了佛學院、全球的道場、佛光會等等。若要說小說對我，乃至對臺灣佛教的影響，不可謂不大矣！

因此，當徒眾滿觀向我提出長篇小說《我從世間來》的寫作計畫時，我欣然同意，並給予因緣，讓他安心寫作。

滿觀法師畢業於中國文化大學。出家前即從事寫作、編輯工作；出家後更是堅守文化崗位，擔任過佛光文化總編輯、上海大覺文化執行長等職務，可以說是全職的文化人，也是佛光山的一枝好筆。由於他先天的溫和細膩，加上後天編輯工作培養出來的嚴謹縝密，雖然只知道小說計畫的梗概，但我對他能放心，只有偶爾關心進度。

八個月後，滿觀帶著完成的文稿來「交卷」，果然文如其人，寫的雖然是世間兒女的故事，在滿觀向來沉穩端凝的寫作風格烘托下，再激盪的情節，都像在水平面下演繹。一雙戀人、兩對夫妻、三組家庭、四個時空，詮釋著親情、愛情、友情、道情，世間與出世間的對話，提起與放下之間的磨厲，種種生活上你我也許會遇到的心情和事情，讓這部長篇小說具有相當的可讀性。

如水一般川流不息的世間路，何時轉彎？何時停佇？何時再出發？何時到盡頭？不管哪一種，總之不能再回頭，當我們意識到這一點，能否有一顆篤定的心，迎頭向前？《我從世間來》應該有答案。因此，我樂之為序。

二〇一六年二月於佛光山開山寮

推薦序

轉身再向世間行

李瑞騰

滿觀法師有一枝好筆，他出版過兩本書：一本是《靈山不如歸》，是出家後在學佛修行過程中所寫的小品散文，分雲水、拾穗、惜情、抒懷四卷，都是以潔淨文筆的敘寫之作；另一本是《半中歲月》，原是《人間福報》「以書會友」專欄文章，主要是閱讀體會的引申發揮。這是他在講經說法之外的筆耕成績，說明他的文字能力與人文素養，已足以在文學和佛學交會的空間馳騁自如。

他新近完成一部長篇小說《我從世間來》，約十七萬字，分成五章，未訂標題；各章分八到十二節不等，皆有其重點，以主要人物帶動情節發展，眾多人物統攝其中，順敘、倒敘、插敘交錯運用。小說主線是從俗家寫到佛門，整個故事的背景很大，時間連綿三十餘年，空間包括臺北（陽明山、內湖、北投、重慶南路、復興北路、臺大）、基隆、桃園、高雄、南投（日月潭）、嘉義（中埔）、花蓮、澎湖，乃至臺灣以外的德國、日本等；就主題性、精神面來說，應歸屬於佛教小說的範疇，寫千絲萬縷的人間世情，複雜而幽微，小說人物總因其個性而有其際遇，但事會過，境會遷，在此過程中，於人生能否有所體悟，於智慧能否有所提升，將決定人品之高下。

小說最核心人物應是楊心玉，也就是後來出家的元清法師；深愛心玉的中學教師洪偉國和德文系助教吳廷軒，可說是兩位要角吧；洪偉國以為心玉和吳廷軒去了德國，才和周佩璇結婚，他們夫妻的互動是小說主要情節，佩璇離婚後的工作、生活以及一段情是另一個敘述重點，其中也鋪陳她漸漸信佛的過程，在不知彼此的情況下還和元清法師照過面；最後的焦點人物是洪周所生的兒子洪宇誠，他在父母失和離異下成長，北上讀臺大動物系、生命科學研究所，面臨兄死母喪之撞擊，而認真思索生命的意義。

小說第一章第一節，寫的是廷軒在去國二十年後首次回來見到已落髮多年的心玉後的情景，再逆寫回一九七〇年在華崗當助教初識心玉，到他出國的一年多時間裡的交往狀況。他是心玉情變的關鍵，往後他因政治及思想問題，被列入黑名單，不能回來，要心玉出去又不能如願，最後草草結婚。他因不在場，只能出現在心玉的記憶裡，一直要到第五章才再出現，和元清法師一席話，形同情節補述。從心玉到元清，他的影響最大，唯其立場左傾，逐浪異國，影響一生。這部小說因他而和時代環境有了特殊的連繫。

吳廷軒和洪偉國皆在失愛後另擇對象結婚，皆以離異收場（吳雖未離，卻已分居）；偉國離婚後再娶，對於下一代的負面影響甚大；佩璇離婚後幸得經營幼稚園的同學高芳妮之助，得以穩定，與學生家長劉永靖（也是失婚者）短暫的一段情，卻搞得狼狽不堪。相較之下，心玉拒絕了李守楠的追求，因出版社編輯胡玲慧之引路而再親近佛門，甚至在皈依受戒之後，堅定平靜地落髮。

整部作品出現許多寺廟，首先是心玉情愛徬徨之際躲入的花蓮「離市區一小時的海邊，依山而建的寺院」，她第一次想出家是在這裡；然後心玉到日本讀書，曾到奈良的「東大寺」禮佛；回臺後任教補習班，「偶爾跟著胡玲慧到寺院」「參加法會、念佛、聽法師演講，也開始閱讀佛學的書籍」，接著是和胡玲慧一起到基隆「千福寺」朝山；其後的皈依受戒，乃至三壇正授，都是在總本山——嘉義的「法水禪寺」。在這裡，曾深愛著心玉的二位男士都曾來看過他。多年以後，元清法師調來臺北「明和寺」，負責社教班，在附近的三民書局巧遇第二度返國的吳廷軒；曾在光明燈法會時到北投「青山寺」支援。

滿觀法師的文筆展現在對於這些寺廟的描寫上面，於佛像、佛事以及佛門內部法師行止之敘寫，於佛典、佛理之闡發以及僧信二眾佛心之刻劃等，配合小說情節的發展，皆極妥適。因為是小說，他隱去了真實的名稱，但我們知道，小說的內在正對應著實存的世界。

臺灣的佛教小說並不多，在討論小說與佛教關係時，常被提及的有李喬、陳若曦、東年、蕭麗紅、宋澤萊、梁寒衣等。其實早在一九五〇年代，星雲大師即出版過膾炙人口的《玉琳國師》，體裁正是小說；一九六〇年大師創辦的佛教文化服務社曾出版朱橋編的《佛教小說集》；在此基礎上，佛光山於一九八〇年代曾有《佛教小說選》（四冊）問世。我以為這樣的選集可以續編，相關的議題有必要展開討論。

大師座下諸弟子中能文者眾多，但寫的比較多的是散文，其中包括用散文說佛教、佛理的故事等；而滿觀法師這部《我從世間來》，深具長篇小說創作意識，於小說構成諸元素，如人物、故事、情節、場景、衝突等，皆頗為可觀，其為文之用心，或即我從世間來，歷經困阨，得悟正道，轉身再向世間行，助人消業，此亦以文藝弘揚佛法之一端，則其書之出版，在佛光山文學史上是值得記錄的一件大事。

（國立中央大學中文系教授）

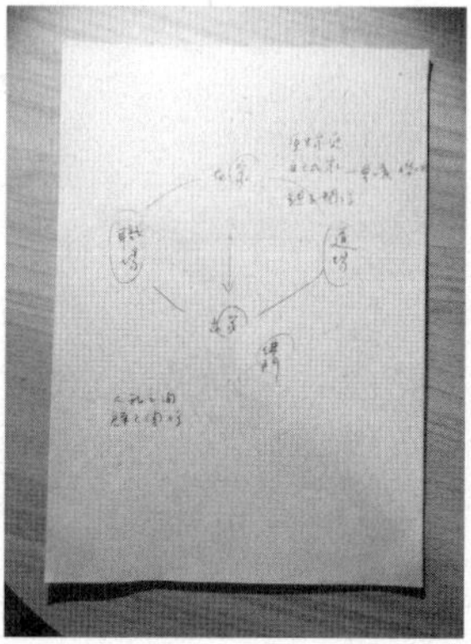
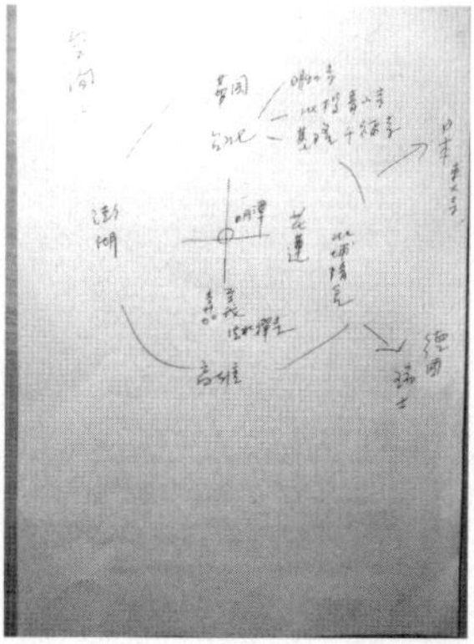
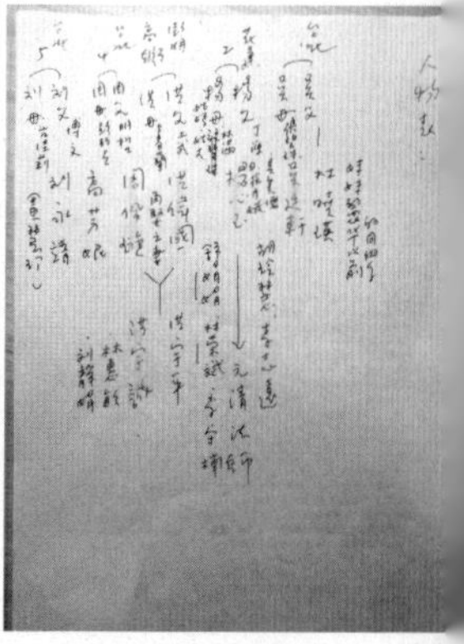
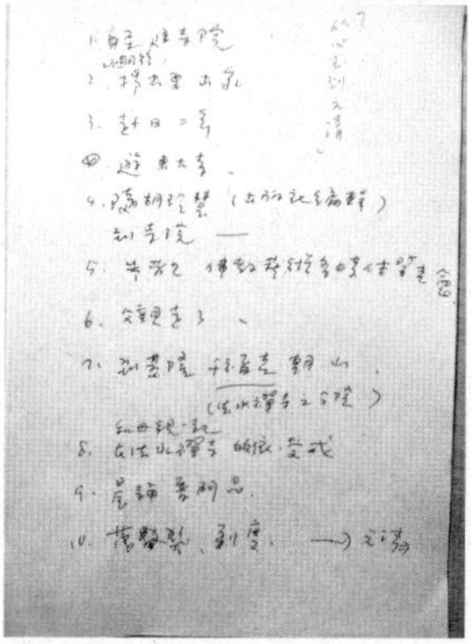
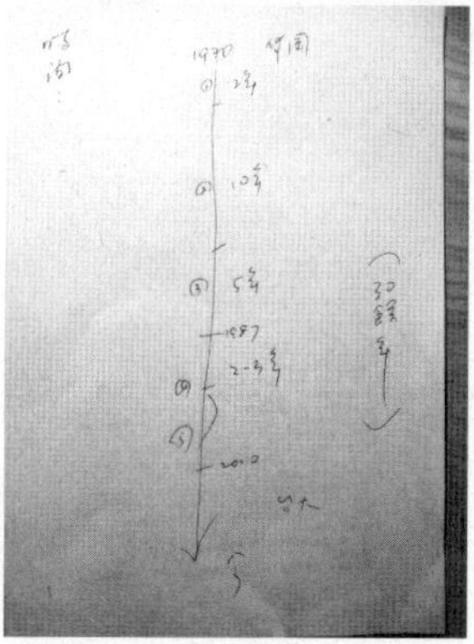

李教授為此書所作的人物表、時間、空間等相關的五張手札。

自序

以愛為名

滿觀

十多年前，在日本本栖寺，倘佯美麗的湖光山色間，星雲大師娓娓道出「本栖緣」的故事：一位女孩來到寺院，認識了一位男孩，兩人互有好感，開始交往……

聽著聽著，我心中醞釀了另一部小說。

我喜歡看小說。年少時，從古典的《紅樓夢》、《西遊記》，武俠小說，到《飄》、《咆哮山莊》、《基督山恩仇記》等世界名著，都帶我走入一個一個繽紛多彩的世界。

記得大學時，有位醉心電影藝術，誓志要當導演的同學，在畢業紀念冊上送給我一句話：「多看電影，世界在變。」出了家，不方便看電影，但是從平面閱讀中，我同樣感受到瞬息萬變的世界脈動。

二〇一四年七月中旬，從上海請調回山，大師問我回來要做什麼？當時我請求：「請給我半年到一年的時間，我想寫一本小說。」大師當下同意。

於是，我開始思考主題、題材，規畫人物、情節、場景，半個月後，開始動筆，歷經八個多月，完成了近十七萬字的長篇小說。

《楞嚴經》說：「異見成憎，同想成愛。汝愛我心，我憐汝色，以是因緣，經百千劫，常在纏縛。」因此，每天每一個「我」，以愛為名，都在上演各種悲・歡・離・合・恩・怨・情・仇的戲碼，不是嗎？

有的人有所體悟而抽離，有的人耽溺其中而樂此不疲，當然，也有人耽溺其中而痛苦無比。

從每椿故事印證佛陀所言的「十二因緣」，過去因之首為「無明」，現在因之首為「愛」，由此而有一世一世的生命流轉。誠然不虛！

寫作進行中，大師幾次問我：「書名叫什麼？」我都汗顏怯怯回答：「還沒有想出來。」

寫了三分之二，有一天突然想起，唐順宗問佛光如滿禪師「佛從何方來？滅向何方去？」的這則問答詩偈（公案），當下冒出「我從世間來」這個書名。很高興也得到大師的認可。

這部小說裡，好幾個角色相互牽連，演出人間大戲。像你我一樣。在男女情愛、家庭倫裡、親情、友情、道情，這麼一大張網裡，奮力、泅泳。

寫得入戲，有時欣然喜悅，也曾數度悲傷難抑。幸而，如此起心動念之後，總見清明；煩惱即菩提，一心開二門，「生滅」同時，「真如」皎然而現。

在作人物刻劃、環境描述時，很自然地會把身邊熟悉的「人事時地物」作為參考的素材。所以嘛，當您閱讀時，若有相識相仿之感，請不要「對號入座」。（難怪有些戲劇、小說，會作此說明。我竟也不能免俗的鸚鵡學語，哈！）

過去，聽作者編劇、寫書時嘗言：「寫著寫著，裡面的角色自己會說話。」那時我不明白。現在親自上陣，果真發現下筆時，不一定全然按照心中原本的規畫在進行。情節會旁岔，角色會自說他想說的話，也只能隨緣地演下去囉！

最後，仍要感謝寫作期間，大師的關心與指導，並讓我有「半自由」的時間，半專心地完成這部小說。最後還給了一篇序文，大師呵護文字工作者的慈悲，實令人感動！

感謝李瑞騰教授對拙作的詳讀，拿到這篇如導讀般的推薦序文，心裡很激動；一位資深的文學大家，如此謹慎地對待後學的文稿，尤其看到他為此書所作的人物表、時間、空間等相關的五張手札，真是又驚喜又感動！我看到了一位學者、評論家的胸懷與風範。

感謝好友「白袍」，作為第一位讀者，他給予的中肯而客觀的專業評價，以及一些指正，讓我獲益不少，也讓我有信心繼續再寫第二本、第三本……

最後，祈願有緣看這本書的您，和我一樣，能從這部人生悲喜劇中，嗅到些許訊息。

註：出家後已無男女相，所以書中的法師，無論比丘、比丘尼，人稱上皆用「你」、「他」。除非對方心中所思所憶其為女生相時。

目次

第參章 | 187 |

以為從日本回來，自己的世界仍舊存在，棘手的感情仍然等著她做決定。
突然之間，多年來一直被「愛」填塞得滿溢的心田，所有美麗燦爛的玫瑰花，霎時花瓣墜落，枯槁萎靡成衰頹的荒田。不只是悵然，更是被抽枝拔根的痛楚！

第肆章 | 265 |

一夕之間，大教室變成美侖美奐又充滿喜氣的禮堂。周佩璇拿著一座表演用的保麗龍做的小屋子和蛋糕，走往禮堂。在雜沓腳步聲、大人小孩混合的眾多講話聲中，忽然響起悶悶抽泣的遏抑哭聲和低聲的斥責……

第伍章 | 339 |

來自十方，取之社會，就要有所回饋；以法布施給十方，以法供養給每一個眾生……

第壹章

我不會放棄的！雖然它會是艱苦漫長的路，
但是我不怕！我經得起考驗，我會衝破萬難，
為了讓我們能在一起。飄逸瀟灑的字一如其人。
心玉多次凝望咀嚼，酸甜苦辣鹹五味交集。

望著曾經那麼熟悉爾今如此陌生的背影，漸行漸遠，然後隱入一面灰色水泥牆，他含在眼眶的淚水終於滾滾落下來，酸楚刺痛兩頰。

「你還好吧？」堂哥在旁關心注視，輕扶他微晃的身子。

靠在路邊冰涼的石欄柱，試著慢慢平伏那翻騰激宕的心情。乾淨的路面，微風陽光舞出的樹影搖曳，兩片褐綠色菩提葉靜靜躺著。午後，唯聞幾聲啾啾鳥語，不時蟬鳴穿插伴奏。

這是她喜愛的環境。與她相配的久居之地。

她滔滔不絕地介紹這裡的歷史、修道的生活……

「我不是來聽妳說這裡有多好！」他啞著的嗓音壓著苦澀的心。

聞聲，頓時煞住口，再怯怯迎上去，深情至悲涼的眼神如往昔灼灼凝視。

心虛垂眼，那要說什麼？能說什麼？

紅蘿蔔炒豆皮、水煮青江菜，以及燉燒成咖啡色的冬瓜花生，簡單三樣素菜擺在白色磁盤裡，她津津有味吃著、說著，舉箸間，菜餚的油光將優美小巧的嘴唇滋潤得如鮮嫩的玫瑰花瓣，一張一歙散發誘惑的芳香。

他定定地看呆了。青絲落盡，乾乾淨淨的頭顱下，蒼白的容顏上，依然是一雙無邪的大眼睛，一張柔美又俏皮的櫻唇。

曾經令他著迷的眼睛與嘴唇。二十年前的感覺又回來。

二十年沒見，繞過半個地球從歐洲飛奔回來，再輾轉探詢搭了幾趟車才尋來此僻遠深山。乍見裹在寬大黑袍裡的清瘦身軀，強烈的疼惜不捨忽地蓋住一路的興奮澎湃激情！

二十年前，不，二十二年前吧，即是帶著興奮澎湃的激情，從臺中徒步橫越中央山脈尋到東部。

為一朵清雅脫俗又嬌麗動人的蓮花。

一九七〇年，吳廷軒大學畢業三年了，一面在母校德文系當助教，一面準備到德國繼續留學深造。

那一天下午一點多，他按例到視聽教室，開燈，檢查調整各個機器。走出音控室，寬闊的教室裡，已陸陸續續進來幾位日文系一年級的學生。一百二十來公分高的藍灰隔板，隔出一個個方正的小空間，乍入如迷宮。有的同學穿梭尋人聊天，有的靜坐看書。

他逐排左右巡視，忽然不遠的隔板後方，一張臉仰起隨即低下，只一瞬間，他恍惚嗅著一泓清泉，讓人欲捧掬。

廷軒來到她座位旁，她一手拿著耳機，一手在桌面機器插孔上搜尋。兩眼茫然不知所措。「有需要我幫忙嗎？」唯恐吹皺一池寧靜，他輕聲細問。

「我怎麼聽不到聲音呀？」乾淨的聲音有著疑惑：「那麼多孔，到底我該插哪一個孔呢？」

廷軒噗哧笑開來。「諾，就是這個洞。有聲音了吧？」

眉宇舒展的臉龐，白白淨淨，透著天真稚氣卻又有著不食人間煙火的靈氣。

盼到下週二。

同樣的時間，依序巡視，來到她的座位旁。她正低頭專心地看書。

「嗨，妳好！」

她綻開友善的笑容回應。

「妳看什麼書，那麼專心？」

「《少年小樹之歌》。」她揚起書讓他看封面，補充道：「很好看的書喔！你看過沒？」

廷軒搖搖頭。

「我看完，借給你。」

就這樣，「少年小樹」在兩顆生疏的心靈之間串聯遊走。從小樹苦難坎坷的經歷，到他磨練出的堅忍豁達的人生哲學。兩人喋喋絮絮談論，也勾勒各自的思想、觀念，然後在對方的心海裡冒泡。

走出飯店，十一月的夜空透著微涼。明亮的招牌、閃爍的霓虹燈、往來穿梭不止的車燈，還有車輪、人群揚起微塵，像一張霧網往上撒得天空濛濛灰灰。黝黑的夜空不再。

走在行人道，迎面一陣子風，廷軒習慣性問道：「冷嗎？」

「還好。」林曉瑛兩頰泛著紅暈，呼吸中吐出絲絲啤酒氣息，圓亮的兩隻眼睛閃著光彩，高張的情緒從宴席上繼續延燒。

「小貞的先生怎麼樣？不錯吧！」

「嗯。」

「他是汽車公司的小開，他們家的企業做得很大，海內外好幾家公司呢！告訴你喔，他們才一訂婚，他公公就買一棟別墅給他們。前兩天，我們幾個同事到他家，嘖嘖，可真豪華！裡面的裝潢、設備不說，光是那一個大庭園，就叫人羨慕死了！有花有樹有假山有流水，還有一個游泳池……」

清脆的聲音一串串叮叮噹噹響個不停，廷軒眉頭微皺，靜靜地看著自己的腳步。

「妳很羨慕吧？」

叮噹聲猛煞住。風驟冷。

曉瑛癟著嘴唇，走一會兒，擱在廷軒臂彎的手慢慢放下來。空氣僵在石板地高跟鞋的聲音，兩雙腿平行向前邁。

曉瑛頓覺意興闌珊，離公車站還有一段距離，她隨意換個話題：「你托福考準備得怎樣？」

「還好。」廷軒不樂意地擠出兩個字。

走到公車站，39路車正好駛近，廷軒遲疑片刻，「那，我先走了。」沒等曉瑛開口就跳上車。

回到家，院子裡暗夜中散出的淡淡桂花香稍稍撫平他的心情。石牆裡的三層樓獨門老宅，舒適穩實，是他兒時至今依然眷戀倚靠的避風港。

「媽——，我回來了。」

張碧珠從沙發起身迎上來。看看牆上的時鐘，「怎麼那麼早就回來？」見兒子沒說話，察覺他臉上不對勁，關心問道：「你沒送曉瑛回家，是不是？」

「嗯——」

張碧珠是位善良慈愛的母親，受過日據時代師範教育，言談舉止優美典雅，對子女總是輕聲細語。廷軒不忍讓媽媽擔心，轉問：「爸爸還沒回來？」

「爸爸說工廠忙，要加班。」

隨即碧珠從桌上拿起一封信：「麗華寫信來，她在關心哥哥的留學考試呢。」

廷軒匆匆看過，很高興妹妹在美國適應得不錯，學校的功課也還能應付。「唉，我要加油囉！」心底想努力掃開陰霾。

上樓躲進房間。看到桌上散亂堆疊的一本本厚厚書籍，他眉頭皺緊，期望考取公費留學的壓力又湧上來。雖然爸媽都對他說盡力就好，自費也沒有關係。但是妹妹考取公費，我怎能不如她呢？而且下面兩個弟弟還在念大學，四個孩子的教育費也夠爸媽辛苦了。

廷軒的爸爸經營運動鞋的工廠，最近努力拓展海外的訂單。他白手起家，老實苦幹，撐出一片雖不耀眼卻足以讓妻兒不愁衣食的事業。

身為長子，廷軒伴著父親的奮鬥歷程長大，所以他對父母的孝順體恤也甚於弟妹。最近有些心不在焉。

一月的華崗，難得出現陽光。

期末考接近尾聲，校園裡洋溢一簇一簇的談笑聲。百花池畔的幾棵小欖仁樹的樹葉被冬風刮得所剩無幾，陽光灑在柔美纖細的枝條，像一束束的金絲線由天梯跌落至水池。楊心玉靠坐池畔岩石上，呆呆地望著墨綠色水面上漂浮的細小枯葉。吳廷軒站在前方癡癡地看著，像欣賞一尊白玉雕像。

「考得怎樣？」他隨意問著。

「還好啦，」楊心玉抬頭，雙唇抿一下，又說：「奇怪，我又不是英文系，為什麼還要讀英文呢？」

「沒辦法，英文是大一必修的共同科目。」

心玉沒有語言細胞，不要說英文，連本科系的日文也念得馬馬虎虎。大學聯考幾分之差，沒考上她中意的中文系，是她心中之痛呢。

廷軒試探問道：「明天考完試，後天我們去玩，好嗎？」

「玩？去哪裡玩？」

「妳想去哪裡？」

心玉正思考，突然想起似地：「不行，明天我媽媽從花蓮來，後天我士林姑媽要陪她到晴光市場買東西，我也要陪著。」

「幾個月沒見到媽媽了，她特地來臺北……」

「晴光市場我很熟，我可以帶路！」廷軒笑得像大男孩一樣開心。

晴光市場位於中山北路，五、六〇年代是屬於「高級」的商場。一小間一小間的店面，除了南北各種雜貨，更有銷售各國舶來品的「委託行」，像化妝品、珠寶手飾、衣服、家具、皮包……多為精品，深受婦女喜愛。廷軒曾陪媽媽來逛過。

心玉的姑媽和媽媽林滿意外見到站在心玉身旁的廷軒，不由納悶。

「媽媽、姑媽，這是我們學校德文系的助教吳廷軒。」心玉大方地介紹。

「伯母好，姑媽好。」廷軒禮貌招呼，態度自然自在。

兩人仔細端詳，對這位高大英俊又文質彬彬的男生頗有好感，尤其一雙西方人似的深邃眼睛，散發出溫柔與善意，看得出來是位教養良好的男孩。

姑嫂兩人勾著手臂走在前面，眼睛往店面一家一家望過。姑媽問：「是心玉的男朋友嗎？」

「應該不是吧——」林滿心想看他們的言行舉止應該不像，何況……

心玉和廷軒對兩旁的商鋪都沒興趣，只隨意跟在後面，邊走邊聊。

心玉的爸媽一結婚就從西部搬遷到東部花蓮。那時臺灣的物質經濟普遍匱乏，夫妻倆創業之初想到「民以食為天」，便開始經營餐飲行業，由不到二坪的小小店面到現在一百多坪，有三位廚師、近二十位員工的中型飯店。

心玉皺皺眉頭：「不過，我不太喜歡每天看到的都是油油膩膩的鍋碗瓢盆，還有，來來往往川流不息的客人……」

心玉的母親皮膚白皙，五官秀麗，身材中等略為圓潤，穿著高雅得體，其氣質一望宛如貴婦人般，實在瞧不出她揮鏟動鍋的模樣。

「爸媽白手起家，真的很辛苦。」心玉不捨地望著前面母親的背影。

廷軒耐煩又頗饒興趣地聽著心玉細柔的聲音吐出的家庭事業史。

中山路、中華路是花蓮最熱鬧的精華地段。兩層樓的久旺飯店座落在兩條大街的交叉口，已有近三十年歷史，是一家食物可口，價錢中道，環境衛生，口碑不錯的餐館。

這一天，中午忙完五輛遊覽車兩百多位客人的用餐。心玉和哥哥、弟弟幫忙收拾杯盤狼藉的桌子，掃好地，把一張張椅子整齊挨回圓桌下。雖然店裡有廚師、員工，楊丁源夫婦勤奮慣了，依然親自下廚，食客多繁忙之際也會要求子女動手協助。孩子們雖不是頂樂意，看著父母鎮日辛苦忙碌，偶爾勞動勞動倒也無怨言。

偌大的餐廳暫時歸於寧靜。心玉躲回樓上，繼續窩在房間，跌落神遊小說構築的另一個世界。這一陣子她沉迷金庸的武俠小說。蜷曲床頭，溫暖的棉被裹著下半身，《鹿鼎記》在膝頭。韋小寶肚子餓，闖進一間房子偷吃點心糕餅，後來和進來的「小玄子」碰上，兩個小孩互相摔跤扭打，呼呼喘氣，覺得好玩過癮，相約明日再來……

隨著書中情節的跌宕起伏，心玉的心靈飄飄渺渺融入非現實的另一世界。有時順手拈起旁邊的豆乾或鱈魚絲條、蜜餞，往嘴裡咀嚼。書加零食，如此精神和味蕾的交融，即是她無上愉悅的享受了。

逐漸倦去，眼皮開始沉重，闔上書，眼角瞥見書桌上的白色標準信封。心玉心一沉，瞬間，不盡如意的感覺讓她重新回到現實，偉國這個寒假不來了。在南部中學教書的洪偉國，每逢寒暑假總會抽空來花蓮住上幾天。兩人相差七歲，交往四年，他對心玉一往情深，是她情感上的靠山；如同其厚實身軀般可偎可靠。

信上說寒假要上補校夜間部的課，沒辦法來花蓮了。

滿腔的期待頓時落空，心玉皺眉嘀咕著。

叩——叩——叩，弟弟敲門喊：「姐——，有人找妳！」

誰呀？看看手錶快五點了。心玉下樓，餐廳燈未全亮，兩個員工正一桌一桌將碗筷排上。進門處，騎樓遮掩天光，薄暮灰暗中，只見媽媽和一位高大的男生在講話。

走近一看，是吳廷軒！

「咦——你怎麼來了？」心玉驚訝錯愕，難以置信。

「我來看妳。」

廷軒背上揹著一個大行李包。風塵僕僕，兩頰、下巴像剛冒出芽的雜草田，鬍渣青青一片；頭髮乾涸凌亂，好似經過沙塵暴的侵襲。疲憊的神態中一雙深邃的眼睛卻射放熾熱的光芒，兩道強光直直衝射心玉，她眼神才一迎上，即被灼傷似地彈跳驚恐避開。

初次見到楊心玉，她眉宇間恬淡無求的神韻，以及清純如嬰兒的笑靨，便時時在他心田裡繚繞。廷軒自知不應該，和林曉瑛在一起快四年了，雖然她畢業進入社會之後，言談舉止和打扮，甚至觀念，都不像以前那麼可愛質樸，為此兩人常常齟齬不悅，但這也不是她的錯啊！

是我要求太高嗎？我在追求一個永不被汙染的永恆清蓮？以此永恆清蓮為標準在塑造並苛求心中的女神嗎？無疑地，心玉是朵潔淨的蓮花，至少目前是的，等她踏入社會，是否也會變質？

理性告訴他：會的。縱令如此，縱令自知不該背叛林曉瑛的感情，吳廷軒還是止不住對楊心玉的思念。內心的煎熬、矛盾、掙扎，攪得他坐立難安更不用說讀書了。情與義交戰，渴望追求和安分知足的意念在心中輪番竄出。

為了考驗自己的體力，也希望藉由什麼力量來讓心情沉澱，讓自己的抉擇明朗吧。廷軒從臺北搭車到臺中，然後徒步行走橫貫公路，他要走．路．到．花．蓮。以前看到同學參加救國團舉辦的健走橫貫公路活動，總是羨慕不已，但是媽媽說太危險、太辛苦，不准他參加。這次他單獨一人行走，更不敢讓媽媽知道了。

整整走了七天七夜。白天偶爾有大巴士來去行駛，偶爾見一群遊客下車，三三兩兩佇足，照相一番又上車離去，大部分時刻是他一人踽踽獨行於蜿蜒道上。

層層疊疊的高山聳入雲天，山谷裡只見如亂崗的嶙峋大石頭，偶有溪水流經處的石頭才略顯圓潤，具淺灰、米白的光亮色澤。冷風在一座座高山與峽谷隙間飛竄，他常須緊靠山壁才免被颳倒甚至跌落谷底。

白天沿著公路不停的往前走，天黑正巧遇到休息站，便能在旅店住一宿，並補充水和餅乾，否則只能找個背風的岩石，裹在睡袋裡將就過一晚了。

寒冬，天蒼蒼，風蕭蕭，唯幾隻烏鴉以嘎嘎聲撫慰孤寂的自己。

不曾有過的經歷，挑戰體力、耐力的極限，面對嚴峻磅礡的大自然，只能敬畏低頭，敬．畏．低．頭。可他並沒有轉頭回頭跳上回台中的大巴士。被父母慣養的斯文身軀裡也能有堅強的細胞吧，廷軒相信。

走了七天七夜，步行將近二百公里，只為摘取一朵雪地清蓮，只為尋覓心中白玉。

妳知道嗎？妳知道嗎？廷軒心底嘶啞喊著。

心玉不知所措。林滿在晴光市場初見吳廷軒即有好感，此刻看他癡望女兒的眼神，也不禁動容。

於是慫恿說道：「今天晚上，客人吃完飯會去阿美族文化村，你們要不要搭他們的遊覽車一起去看表演？」

他在附近旅館住下，洗個熱水澡，剃淨鬍鬚，恢復清爽面目。

簡陋碩大的圓形鐵皮屋裡，一個個座椅在前半邊沿著弧狀階梯層層往上排列，坐有八成的觀眾吧。一、二十位表演者頭戴五彩羽冠，穿著紅白黃綠橫條相間的阿美族傳統服飾，手腕、腳踝綁著一串串小鈴鐺，隨著各種打擊樂器，他們高唱嘹亮清揚的歌曲，配合竹竿、竹轎、杵臼等等道具，手舞足蹈，向觀眾展現山地原住民的生活形態與風土習俗。個個濃眉大眼，體態健美，聲音宏亮悠遠且動感十足，擅於載歌載舞，也從中窺見其樂觀、豁達、純樸的民族特性。

雖然在花蓮出生、長大，心玉卻是第一次走進阿美族文化村，第一次看這種表演，她睜大眼睛好奇興奮地專注看著。旁邊的廷軒則心不在焉，隨意瞄瞄，整副心神牽繫在旁邊的心玉，不時側身傾頭欣賞她那愉悅享受美景的表情。她能感覺，四目交接，抿嘴微笑。

第二天，他們搭乘客運汽車去鯉魚潭。身為臺北人，第一次到花蓮，廷軒喜歡鄉間小道旁一畦一畦綠油油的稻田，禾苗新嫩，尚能望見田中晃耀的水光。挺直的檳榔樹葉影搖曳，以及隨意散落的紅瓦、黑瓦白牆小屋；這種閒適悠然的田野風光是臺北少見的。

「花蓮真美！」他望向窗外欣羨地說。

「是呀，這是我的家鄉呢。」她引以為榮。

車停。一位老婆婆牽著一個約四歲小男孩上來，祖孫倆衣著灰暗樸實且略顯汙舊，老婦布滿皺紋的褐黑臉上，從兩耳旁到嘴角刺著約兩公分寬的青色弧形紋飾。她眼睛掃向兩邊座位，一邊微顫慢步往裡移。

心玉看看前方沒有空位，馬上跨前扶著她們到自己的座位。廷軒見狀也自然讓出座位。祖孫倆開心舒適的坐著，小男孩兩腿晃呀晃的。心玉手扶前座椅背，和悅笑望他們，廷軒單手拉住車頂的吊桿。

老婦注視心玉片刻，對著廷軒嘰哩瓜啦說了一大串的話，廷軒詫異問道：「她說什麼？」

心玉搖搖頭，她也聽不懂原住民的語言。

前座一位同樣是原住民的青年轉頭笑著翻譯：「她說你的女朋友長得漂亮，心地又好啦！」

周圍的人哈哈大笑，一種善意又單純的笑聲。

她羞紅了臉，心裡暗道：「誰是他女朋友呀！」廷軒卻是得意開心地咧開嘴，滿是笑意的雙眼癡癡定定地望著心玉。

宛如玫瑰精油散發的舒坦愉悅的浪漫氛圍一圈圈在他倆身上綰住、游移。

鯉魚潭面積約一〇四公頃，是東臺灣最大的內陸湖泊，是木瓜溪和花蓮溪支流所形成的堰塞湖。冬日暖暖陽光灑在湖面，波光粼粼，兩三艘小船緩緩擺盪，兩岸青青垂柳，好似美麗溫暖的童話仙境。

兩人沿著湖邊悠閒地漫步。

「為什麼叫鯉魚潭？潭裡有很多鯉魚嗎？」他問。

「聽說那座山的形狀像鯉魚。」她指著湖對岸綿延一片的綠色山丘：「不過，我實在看不出。」尷尬一笑，卻忽然想到似地脫口說，也有人說是湖的形狀像魚。記得有個俚語：「鯉魚山上有鯉魚，鯉魚潭裡水中游。」

「魚在山上？」他故意促狹。

「我也不知道為什麼這麼說，」她斜頭想一下，喃喃道：「山上的魚口渴，跑下山到潭裡喝水……」

非假日的景區遊客不多，拐入森林步道，更是前後都無人跡。曲徑靜謐，他們走乏了，在一塊長石椅坐下來，高大的樹林遮蔽天空，陽光從葉隙間飄入，和落葉在空中交織演出曼妙的光影之舞。

極靜，鳥聲亦輕柔。

心玉穿著藏青色的及膝風衣，襯得臉蛋更白皙，長髮飄逸散發出淡淡清香。冷風一陣襲來，她打個寒顫。

「冷嗎？」廷軒極自然地握住她的手。如此冰涼！好一隻溫暖的大手，很舒服。心玉轉頭，四目相視，一會兒，他的雙唇輕輕印上來，遲疑一下即雙手緊緊環抱她，心玉身子微微掙扎……

時間暫停，周圍萬物一時消失。

廷軒張開眼，看到心玉閉著的眼睫毛濕潤，淚珠正緩緩滑下。他鬆開手驚慌低語：「對不起，我失禮了——」沒想到自己忍不住地示愛，冒犯了她。

見他一臉惶恐，像做錯事的小孩，她有些不忍，微微搖頭，訕然嘆道：「我——我已經有男朋友了。」

是一種背叛的愧疚，混合著矛盾、無奈的糾結。

一吻定衷情，深深一吻，廷軒為自己幾個月來的徬徨追尋作了終結的印記；深深一吻，為自己將追求所愛作了誓願的證明。

第二天，他搭火車回臺北。

心玉愣愣地望著飯店便箋上的字：「心玉，我不會放棄的！雖然它會是艱苦漫長的路，但是我不怕！我經得起考驗，我會衝破萬難，為了讓我們能在一起。」

飄逸瀟灑的字一如其人。心玉多次凝望咀嚼，酸甜苦辣鹹五味交集。

四點半，鐘聲一響，竹前老師朗聲道：「今日はここまで，また來週。」（今天就到這裡，下週見。）

一天的最後一堂課，放鬆愉快的心情像數十隻彩色蝴蝶，貼在數十雙鞋上，一個個雀躍飛出去，

「心玉，怎麼還不走？」吳美儒走過來。

「妳們先走吧。」她低著頭繼續在筆記本上寫字。

最近老是拖拖拉拉，搞什麼的。吳美儒嘟囔地走出教室。

學生全部離開，吳廷軒四周巡視並一一關熄電燈，只留下心玉頂上一排燈。彷彿舞臺上的聚焦燈光，光環下，粉紅色套頭毛衣裡露出的象牙白衣領，像花托般襯映出正微微綻放的靜美之花。

廷軒走到旁邊，一把擁住剛站起來的心玉。深情的眼眸下，是大男孩的俏皮又幸福的笑容。

走出視聽室，心玉從他臂彎掙脫開來。兩人並行從華崗路走下去。沿途大多是趕

搭公車下山的通勤學生，也有住校生到附近餐館商店吃飯購物。

自助餐店，兩人各自選了菜，找個靠窗的位置坐下來專心吃著。突然，「吼——原來妳先跑來了！」吳美儒衝到桌前，轉頭看到吳廷軒，頓了幾秒，「對不起，吳老師，沒看到您。」

吳美儒和另外兩位同學眨眨眼，好似發現大祕密，她們神情曖昧地在鄰桌坐下來。

唉，終於被發現了。心玉有些忐忑不安。

果然，晚上回到宿舍，這三位室友便圍著她，聒噪不休審問。

「你們是什麼時候開始的？」

「怎麼沒有告訴我？」

「不錯呀，還滿匹配的，一個是帥哥，一個是美女。」

「什麼帥哥、美女，多俗氣！」

「等一下，」吳美儒嚴肅地說道：「妳不是有男朋友了嗎？」

「是呀，在高雄教書的洪偉國。」徐月娥接著說。

剎那間，喧譁盪流的空氣僵住了。

共住一年多，四人像姐妹般相處和諧，無話不說。心玉明白她們好奇之餘，更多的是對她的關懷與擔心。「我也不知道該怎麼辦？」她神色迷茫，內心矛盾糾結。

明知不該背叛既有的這段感情，一個深愛自己、專一不二守護自己四年且確信會繼續等候至她大學畢業，然後就結婚的男人；一個務實可靠的男人。不想背叛，不該有二心，但是為什麼我就無法抵擋吳廷軒的熱情攻勢？捫心自問，自己並沒有拒絕反抗吧？

溫柔又深情的眼神如滑順堅韌的絲帶，一圈一圈把我綰到他身邊。像跳圓舞曲，在暈眩中陶醉欣喜。

初春的淡水紅毛城，美麗嫵媚如成熟嫻靜的少婦。選在非假日，廷軒帶著心玉造訪他喜歡的這個景區。一大片翠綠的草坪上，豎立一座土黃色城堡，日照下粼粼波光微盪的河流環繞，更有對岸恬適安詳的觀音山俯瞰，真像一幅歐洲風景畫。

從一下火車，廷軒就期待欣賞心玉親臨此勝境的神情。幾個月來，他如同討好公主的侍臣，觀其心、察其行，一樣一樣地獻寶，只為讓她快樂滿足；而看到她那雙大眼睛所捕捉的天真驚喜，以及小小櫻唇綻開的稚子笑容，則是他付出摯愛之後的回饋與享受。

紅毛城是有著三百多年歷史的古蹟。最早是西班牙人建築的，一六二九年他們侵略臺灣，為了鞏固在北臺灣的殖民事業，於淡水建了一個基地，當時叫「聖多明哥城」；一六四二年，荷蘭人進來，驅逐了西班牙人，在舊址附近重建聖多明哥城，當地人稱「紅毛城」，一直沿用到現在。

她第一次來淡水，仔細聽著廷軒的敘述，不明白地問：「為什麼叫紅毛城？」

「荷蘭人的頭髮顏色偏紅，當地人稱他們『紅毛番』，這座城也就稱為紅毛城。」往東走到一棟有著紅色拱廊、綠瓶欄杆的白色建築，廷軒介紹：「這是英國領事館。鄭成功收復臺灣之後，荷蘭人離開。但是一八六七年，同治皇帝的時候吧，英國人向清廷租借，大肆整修，又在旁邊建了領事館作為官邸。」

「難怪建築都是歐風。西班牙、荷蘭、英國，這些國家幹嘛大老遠跑來侵略我們？真是的。」她小聲嘀咕著。

這也是廷軒隱藏心中的憤怒。遠是歐洲人侵略，近則有日本人統治。弱國無永久的主權。偏居海中一隅的臺灣，雖然表面上經濟正向上起飛，也好似政通人和。實際上，暗藏的弊端汙穢和潛伏的洶湧險惡，正一點一點在腐蝕……，那一岸、那一岸又如何呢？

不想這些，有些話是不能說出口，至少現在不能說。

廷軒回神，牽著心玉的手緩緩漫步河堤間，靜靜地走。天空寬闊，鳥兒高高翱翔，蜻蜓低低盤旋。西邊一輪紅日，把片片雲朵薰陶成瑰麗的彩衣，心玉白皙的臉蛋塗抹上醉人的酡紅，廷軒忍不住低頭捧著她的臉親吻。她如小鹿驚恐，雙手頂開輕呼道：「欸！這裡有人，你怎麼可以這樣？」

他要笑不笑，露出得意又無辜的表情：「我就是忍不住呀！」

兩人都喜歡自然美景。臺北雖然車水馬龍，水泥牆林立，不過只要有心尋覓，「心遠地自偏」，依然有清風綠地可供徜徉。廷軒家隔條街就是榮星花園，是從孩提時父母即常帶他們幾個小孩來閒逛的後花園；北投、金山，及學校四周的大屯山、七星山、陽明山等地，都是他們約會談心賞景的去處。有時也會去看場電影，到士林夜市打打牙祭。

心玉近視眼，平時戴隱形眼鏡，一有異物飛進眼裡，就會疼得淚水直流。所以走在路上，細心的廷軒感覺到風颳塵揚，便體貼提醒：「小心眼睛！」心玉馬上閉上眼，廷軒則更緊握她的手。

也是走在路上，不管人跡稀疏的郊區或人潮紛沓的街道，他總會冷不防轉頭作勢：「我要親妳！」她也總驚嚇：「不可以！」他見狀開懷地笑起來。

那瞪大眼睛驚慌的表情，可愛極了！是以廷軒屢屢逗弄。

不過，「狼來了」喊太多次也會沒戲唱。當心玉氣定神閒，決定不再理睬。有一次，

「我要親妳！」沒動靜，第二聲「我真的要親——」，「妳」尚未出口，他濕潤的嘴唇已蓋上心玉的嘴。

當眾的熱情表態，引來行人的駐足側目，心玉羞得無地自容，廷軒卻是依然得意自在。事後她責備，他理直氣壯辯解：「我有事先告訴呀！」啼笑皆非之後，「我要親妳」這句話成了心玉的魔箍咒。

位在校園西北側，掩在一排孟宗竹後面的視聽室，週末沒上課的日子極為清靜。兩人坐在門口臺階，廷軒高亢哼唱《阿拉伯的勞倫斯》的片頭主題曲，嘹亮又帶磁性的溫柔聲音與樹梢唧唧蟬鳴在空中交會。心玉才閉眼沉醉傾聽，嘎然而止，睜開眼，他回頭傻笑：「忘詞了。」

昨晚，看完這部壯闊的史詩電影，他們走出電影院至分手離開一直靜默無語。

像一般女生一樣，她不喜歡打打殺殺的戰爭片，不論是過去的短兵掄鬥或現代的手槍射擊、空中投彈。而這部於沙漠中宏偉壯觀的戰鬥場面卻讓她震懾；勞倫斯與貝都因人騎著駱駝，在杳無人煙、浩瀚綿延的沙漠中踽踽行走，除了一片荒沙，偶見的只有高凸不一的黑褐色、黯青色的堅石，和一兩株細瘦凋萎沒有葉子的枯樹，兩隻孤影趄趄趔趔，真如杜甫寫的「支離東北風塵際，漂泊西南天地間」那般悲愴荒涼！

塵沙飛揚，整個人，頭巾、衣袍和臉孔，都像在黃麵粉堆裡不停翻滾，變成和駱駝同一色調；熱浪蒸騰，侵噬血肉身軀，對靈魂、對鬥志，更是艱鉅的考驗。

聽了心玉的感受。半晌，廷軒幽幽道：「戰爭，是為了從戰爭中獲得自由。」

「這句話，我不懂。」

「許多統治者、許多政客，他們發動戰爭是為了滿足權力的欲望，要擴張其權勢的領域；已有的要更多，大的要更大。這種併吞別國的私欲，當然不可取。如果是為拯救被蹂躪、被虐待、被囚禁的人民，就另當別論。」

「不過，政治家與政客，英雄與梟雄，往往只在一念間。我想大部分的人一開始懷抱的應是善美的願心，等他嘗到權力的滋味，願心就隨著權力滋味的餵養，逐漸漲大變質成為野心了。」

心玉疑惑：「勞倫斯也是嗎？他本來是尊重生命，仁慈不肯輕易殺人的，到後來竟然會揚起刀、高舉手槍帶領他的部隊高喊：向前衝呀、殺呀！」

「嗯——」他沉思片刻：「這位英國軍官的情況不太一樣，身為專職軍人，在這場非完全正義的戰爭中，我想他在公義與道義之間的抉擇、抗衡，應是滿難為，無法妄下定論的。」

這部影片的背景，是發生在十九世紀末、二十世紀初的第一次世界大戰，於是廷軒為她說明一戰的始末。

聽他滔滔不絕地敘述這場從歐洲波及全世界的帝國主義戰爭，哪些是同盟國、哪些是協約國、主要戰役有哪些……，心玉初始還用心聆聽，十分鐘之後就恍神胡思亂想。

勞倫斯這位樂觀、幽默、勇敢又重情義的軍官，他喜歡沙漠，被乾淨的沙漠吸引，曾於暫時脫困後在河中泡腳、讀詩，有人說他是詩人、哲學家、軍人和政治家。

「浪漫多情的他，骨子裡是否也同時存在著截然相悖的細胞？」心玉心想。

望著廷軒兩腮旁至下巴那一片青色剃得淨光的鬍鬚根，過兩天就會冒出芽吧，她有著想伸手撫摸的衝動。

特意挑選家裡只有媽媽在的時間。

廷軒推開灰色鐵門，再次柔聲撫慰：「我媽媽很善良，人很好，不用緊張。」心玉輕輕點頭回應。

庭院裡有兩棵老樹，樹下、圍牆邊種有幾株桂花、茉莉花、菊花，也擺著大大小小的盆栽，黃菊白菊正燦然。綠蔭搖曳，拂去初秋未歇的熱浪。

沿著水泥小徑走進門，廷軒揚聲：「媽——我們來了。」

張碧珠從廚房走出來。心玉彎腰禮貌地說：「伯母，您好。」

張碧珠親切的笑容和溫和的寒暄，很快地化解心玉的不安。在客廳坐下，茶几上擺著剛沏好的茶和一盤切好的蘋果與葡萄。張碧珠一邊話家常，了解其家庭狀況，一邊端詳眼前這位讓兒子心儀的女孩。淺鵝黃、質薄、前面壓出幾條皺褶的寬鬆短袖上衣，搭配墨綠色的及膝窄裙。落落大方，端身正坐，眉宇淡泊，臉龐清秀蒼白。那典雅恬靜的氣質，我見猶憐，何況兒子？望著兒子目不暫捨的幽深雙眼，她心中微微嘆息。

心情凝重鬱塞如濕悶的空氣。

站在陳氏墓園的大平臺俯瞰臺北夜景，以往宛如綴滿璀璨鑽石的華麗黑絲綢，今晚在迷霧中黯淡褪色。

倚著欄杆，廷軒緩緩低沉吐出：「昨天，我告訴林曉瑛，我們的事了。」

一陣沉默，許久。

終於。這是他們早晚必須面對的。

和心玉在一起的愉快甜蜜，分開時滿心滿腦的思念和記憶。縱饒如此，隙縫裡滲入的愧疚、不安與不甘，總令他憂瀗惆悵。

他和林曉瑛的思想見解、人生價值觀之差異已愈來愈大。見面時不是找不到話題就是講沒幾句便話不投機索然而止，因此相約會面的意願也減少了。

他不願再心繫兩頭。雖然兩頭擔子輕重比例懸殊，但也因為如此更顛簸難行啊。考慮很久，終於下定決心提出分手的要求。媽媽也贊成，她不忍心兒子的掙扎之苦，也不願看到兩個女孩子受傷。

林曉瑛聞言，非常震驚，難以置信。他們是德文系同班同學，從四年級開始交往，到現在三年多了。畢業後吳廷軒留在學校當助教，她則在一家大企業裡有份穩定且待遇不錯的工作。最近兩人關係冷淡，她以為是他忙著準備留學考試的壓力，沒想到竟是他另有女朋友！

震驚、憤怒、無言，接著悲傷的淚水像瀑布般刷地流滿臉頰。廷軒看著她，歉疚、難過交雜，只能沉默地接受她爆發性的一連串指責。

不知過了多久，轟然爆裂的大玻璃終於完全細碎散落地上。

「對不起。」他啞著喉嚨。

她淚水已止，乾澀問道：「你很愛她，是不是？」

廷軒還是一句：「對不起。」

心玉想著偉國。我會如何面對這種景況？

山雨欲來風滿樓，廷軒摟緊心玉靜靜往回走，山嵐瀰漫，已不見小路兩旁白花花的芒草。走到大菁館門口，廷軒拉回思緒，轉身凝望心玉，詢問：「曉瑛說她想見妳？」

躺在床上，心玉腦海一片紊亂。「奪人之愛」的罪惡感在胸中翻騰，「移情別戀」的背叛也讓她愧疚不安。黑暗中按一下枕頭旁的鬧鐘，小燈光顯示：十二點二十分，室友皆沉入睡鄉，幸好上鋪的舒娟娟沒有被她難眠輾轉反側吵醒。

雙重焦慮煎熬下，一件事浮上心頭，她想起九月開學不久的颱風天。

芙安颱風聲勢浩大！一整夜狂風在山上奔騰，教室、宿舍、樹林、園池，都是它挑戰體能極限的各種障礙物，躥高躦低，左攻右擊，再加上暴雨助陣，整個華崗彷彿陷入槍林彈雨中。大菁館竣工啟用才一年多，設施尚未完備，入夜沒多久就停電。房間裡一支蠟燭黏貼立在小磁碟上，窗戶緊閉，強風撞擊，喀吧喀吧從縫隙硬擠竄入，花瓣般豔麗的橘紅火苗即隨著搖擺曼舞。

燈光昏暗，啥事都不能做，百無聊賴。舒娟娟靠在桌前托著腮幫子望燭火發呆。心玉洗完澡，捧著臉盆開門進來：「聽說等下會停水，妳們趕快去洗澡吧！」吳美儒拿起衣服臉盆跑出去。

心思細膩的舒娟娟突發詩意：「現在是『草山夜雨漲秋池』，哪天我們是不是也要問『何當共剪西窗燭，卻話草山夜雨時』？」

「不用那麼感傷啦，我們才剛二年級，離畢業還有兩年多呢。」徐月娥安慰她，聲音甜美如柔順絲緞。

除了心玉，她們三人對本科日文都有興趣，也努力學習，尤其吳美儒和舒娟娟更是日日「一生懸命」（日文，認真義）。這不是身為學生的本分嗎？私立大學的學費昂貴，她倆家境普通，只希望學業有成，以後能有一技之長，為自己謀生也多少貼補家用、孝養父母。

徐月娥的父親在南部一所專科學校當人事主任，畢業後安插她進去教書不是問題。她不是頂漂亮，兩頰有幾粒淺淺的雀斑，滴溜溜透出點慧淘氣的黝黑眼珠，細嫩又散著慵懶的聲音，以及凹凸有致的身材，是她吸引人之處。班上的劉啟明正展開攻勢中。

吳美儒進門叫道：「明天停課！剛剛看到舍監在白板寫著。」太好了，放颱風假可以睡懶覺呢。不是不忍蠟燭垂淚到天明，而是上了一整天的課，大家都累了，不到十一點就吹熄蠟燭上床。

第二天早上八點多，心玉第一個起床，用髮圈隨意把頭髮紮在後面，躡手躡腳輕輕開門走去盥洗室。外面依舊嘩啦嘩啦傾盆大雨，走廊卻是靜無一人。長條一字排開的洗手槽前，只有兩位同學正低頭梳洗。扭開水龍頭，真的停水了。旁邊有個水桶，心玉用塑膠勺子舀水倒入杯裡，簡單刷個牙，胡亂洗把臉。再悄悄回房，已聞床上窸窸窣窣陸續翻動聲響。

「沒水？」吳美儒首先出聲。「是的。不過旁邊有儲水，趕快去吧。」為了怕去晚了無水可用，一個個都跳下床來。

「不是說今天颱風會離開嗎，怎麼雨還下得那麼大？」

早上乾啃幾片餅乾，十一點多大家飢腸轆轆。沒上課的日子，小吃店沒營業，雨勢滂沱，要去哪裡覓食？懊悔沒有事先儲糧。

「我有泡麵！」徐月娥忽然想起。

「沒水沒電怎麼泡？」

「唉，只好再啃餅乾——」

肚子餓的時間難熬。

叩——叩——叩——敲門聲，舍監在門外大喊：「楊心玉，外找！」

「咦？這時候誰會來找呀？」

「我也不知道。」心玉穿了鞋子走下樓，轉個彎還沒走下階梯，就看到吳廷軒站在一樓大門旁的交誼廳，牆邊靠著的一把傘，濕淋淋地在地上積成一灘水窪。他頭髮濕漉漉，還淌得滿臉水珠，雪白的襯衫被雨水潑得水漬斑斑，灰黑色西裝褲也被泥水濺得汙穢骯髒。狼狽不堪的模樣看到心玉竟還咧開嘴傻笑。

「你怎麼跑上來了？大颱風天的！」心玉焦急問道。

「擔心颱風天，妳沒東西吃呀。」廷軒打開茶几上兩個大袋子，有豆漿、米漿、三明治、蛋餅，「也幫妳室友一起準備。」

「你自己吃了嗎？」

他搖搖頭。心玉抓出一杯豆漿、一杯米漿、兩份三明治、一個蛋餅，放在桌上。「等我一會兒，馬上下來。」便提著兩大袋的食物蹦蹦跑上樓，不到三分鐘就蹦蹦跑下來，手上拿著一條白色大毛巾，「吳美儒她們要我向你說謝謝，她們開心極了！」

「你看你弄得全身濕淋淋，不要感冒了——」心玉心急地把毛巾往他的頭一罩，臉上頭髮揉揉搓搓。

「嗯——好香，有妳的味道。」享受乾淨毛巾的擦拭，碰觸著溫軟的身體，廷軒忘了從臺北到陽明山這一路與風雨搏鬥的辛苦。

「還說！」心玉嬌嗔地將毛巾塞給他，「衣服自己擦。」

並肩坐在長條籐椅上，廷軒說：「很抱歉，我只能買到這些東西，早餐當午餐吃吧。」

「已經非常棒了！」她咬著三明治，喝口米漿，感謝道。

不在食物的填飽肚子，而是這份心意。想到他不顧狂風暴雨出門尋找食物，等待好不容易才行駛來的公車，再從山下走上來……此濃濃的愛意和牽掛，讓她深覺窩心及感動！

下午，趁著雨勢歇停，心玉催促廷軒下山。

她走回二樓房間。窗外灰雲密布，雷聲隆隆，真擔心他回到家是不是又成了落湯雞？

托心玉之福，大家解除饑餓之苦。而吃人嘴軟，拿人手短，原本對他們的交往抱持異議，現在好似有些轉向。

「吳老師真是情深義重呀！」「找男朋友，就要像他一樣那麼體貼，那麼不怕辛勞……」

回味著廷軒的濃情蜜意，她微笑地入睡了。

我怎能和她見面？怎麼見面？會是怎樣的場面？臆測一個哭鬧、被扯拉頭髮、摑耳光的景象，想著想著就不寒而慄。

心玉頭腦簡單，把自己推入複雜的感情糾葛，令她慄恐，不知所措；心性膽小，害怕面對激烈的場景。

記得小時候，上學會經過一條河，臨河兩邊是一排排的房子。走在路上，總會遇見一隻狗、兩隻狗在蹓躂在樹下撒尿。她喜歡小動物，牠們晃過來在腳邊嗅嗅，她也沒躲，有時還會蹲下來和牠玩一玩。但是，如果兩隻開始狺狺而吠，或三隻、四隻齜牙咧嘴的咆哮、撲鬥，她就馬上遠離，深怕自己被波及也成為追咬撲擊的對象。

還有，以前每逢國慶日，每所學校必須有遊行隊伍。前面是樂隊、儀隊整齊有序的表演，其他學生則拿著小面國旗一排一排地跟在後面，街道兩旁站滿圍觀鼓掌的民眾。鑼鼓聲、樂聲、歡呼聲，洋溢著普天同慶歡喜熱鬧，有的店家更放鞭炮，慷慨助陣，一時煙硝瀰漫，煙火劈里啪啦四處亂竄，讓人心驚膽跳，有一次心玉的小腿還被灼傷。

是以過年、喜慶節日，放煙火、放鞭炮的場合，她只敢遠觀。見許多人興奮奔前瞧熱鬧，她有時會為自己的膽怯而疑惑羞愧：難道我的神經線特別細弱，只能接受和平善美的事物，無法承受可怕、殘酷、破壞等種種負面聲色的衝擊？

廷軒說不用擔心，他會保護她，絕不會讓她受欺侮。她可以拒絕見面。

考慮好幾天，終究答應。答應，是為了當面跟林曉瑛說聲：「對不起！」雖然他們兩人百聲、千聲的「對不起」，也無法彌補和緩解對她的傷害。

心玉忐忑地和廷軒往華崗路走下去，一路無語。細彎如蛾眉的上弦月和幾顆星星在夜空寧靜俯視。右側大成館前的草坪上，林曉瑛肅然端坐，他們走過來坐下，等邊三角形的三點似僵住的棋子尷尬靜默。一顆棋子打破僵局，「這是楊心玉」廷軒介紹。心玉微頷，黑暗中，朦朧月光隱約瞧出圓圓的臉孔和一雙明亮的眼睛。

林曉瑛銳利的眼神，從他們一到就快速在楊心玉臉上掃過，只此一瞥，不願不想將目光將心思逗留在這位搶走廷軒的女孩身上。選擇夜晚，多少掩飾慘敗怨懟的慍容；在這塊與廷軒第一次約會的草坪結束兩人的戀情，試圖挑起他的回憶？或狠狠給他一記負心烙印，作為永生歉疚的報復？

近一年來兩人漸行漸遠，林曉瑛對吳廷軒的不務實，以及他出國後這段感情維繫的不確定，多少讓她有所怨言和不安。踏入社會，在大企業裡工作，視野寬闊，人際關係活絡，她的思想起了變化，對這段校園戀情已經不那麼黏膩。只是沒料到會有被辜負、被拋棄的一天。

經過半個多月的反覆思慮，憤怒與不甘心的情緒慢慢沖淡。今日見楊心玉，原本只想問她：「妳是真愛廷軒嗎？」理性告訴自己，廷軒是本性善良又有教養的好男人，三年來對自己也是關愛體貼。珍惜這份情誼，希望他未來能美滿幸福。但是，脫口而出：

「他風流多情，以前也愛過別人，現在對妳好，小心以後也會像我一樣被甩掉……」

帶著酸意的清脆聲刺耳。廷軒定定地看著她，不辯解。心玉低頭不語。

末了，林曉瑛還是問：「妳也愛他嗎？」

心玉微微點頭，並低聲道：「對不起。」

視聽室供外語系使用，目前只有吳廷軒一位專職人員。他平時主要工作是聯繫接待外籍教師，關心學生上課狀況等等。那天，上午沒課，他在辦公室裡專心看書，英文、德文語文方面的聽說讀寫一般都還可以，但為了通過DSH（如：英文的托福考），還得加緊努力。感情之事底定，他不復慄慄惶惶而能定下心來專注的讀書。

「不錯喔，用功的好學生——」心玉站在門口好一陣子方才出聲。

廷軒聞聲抬頭傻笑。心玉湊近看著桌上堆疊的攤開的，盡是如天書般的德文書籍。

「哎呀，我完全看不懂！一排排的字母像蚯蚓……」

「妳只要懂一句就可以了。」廷軒眨動眼珠。

「哪句？你說。」

「Ich Liebe Dich（依稀—麗波—底細）。」

心玉跟著念，「什麼意思？」

「我愛妳。」

從此，廷軒常常對著她說：「Ich Liebe Dich。」也成了她唯一會說的德語。

闔上書，他站起來，「走，我帶妳去一個地方。」

走上大成館二樓，沿著走廊到盡頭，他從口袋拿出一把鑰匙，打開一扇土黃色木門。

「這是什麼地方？那麼神祕。」心玉第一次走進這屋子。

廷軒熟悉地捻亮電燈，小聲地說：「這裡是『大陸問題研究中心』，是不對外開放的。」

心玉也跟著壓低聲音：「那你怎麼可以進來？竟然還有鑰匙？」

「我是研究中心的成員——」

「咦？」心玉很好奇。張眼巡視，長方形的空間不大，中間一張方桌，兩旁木櫃裡，層板放著一疊疊舊報紙和資料的影印紙張，而且一排排的書全看不到書名，每本書穿制服似的都裹上米色已泛灰黃的書衣。

廷軒拉開桌前椅子，坐下來之後，表情嚴肅鄭重地對她說：「今天帶妳來這裡，不能說出去。」

心玉納罕，點點頭。

「這裡的書刊、資料，都是有關馬列主義、毛澤東思想、共產黨歷史的研究，從這些資料，我們可以了解共產黨的本質——」

心玉驚駭警覺，連聲道：「共產黨！這都是禁書！你怎麼在看？」

他微微一笑，靜定地說：「知己知彼，百戰百勝。何況——」

心玉腦子馬上湧現從小至今被教導的「愛國愛黨，盡忠領袖，反攻大陸」的觀念，一時無法聽進去。

「不要激動，妳聽我說。臺灣許多人都和妳一樣，被不完全正確的教育誤導，被虛假的現象蒙蔽，被非理性的熱情澆灌。」

心玉不平插嘴道：「我們忠心愛國，難道錯了嗎？」

「沒錯，我也愛國，即因我熱愛國家，才希望它行走正道。」廷軒皺眉頭壓抑心中的憤慨。

心玉依然理直氣壯：「在蔣總統的領導下，我們不是國泰民安嗎！我喜歡國民黨，一進來學校，大一我就入黨了！」她面露驕傲神色。

你們都被洗腦了，廷軒心想，沒生氣，仍是平靜地說：「政治是很複雜的。國民黨退守臺灣，曾經奮發圖強而有不錯的政績。但是，他的獨裁、貪汙、腐敗，是你們沒看到的。」

「另外，大陸的共產黨也不是你們理解得那麼可怕、那麼醜陋。我在研究共產主義，我認為要國家富強，社會均富，人民平等，或許應該實施共產主義。不過事在人為，不論共產主義、三民主義，它們在本質上、理論上都是正當良善的；端看施政者是否有智慧，是否有私心，是否有大氣度，是否真正為國為民。」

一個對政治有些許狂熱和理想的男孩，一個胸無大志，只想過恬淡又甜蜜生活的女孩，在一間飽藏中華民族戰亂離合、辛酸血淚歷史塵埃的屋子裡，他們暢談、交流、溝通。

掩上木門，離開這間神祕又充滿未知性的房間。廷軒似真似虛地說：「等我去了德國，過幾年，我一定要去大陸走走看看。」心玉緊張瞪著他，腦中同時浮上「左傾思想」；若廷軒被冠上這四個字的，可要被抓去審問呢！

從此，心玉不准廷軒談這方面的話題。

濃濃的中藥味從廚房漫散出來，心玉皺皺眉轉身正要逃上樓，被媽媽叫住：「阿玉，趁熱來吃啊——」幾個孩子裡，心玉自小體質較弱，容易感冒，她皮膚色白，總以為是天生白皙麗質。小學一年級學校健康檢查報告單上寫著「貧血、營養不良」，夫妻倆覺得顏面無光，家裡開飯店，雞鴨魚肉、山珍海味應有盡有，怎麼竟讓一個女兒營養不良，真是「瘦狗羞主人」！

從此，林滿三天兩頭的為她進補。買來當歸、人蔘、黃耆等藥材，開始燉補，豬肉、雞肉，她不愛吃，有Q勁彈性的豬心、鮑魚倒願意吃。雖然吃多了有時會嫌膩地頂嘴：「愈補愈大洞，有什麼用？」但是幾年下來，體質確實改善不少。

楊丁源夫妻深愛孩子。他們都生長在貧困年代的貧窮家庭，因此勤勞奮發，希望孩子們能衣食無缺；由於兩人讀書不多，僅念到小學，更期待孩子一個個都學業有成，有高等學歷。平時生意忙，沒時間也沒能力督促他們的課業，幸好四個孩子多能自動自發地用功。

六年前，除了眼睛不如人，身體一向硬朗、才四十四歲的楊丁源突然中風倒下來，整個家如平地捲起狂飆，籠罩著愁雲慘霧。那時他們幾個兄弟姐妹下午放學回家，第一件事就是上樓去探望父親。看著他半邊扭曲的臉龐，輕撫僵直麻木無知覺的右手，還有那常微張著，吃力上下歙張想要訴說許多事的嘴唇，都令人鼻酸眼熱。

他當然有許多事要交代，他怎能不說呢？平生宿願未了、餐廳業務尚待持續發展、四個尚在求學的子女，還有妻子將獨挑這一椿椿沉重的擔子，他何忍又何能放心？責任感的驅使，加上不甘就此成為廢人，於是在藥物治療和林滿的細心照料下，他毅然咬緊牙根，靠那半邊「活」肢體離開了床鋪被褥；滴水成河地將一半腐鏽廢棄的精血又一滴滴地召回來，一滴滴地注入新生機。

這幾年，他的健康情形仍維持平衡狀態，除了血壓稍偏高、過胖、行動較遲緩，並無多大異狀。平時仍是坐在櫃檯整理帳務，跑銀行、出去收帳也依舊是他的工作。

二兒子文彬剛考上淡江大學，和唯一的女兒心玉放寒假都回來了，而在國中教書的大兒子文彥、念高一的老三文豪，平日白天不在家，現在也整天在家悠晃悠晃。即使忙著做生意，有時連吃飯也無法團聚在桌前，但是知道孩子全在身邊就是滿溢著安心與踏實的幸福感。

貼心的女兒每天會切上一大盤水果，然後像母雁鵝餵養小雁鵝一般，手指捏著一片片的蘋果、水梨或一顆顆剝好皮的枇杷，遊走在爸爸媽媽之間，分別塞入他們的嘴巴。「多吃水果，有益健康！」「今天的梨很甜喔！」一面說一面留意他們是否吞下去了。

林滿常是手邊在幹活，吃一兩口便笑咪咪推開：「我不要了，妳自己吃吧！」心玉不依，還是撒嬌地塞進她嘴裡。在「爸爸一片、媽媽一片、我一片」的快樂遊戲中，傳遞甜蜜也溫煖了忙碌又疲憊的父母心。

也是放了寒假，今天洪偉國從高雄過來。面對他，心玉不似往昔那麼純然地期盼與歡喜，夾雜著心虛、忸怩和不可避免的些許比較吧！

楊文彥最開心，他和洪偉國同是東海大學畢業，他英文系，偉國中文系，因為同住一宿舍而認識並成為好朋友。晚上客人走後，就多準備一些小菜，拿出不久前託人從金門帶回來的茅臺酒，以接風之名痛快暢飲。

楊家人都有好酒量，偉國則量淺，雖也愛品酒，卻是才飲三分就滿臉通紅，七分後就醉倒了。這一晚，大家都興致高昂，只林滿用完餐就上樓洗澡休息，臨走還不忘叮嚀丁源和他們兄弟少喝點。

心玉坐在偉國旁邊，靜靜地聽他們聊天。心想男生很奇怪，平常話不多，喝酒時就變得口若懸河；是不是酒像一條長著手的泥鰍，鑽到身子裡偷偷地把平時緊閉的話匣子打開，才變得如此地滔滔不絕？

不過，她喜歡這樣的畫面。

尤其兩個當老師的，平日道貌岸然，不苟言笑，此時如同天真的男孩，或嘻鬧拌嘴或掏出胸中鬱積之氣，果真「阮籍胸中壘塊，故須酒澆之」？

見丁源沉默不語，偉國投其所好道：「伯父，我們來划拳！」

於是，「哥倆好呀！」「八仙！」「七巧！」「九怪！」……比著手勢、指數，出拳、出聲，文彥、文彬也加進來湊熱鬧。薑是老的辣，丁源雖不彈此調已久，玩起來兩個孩子都不是他的對手呢。

已幾次聽他們划拳，可心玉還是聽不懂。見到父親難得開懷、有活力，厚重的近視眼鏡後面，浮泡眼皮下一雙渾濁的雙眸綻放喜悅的光芒，她向偉國投以欣慰感謝的眼神。桌下偉國伸手緊握她放在大腿的手，惺忪醉眼迸射久抑的思念與情欲。

到花蓮無數次了，四周景區都去過。現在每次來主要是見心玉，而她的家也成為他第二個家了。

偉國是澎湖人，自小家境貧寒，父親以賣魚為業。他上有兩個姐姐、兩個哥哥、下有兩個弟弟，食指浩繁，每每米缸裡無隔宿之糧，母親就得想辦法弄來地瓜、粗等麵粉，做成餅、麵糊讓大家勉強裹腹。他們也常去海邊撿拾田螺、海藻之類回家充當桌上的菜餚。

像大部分靠海維生偏遠窮鄉的居民一般，他們有著淳樸敦厚、認命知足的個性。偉國聰明好學，考上當時私立學校排名第一甚至不輸公立學校的東海大學。靠著姐姐的資助及自己用功取得獎學金、寒暑假勤奮打工，他終能以優異的成績畢業，也很快在高雄的中學母校謀得教職。

記得是他大三吧，心玉剛考上高中，徵得父母同意，楊文彥以帶妹妹到澎湖玩為藉口，兄妹倆第一次踏上臺灣的第一大島嶼。作客偉國家三天，他也盡地主之誼陪伴他們遊歷了林投公園、吉貝、白沙嶼、風櫃洞、七美、天后宮、觀音亭幾處景點。

他父母很熱忱地接待兒子的客人。那時偉國的哥哥、姐姐都到高雄工作了，大弟去念軍校，家裡只剩剛剛國小畢業的小弟。晚上，心玉和他母親同楊而睡，偉國、文彥則和父親、小弟擠在一間房。吃飯時桌上的主菜是父親在市場賣剩的魚，虱目魚、土魠魚、比目魚、白鰱等不同的魚，或蒸或煮或煎或燉，全盛在粗糙的大碗裡。有時在昏黃的燈光下，大家圍著一張桌面紋理磨損、桌沿刻痕累累，不知經歷多少滄桑歲月的老舊木桌，有時於夕陽餘輝中，端著缺角的瓷碗坐在屋外板凳上，談笑間，很輕鬆、很閒散地吃一頓飯。

不為阮囊羞澀，不覺簡陋寒酸，主人真誠而自在，客人則新鮮而愉快。

當時第一次見面，偉國把心玉只視為同學的妹妹，一個初中剛畢業長得白白淨淨清純可愛的小妹妹。心玉對這位樸實穩重又博學的中文系高材生也頗為尊敬。

回家後不久，寫了信請教他國文課本裡的一些問題，從此他們開始魚雁往返。心玉鍾情中國文學，舉凡詩詞歌賦、四書五經裡的疑難雜症，請教這位「洪大哥」都能得到詳解。許是興趣相投、思想觀念契合的因素，一封信、一封信，文字串成了愛的絲鍊，輕輕繫在中央山脈相隔的東西兩岸。

再次見面是半年後。首度到花蓮，一踏進久旺飯店，當下他有些驚愕和後悔。在學校從文彥口中知道他家開餐館，以為如同校門口那幾間自助小吃店，沒想到竟是如此正式、如此大規模的飯店（占地一百坪、二層樓的飯店，在當時已是花蓮數一數二的大飯店了。）。望著近二十位員工在賓客雲集的數十張圓桌間忙碌穿梭，他頓時膽怯了。

出生在貧窮家庭，在貧困中一路走來，他從沒怨天尤人，歷練出的堅忍任勞性格裡，念念牽繫只盼自己能早日賺錢來改善家人的生活。不曾自慚形穢，尤其日日浸淫於中華文化典籍，深受儒家「不義而富且貴，於我如浮雲」的思想，以及顏回「一簞食，一瓢飲，在陋巷，人不堪其憂，回也不改其樂」之生活態度影響，加上喜愛老莊和陶淵明、蘇東坡等先賢們的曠達灑脫，因而安貧樂道、與世無爭也成了他的生命信念和人生哲學。以此為底蘊，他自覺能坦然無懼地頂天立地。

但是，但是，現在他竟畏怯了！兩人成長背景和家境懸殊太大了。一位生活優渥、嬌生慣養的女孩，我能給她什麼？即使她淡泊不計較，我忍心讓她跟著自己過清苦的日子嗎？

回到學校，他反覆斟酌、不停掙扎，也把自己的矛盾向文彥徵詢。文彥了解妹妹雖然養尊處優，但物欲澹泊，是只要有愛，一滴露水也能養活的女孩。而偉國雖然家境差，卻為人正直又專情誠實，他會不離不棄終生守護著妹妹。

有了為人兄長的「默許」，偉國便義無反顧展開熱烈追求。

當初沒放手，過了三、四年，現在已放不了手！

楊家人待他很好，給予他家庭的溫暖。每回來小住幾天，心玉兩位弟弟會央求他演練和教授跆拳道、柔道，也總會一再比試腕力。

文彬和偉國對坐桌前，兩人手肘置桌上，手腕相靠，偉國輕鬆笑道：「你先。」文彬用盡吃奶力氣，眼前這隻手紋風不動。

「換我囉。一、二、三——」，不費力氣地，文彬的手馬上倒在桌上。對於兩位年輕的未來小舅子，他總安慰鼓勵他們：「不錯啦，比以前進步，能夠撐三秒，加油！下次會撐更久。」

偉國興趣廣泛，允文允武，飽讀詩書不說，還是學校柔道社社長、藍帶高手，跆拳、游泳、撞球皆擅長。特別是天生腕力大，至今尚無敵手，校內校外不少體格魁梧、胳臂粗壯的男生，耳聞其臂力而前來挑戰，見他個頭不高，身子雖結實，手臂手腕也沒比別人粗，往往輕敵，而無不洩氣又不甘心地鎩羽而歸。「昨天拉肚子，體力不佳，下次再來。」「最近熬夜，身體狀況不好，下次再來。」一次、兩次、三次，左手右手輪番，最後終於甘拜下風。

自知身強力大，所以他不輕易出手打人。

楊丁源喜歡下象棋，平常少有棋友對弈。偉國也是個中高手，晚上店裡打烊之後，陪準岳父下棋也成了他來花蓮的行程之一。此時心玉會陪伴旁邊，她從沒興趣、不懂，到能明白將、帥不能在同一直線直接面對；象、相不能過河；車，橫豎線皆可行走，威力最大……也覺頗有趣味。

丁源中風之後，行動、思考都變遲緩。一向禮敬長輩、孝順父母的偉國總耐心等待。每每丁源低頭舉棋前後左右躊躇間，他黑框眼鏡後平日嚴峻的眼神會溫柔投向心玉，心玉回以如花之笑靨。

下棋不在輸贏，為了讓老人家開心且維持其自尊心，如何贏得有技巧，如何輸得不虛假，偉國不斷在琢磨學習。

晚上有訂桌，林滿先將冷盤準備起來，心玉站在旁邊有一搭沒一搭地和她說話。林滿剝開煮熟的大龍蝦背殼，俐落地將蝦肉切片，切到尾端不成片的便塞入心玉嘴裡；大顆九孔可切片，小顆的不好切，也塞給心玉吃下。膩在媽媽身邊討吃的，吃來格外香甜。

摩托車噗——地停在門口，著綠色制服的郵差喊道：「限時信！」老三文豪正要出門，拿了信跑進來，「姐——妳的信。」放在桌上便匆匆跑出去。

到門口突然停下來，他轉身對著坐在鄰桌和大哥聊天的偉國說：「洪大哥，我告訴你，有位男生也在追我姐姐！」然後似關心似開玩笑地補充：「他寫信給姐姐，都用限時，是騎摩托車送來的；你的信是平信，騎腳踏車送來。腳踏車追不上摩托車的。你要加油！」

林滿抬頭瞪了文豪一眼，他頑皮吐個舌頭跑出去了。心玉走過來拿信。

洪偉國眉頭微微一皺，望著淺藍色的航空信封，強作鎮定問道：「誰寄來的？」

心玉低聲簡單回道：「學校的一位助教。」逕自走上樓去。

突然冒出近水樓臺的情敵，偉國心裡很不是滋味。

學校的寒假補習班要開始了，第二天必須趕回高雄。當晚在心玉房間看到這封信，滿腹狐疑和揣度，但由於沒有窺視別人隱私的習慣，而基於尊重也沒央求心玉告知內容。因此，她與那位助教的感情究竟如何，就不得而知了。

心玉當然知道，偉國不是不在乎。

他們家裡手足關係親密和諧，尤其哥哥對她這位妹妹疼愛有加，有時會不經意自然地摟一下她的肩膀或碰一下手臂。有一兩次被偉國瞧見，當場將文彥的手撥開，生氣說道：「男女授受不親，雖然她是你妹妹，現在已經長大，你不能這樣。」文彥露出不可思議的神情，訕訕而笑。從此再也不敢碰觸自己的妹妹。

洪偉國克己復禮，有著非禮勿視、非禮勿動等儒家修身養性之道德觀念，行事上也是不欺暗室、光明坦蕩的君子之風。曾經，心玉從店裡拿了一瓶飲料給他，隨口說道：「爸爸沒看到，趕快喝吧。」

他馬上肅然問：「爸爸不知道嗎？」

她搖搖頭。

「那我不喝。」

當下要她把飲料放回去，並且正經八百地對她說了「不能不予而取、慎獨」等道理。心玉小嘴一噘，暗自咕噥：「是自家店的東西，又不是什麼大不了的，哪個孩子沒背著爸媽做些事呀……」

任情倔性又浪漫的心玉，對這位正直磊落的君子男朋友，尊敬他、信賴他，卻也有些懼怕他。

這是吳廷軒留在中國文化大學的最後一學期。

DSH考試通過了，德國那邊大學研究所的申請也很順利，如果沒有意外狀況，按計畫過完這個暑假就可以出國了。

小小的辦公室，唯一一張黑胡桃木的辦公桌和軟皮靠背有扶手的黑色椅子幾乎占了大半空間；心玉常笑說這是董事長的座位。旁邊倚牆擺設兩張米灰色沙發與玻璃茶几。牆的另一邊是相通的會議室，同樣是深咖啡、米灰的典雅穩重色系，可容納六、七人開會。是廷軒與教授們商討課程內容、教學計畫等事項的地方。

現在也成了晚上和假日，他們最常幽會的場所。

廷軒從袋子裡掏出麵包、蛋糕、鮮奶、布丁、葡萄、香蕉……彷彿仙女棒一揮，單調的會議室倏忽就變成五顏六色、琳瑯滿目的繽紛春天。

心玉開心瞧著，「少了燭光和玫瑰花——」一時說溜嘴，趕緊頓住。

瞟一眼，廷軒也正望著她哂笑。她心想不妙，下回桌上就會出現這兩樣東西了。

敢情是從小見多油膩的大魚大肉，豐盛的滿漢全席不會讓她食指大動，麵包、小西點、牛奶、水果，卻是每天吃也不膩。所以廷軒曾慫恿笑道：「妳的腸胃適合西方的飲食，應該跟我一起去德國。」

她愉悅滿足地一口一口吃著，平時蒼白的嘴唇因著咀嚼和食物滋潤而變得水嫩酡紅。雪白奶油溢出嘴角，廷軒拿了面紙走過來幫她擦拭，乘機低頭快速啵啄一聲，然後揶揄笑道：

「奇怪，為什麼吃東西總像小孩子一樣，常常掉得滿身渣，糊得滿嘴泥？」

「哪有？」她手指在嘴邊抹一抹，慌張辯駁。

「我想是妳的嘴巴太小的緣故吧！以後要小心點。」他咧開大嘴得意地哈哈大笑。

出國深造是廷軒最大的願望。兩年來的規畫、奔走、準備和埋頭苦讀，終於即將成行。他不甘願只如湖中之魚，雖然有人餵食，無漁人網罟之憂，無鯊魚追殺之險，但是，每天游來游去東西南北都是一成不變的景觀。我要游到大海，不管大海裡是否暗濤洶湧，我，二十七歲的生命必須遠行，必須探索，必須衝刺！

為未來在異國求學甚或就業，他畫了一個遠大的藍圖。以一個青年自覺自許的高瞻遠矚、雄心壯志描繪而成的藍圖裡頭，他不是踽踽孤影，身邊伴有紅粉知己，攜手行天涯。

靈魂遠颺，深邃雙眼縹渺。茫然回神，見心玉正低頭吃布丁，她專注地用透明小勺子，輕輕地、平平地舀起嫩黃滑亮的布丁，如瓊漿玉露般珍惜，一小口一小口慢慢放進嘴裡。抬眼迎上廷軒的注目，嫣然一笑，櫻唇輕含小勺子，清澈天真如女娃兒的眼睛對著他眨巴眨巴，那眼神、那笑容，如此享受，如此滿足，如此美麗。

小小一杯布丁，讓她回到童年，能帶給她那麼大的快樂。廷軒深深動容，心中默念：「心玉啊心玉，我希望妳每天都能擁有童稚般的純真與快樂！」

曾經帶她和幾位好朋友一起聚餐。飯桌上一位朋友欣羨讚道：「你的女朋友很漂亮，氣質也不錯。」飯後，心玉不以為然說：「我寧願他說，你的女朋友氣質很好，長得也不錯。」

她不是只供欣賞的豔麗花瓶。誠於中，形於外，其內涵孕育的恬靜嫻雅，以及舉手投足間自然流露的天真嬌憨，方是最讓人心醉。

她學業未完成，要一起出國是不可能，她父母也不會同意，只盼她大學畢業後過來相聚。廷軒盤算：那時自己應已拿到碩士學位，可以謀份工作賺錢養家。心玉去德國先到語文班學德語，她喜歡中國文學，憑其造詣，如果她願教老外中文……

「我是浪漫甜蜜的情人，更會是有責任的忠實丈夫。」低沉柔和的聲音讓心玉嚇一跳，安靜的空間突然冒出這句話。是表白？是宣誓？是求婚？

她不曉得在她享受美食之際，廷軒腦海裡已七轉八轉地在未來的時間地圖，仔細畫上一條條行走街道，砌妥一棟棟往來房子，種好一棵棵新鮮樹苗。

幾次帶心玉回家，現在連爸爸、弟弟也很喜歡她。媽媽作飯時，她會在旁邊幫忙洗菜、擦桌子、擺碗筷，伯母長、伯母短的，把碧珠的心情撫得柔順又舒坦，也自然不矯作像女兒般地陪媽媽上街購物。

嚴肅寡言的父親，是他們的天，靜默地守護全家。他對子女的關愛澤被，是藉由妻子的口和手來巧妙傳達。那麼內斂的爸爸竟私下告訴廷軒，以後心玉去德國的機票費他要負責。

從美國返家探親的妹妹麗華，瞧見媽媽疼愛心玉，也沒有女兒地位被取代的醋意，反而欣慰自己不在，有個女兒般的女孩和媽媽作伴。

心玉擄獲他的心，也不知不覺攻占了吳家的領域。

唯有媽媽心頭仍掛念：她和之前的男朋友分開了嗎？

廷軒無法回答。他亦不知。

對此，心玉也疑惑納罕：為何廷軒很少問及此事？他從沒強迫她要與偉國分手。是他的紳士風度，恥於橫刀奪愛，不願強人（她）所難？或是他自信滿滿，相信熾情所至，金石為開，自己會是最終的勝利者？

心玉搖搖頭，陷在兩位深愛自己的男生之間，她不知如何抉擇、如何割捨，暫甩難解之題，先擱著吧！

廷軒緊張問道：「妳不相信？」

一時心思迷茫，心玉恍然問：「什麼？」

「我會是個好丈夫，妳要相信我！」

「喔——」沉吟半响，她嫣然一笑：「我還沒要嫁人呢！」

「心玉——」

「嗯？」

「清明節有三天連假，我們出去玩，好嗎？」

「好呀，去哪兒？」

「聽說宜蘭礁溪的溫泉很好，我們去泡溫泉。」

心玉驀地一驚，有些怔忡不安。

「我姨媽在那裡開了一間旅社，我們可以住在那裡，很方便。」

心玉低頭不語。

士林總統官邸平時門禁森嚴，只有特別的節日才開放給民眾參觀。由於心玉的姑丈在裡面工作，全家住在大門口內右側的員工宿舍裡。二姑媽是父親的親妹妹，「姑疼孫，共字姓」，心玉來臺北讀大學，她認為做姑姑有照顧之責，叮嚀心玉至少一個月要下山一次到她家吃飯，除了煮些好吃的為她補補身子，臨走還會準備餅乾等零食讓她帶回學校。其實姑媽家境並不寬裕，姑丈是隨國軍來臺的浙江人，為人忠厚老實，在官邸的大眾食堂裡當廚師，薪水不高。多年來，姑媽須以幫人洗衣服、養豬賣豬來貼補，才能把五個孩子一一拉把長大。

長輩的善意無法推辭，而心玉也成了姑媽日夜辛勞、身心疲憊的情緒發洩收集桶。晚春舒爽，這個星期天，她帶著廷軒去拜訪，走過林蔭蒼翠綿延約兩百米的道路，盡頭是兩片灰色大鐵門，兩邊的守衛室和圍牆掩隱在茂密樹叢裡。鐵門兩旁立著挺拔偉岸的憲兵，看到心玉，微微一笑，認識是裡面袁家的女孩。心玉主動說明廷軒是她的朋友，他們瞄一眼，見是溫文爾雅穿著整齊的男士，沒盤問即打開邊上側門讓他們進去。

右側沿著斜坡以紅磚砌築的長長矮牆，串連成一棟棟簡樸的民房，居住的都是從大陸來臺的榮民及其眷屬。推開一扇紅漆剝落鏽痕斑駁的鐵門，迎面撲來濃濃的腥臊味。姑媽在院子靠牆一角的豬圈裡彎身低頭，正把一桶拌有碎地瓜葉的廚餘倒進凹槽，兩隻肥胖的大豬等不及就興奮地把嘴埋進去，兜得滿頭濕漉漉，姑媽愛憐罵道：「那麼急幹嘛——」邊用手撥淨牠們頭上的殘渣碎葉。

「阿姑——」心玉連叫兩次，姑媽方才抬頭：「啊，你們來了。」

她走出豬溷，抬起右手臂，袖子在臉上一抹，黝黑的小臉露出憨厚靦腆的笑容說：「本來有三隻，昨天剛賣掉一隻。從小養到那麼大，有點捨不得呢。雖然賣了才能賺錢……」廷軒饒有興味地盯著那兩隻黑亮的肥豬。

姑媽看著他們說道：「心玉，你們先進屋裡，我等下就來。」

比心玉大一歲的表姊抱著一大盆剛洗好的衣服走出來，擰乾，晾在竹竿上；其他表弟妹，小的在客廳寫作業，兩位大的一個擦窗戶，一個拖地板。家境清苦，幾個孩子都很懂事，課餘放假日會幫忙做家務來減輕父母的辛勞，也因此，空間雖狹窄簡陋，客廳、廚房、臥室卻都纖塵不染，整潔有序。

中午，六盤菜、一鍋湯擺滿餐桌。為了他們到來，姑媽特別破費加菜，心玉過意不去，姑媽笑嘻嘻謙說：

「也沒多豐盛，都是家常菜啦！」

她熱情的直幫心玉、廷軒挾菜，並吆喝孩子：「你們自己來，也多吃點！」

從早上忙到現在，沒得空詳端廷軒。去年和嫂子去晴光市場時見過他，隔了一年，明顯感覺他和心玉已如情侶般親密。

姑媽問他：「你會說臺灣話嗎？」

廷軒微微一笑，用臺語回答：「我是臺灣人。」

「不像，你看起來像外省人。」接著以「岳母代理人」的身分關心詢問他的身家背景。

幸好不久，姑丈回來了。

「姑丈，吃飯囉！」心玉站起來喊道。

姑丈操著完全聽不懂的浙江話回了幾句。姑媽翻譯：「他說在（官邸）裡面用過了。叫你們不要客氣，儘量多吃。」

姑丈姑媽是絕配。姑丈身材高瘦，皮膚白淨，木訥寡言；姑媽矮小，膚色略黑，嘴巴常嘮叨不停。有趣的是姑媽只會講臺灣話，姑丈只會講浙江話。兩人各以其母語交談；彼此不會說對方的語言，但聽得懂。外人聽起來如「雞同鴨講」，他們卻通暢無礙地過了二十多年。

用完餐，姑丈發言，姑媽解釋：「這幾天總統和夫人出門，不在家。姑丈問你們想進去參觀嗎？他可以安排。」

廷軒馬上有禮貌回道：「不用麻煩姑丈，我以前去過了。謝謝您。」

下午，走出官邸，厚實水泥圍牆及上頭一圈圈纏繞的猙獰鐵網，拋在腦後。如此地固若金湯，是皇宮？是牢獄？廷軒面露鄙夷之色。

心玉明白緣由，亦不多言。

午後的陽光穿透樹梢葉隙，化成無數金蝶金燕，在長長小路上翩翩閃爍起舞。迎著徐徐清風，她打破沉默：「我喜歡走這條路。」

廷軒輕聲道：「妳沒有看見樹後躲著憲兵嗎？」

「我知道呀，所以即使晚上走在這條路上，我也不害怕，因為這裡不會有壞人。」

廷軒無言，心中喟然而嘆。

當晚，姑媽打電話給嫂子，詳細述說心玉他們來訪的情形，主要是發表她對廷軒的看法。最後連環炮問道：「他們看起來感情很好，心玉會跟著去德國嗎？妳會捨得嗎？她原來的男朋友知道嗎……？」

這也是林滿掛心的事。說實話，當初女兒和洪偉國交往，她就不是很贊同，除了他長相嚴肅較不討喜，更重要的原因是他家境不好，擔心女兒嫁過去會吃苦。聽說洪偉國當了老師，每個月教書所得的薪水還要寄一些回去養父母。一個窮教員領的死薪水，要存錢到何時才能買棟房子？女兒在家不愁吃穿，嫁人要跟著過苦日子，實在不忍心，捨不得呀！

因此，吳廷軒的出現，坦白而言，她是暗自竊喜，以個人條件和家庭背景作評比，當然應該選擇吳廷軒。

身為父親的，楊丁源則持不同意見。雖然他疼愛女兒，但他認為洪偉國與女兒交往在先，偉國是個可靠的男孩，對女兒又一往情深，於情於理於道義，心玉不應該另擇良木。這方面的觀念，丁源竟比妻子傳統和保守。

知道心玉與吳廷軒交往，上回偉國來家裡，楊丁源談話中有意無意對著偉國說：「嫁雞隨雞，嫁狗隨狗，以後心玉嫁給你，如果她不乖，你可以打她。」

當下大家面面相覷，偉國微愣，隨即認真道：「伯父，您放心，我絕對不會打心玉的！」

不明白楊丁源的用意。不過，偉國一向不恥打老婆的行徑，所以敢於作此明確保證。

事後夫妻倆對此事有些爭執。楊丁源認為妻子短視短利，林滿則抱怨：「女兒還沒出嫁，怎麼說這種『哮話』？她還沒有結婚，本來就有選擇的自由……」

下午第二堂課前的休息時段，吳美儒從外面走進教室，揚著手上的信叫道：「心玉，妳的信！」

細碎的騷動。

「我們看看，這次寫什麼？」吳美儒望著豎起耳朵的同學們，故意放大嗓門，用感性的聲音朗誦：

「寒冷的冬夜，大雪紛飛，但澆不熄我心中的熱情。想妳，非常想妳！」

「哇！好感動！」

「吳助教太浪漫了吧！」

「……」

心玉臊紅著臉搶過信。

廷軒去了德國，沒幾天就收到他的航空快信。淡藍色信封，四周是紅白相間的斜條紋，正面寫著收件人、寄件人、地址，背面他總會寫上幾句愛慕、思念的話；俊逸瀟灑的字跡，如鴻雁翅膀飛舞，千里迢迢一字一字捎來他濃濃思情。

心玉幾次在信中告訴他，不要把這些話寫在信封上。他沒聽，依然故我。

「我的愛，想妳念妳！」「勿忘我！」「天冷了，多加衣服。」……

他以這種方式向全世界的人告白和宣誓：

我愛楊心玉；她是名花有主的女孩。

每週至少一封信。洋洋灑灑抒發他在德國的生活情形、學習狀況以及所見所聞所思。他要讓心玉了解和掌握自己的行蹤與思念之情，最後一定以「我愛妳」作結束。

聖誕節、春節寄卡片，情人節、心玉生日，越洋訂購蛋糕禮盒、一大束紅色黃色玫瑰花，專人送到華崗的舉措，在六、七〇年代還真引來同學們驚歎且津津樂道好一陣子。

凡此熱情的表白，心玉在感動中更有著被寵愛的甜蜜喜悅。

廷軒離開之後，心玉有空就下山到他家，陪他母親說話，一起上街買東西到郵局寄包裹給廷軒、麗華。

那天在松山機場送走廷軒，回到他家，她走上二樓房間，再也忍不住趴在床上埋頭痛哭，許久許久。

廷軒去德國的飛機航班訂在中秋節的早上，碧珠要心玉前一天過來家裡住。出國留學是喜事，但是當時處在「戒嚴時期」，離開國門有諸多困難，而且異域遠隔，交通耗費不貲，這一去要多少年才能回來？是以雖然碧珠特意準備豐盛的菜餚，大夥兒都心情沉重，舉箸躕躇。飯後碧珠再次翻看兒子的行李，深怕遺漏了什麼；也一再跟前跟後叮嚀他隻身在外要特別留意身體、安全等等。爸爸一如往昔坐在沙發上，和廷軒一樣深邃如黑潭的雙眼，像威武的雄獅靜靜眷顧妻兒的一舉一動。

十點過後，大家各自回房。心玉被安排住二樓吳麗華的房間。彈簧床、書桌、衣櫥，幾樣家具皆簡單雅緻大方，綴印細小紅黃花的被單及淺蘋果綠色的窗簾，一望即知是青春女孩的閨房。

洗個澡出來，廷軒站在臥室門口等她。望著出水芙蓉般的可人兒，身上套著寬鬆的磚紅色薄絨睡衣，秀髮綰在腦後，粉頸晶瑩雪白，露在衣袍外的手腕、小腿，宛若皓皓玉藕皎潔滑潤。

第一次見心玉穿睡衣，廷軒不禁看呆了，眼睛癡癡望著，嘴裡輕聲喃喃道：「妳好美，好美……」

真希望時間就此靜止。

兩人離情依依之愁緒，纏攪碎肝腸。

回到自己房間，廷軒躺在床上望著天花板輾轉難眠。乾脆起身，輕輕拉開房門，客廳靜悄悄地，他摸黑到廚房倒杯水喝，再走回沙發上。

打從出生就在這屋子裡生活、行走奔跑。他可以閉著眼睛上下樓梯；閉著眼睛準確摸到牆壁上每一個的電燈開關；閉著眼睛打開櫥櫃，拿出咖啡罐、奶精、糖包；閉著眼睛能辨別爸爸、媽媽、大弟、小弟腳步聲，甚至他們刷牙、洗臉濺潑的不同水流聲……

明天之後，這習慣的親人、空間、物品等等，只能暫時埋存在心底，暫時？兩年、三年、五年或？

他不敢臆測。遠的歷史不說，近的中日戰爭、國共對抗，尤其一九四九年國民黨退守臺灣之後，有多少人往往一揮手，一轉身，就是骨肉分離，天人永隔。

再說對心玉的牽掛，此去千山萬水的阻隔，她、她會再回到洪偉國身邊嗎？雖然不願為難心玉，不過問也沒強迫她和洪偉國斷絕往來，其實心中的擔憂、焦慮、不安、猜疑種種心情翻騰交錯，混拌成五味雜陳的餿臭酸汁，在腦海、在心坎，嚼著嘔著。苦楚難喻。

沉浸在離別愁緒裡。原本暗黑的客廳突然閃進微白光暈，廷軒望向窗外，黑空中圓圓的月亮正緩緩拂雲露面。他推開門，院子裡，淡雅清幽的桂花香在空中迴盪。媽媽特喜愛桂花，因此，自幼這月白色細緻小花和它甜甜的清香，好似傳達母愛，能給予他撫慰和放鬆的力量。

他深深吸口氣，他要把這香味吸進胸腔、吸進血液、吸進所有的細胞，帶到重洋外的異國。舉頭望著一輪皓月，想到月到中秋分外明，月圓人圓團聚之日，他竟要與家人、愛人離別，不禁愀然唏噓。

第二天，用完早餐，全家搭了兩輛計程車到敦化北路的松山機場。一路無語。進入機場大廳，廷軒要爸媽、心玉坐在椅子上候著，他到櫃檯辦理登機手續，兩位弟弟幫他推行李。坐著的三雙眼睛尾隨著廷軒，梳理整齊的頭髮，慣常的白襯衫、黑色西裝褲，服飾簡單，卻如玉樹臨風般醒目。他隨著隊伍移步前進，也不時回頭凝望他們。

機場大廳像個海底水族世界，大大小小，橘紅、粉紫、鮮藍、綠黃圓點交雜，各種不同的斑斕觀賞魚，一尾一尾，一簇一簇，游過來、游過去，然後閃入消失於一個個洞巢。出現，游移，消失；出現，游移，消失……

游移時刻最是煎熬。

即便只是在竄動的人群中偶爾地四目交接，依然是活生生鮮明存在望得到的實體；

即使離愁摧心斷腸，相互愛戀的靈魂仍在視線內交會。

盼著就讓時間停格在游移吧，無止盡地游移也罷。

四周所有魚兒都消失不見了，唯有兩雙交會的目光在閃爍。

「怎麼那麼久？會不會趕不上飛機？」媽媽捨不得卻又擔心延誤登機。

「不會的，排在他後面的還有那麼多人，沒關係。」爸爸平靜緩慢地回答。

心玉默默地唷噬游移。

終於廷軒和兩位弟弟走回來，椅子上三個人站起來。

媽媽迎上去，說：「把護照收好，機票、登機證拿好……」兩年前女兒去美國，她也如此囑咐著。

廷軒順服回道：「媽放心，我會的。」

他目光輪流掃視爸爸、媽媽、心玉的臉龐。

出國留學是喜事，爸媽的離情裡含著喜悅、祝福與期盼。

心玉的離情是鬆了手的絲線遠颺，恐隱入層層浮雲，如何再收攏？廷軒這遠颺的情絲，更是憂懼它在空中千纏百繞，是否會硬生生扯斷了？回來再也尋不著絲線端頭？

爸爸理性地說：「該進去了，進去還有出關程序要辦理。」

說完他刻意和老二、老三走在一起，讓妻子、心玉陪在廷軒兩旁先行。

走到「遊客止步」處，廷軒暗自緊緊握一下心玉的手，心玉一路隱忍的淚水倏地淌滿臉頰，她趕緊用手抹拭。

廷軒轉身深深望著親愛的家人，不覺眼眶泛紅，他哽咽說道：

「爸爸、媽媽，我走了，你們要保重……」

「廷憲、廷朔，在家要聽話。」

「心玉，」叫一聲，頓住，凝視淚痕未乾又泫然欲泣的臉蛋，千言萬語已無從訴起，他低聲道：

「等我，等我……我會寫信給妳。」

第貳章

從浴室出來後，佩璇走進去，驚駭得不知所措！浴缸裡是七分滿的灰色汙水，上面飄浮著一層粒粒可見的細微塵埃，溷濁如水溝裡的漿膜；整個浴室瀰漫著肥皂香與身體穢垢氣息混合的怪味。

燠熱的六月天，生產後第四天，周佩璇不顧坐月子的顧忌，於窗下長跪，合掌仰望穹蒼，向無所不在的觀世音菩薩祈禱，求祂創造那百分之一、千分之一的機會。

窗外是兩屋間的窄巷砌成的一方陽光，她倚窗屈坐，無助的淚水和淒苦的求援，可能攀附投射進來的陽光，直直傳達天際？她不知，也不敢奢望，只憑虔誠的一念，即能突破昌明醫學的診斷。可是，除了叨叨絮絮、反反覆覆地祈禱、呼喚，以緩和焦灼悲痛的心靈，她還能做什麼？

隆起的腹部平坦了，耳畔少了嬰兒的啼哭聲；該來的小生命卻不在眼前，這是怎樣的滋味？除了祈求，她還能做什麼？

洪上武、李春蘭夫妻生養了五個兒子、兩個女兒。女兒早嫁人，也有了五位外孫。但是，他們年近七十，卻一直盼不到孫子，老大、老二都已經四十出頭，仍沒婚姻的訊息。總算老三偉國結婚四個月，媳婦周佩璇就有了身孕。老夫妻倆一個月前從澎湖搭機來高雄，等著迎接洪家第一個金孫的到來。

一個小男孩，在眾親人的期待下，經過一晝一夜的折騰，降臨人間。雖然只是二點八公斤細、瘦、乾、皺的身軀，卻是洪家的骨血，是一脈傳遞的新一代，捧在掌心，已是千金不換的稀世珍寶。依照家譜，他被命名為宇平。

乾癟的小臉龐依稀可見清秀的五官，濃黑的頭髮下是一雙明亮的大眼睛，瘦挺的鼻梁配著小小薄薄的嘴唇。裹在布包裡，和其他嬰兒像一列列的布娃娃，靜靜躺在嬰兒室裡。

「恭喜喔！有了金孫。」

「頭胎就生男孩，太好了！」

老年得孫的洪上武笑不攏嘴地到廟裡上香，感謝神明庇佑並敬告祖先，他們洪氏有了後代；李春蘭則趕緊燉了杜仲腰子湯，要為媳婦補補身。

初為人母的周佩璇禁不住興奮與關懷，忍著產後子宮收縮的疼痛及種種不適，常邁著蹣跚的步履，緩緩穿過長長的走廊來到嬰兒室，隔著透明玻璃，凝睇小床上安然熟睡的小臉龐；有時也進去跟護士見習餵奶、洗澡、換尿布等大事。

出生後第三天，宇平的皮膚開始泛黃。

「剛出生的嬰兒都會這樣。」老一輩的親戚憑著多年的育兒經驗，說：「是正常現象，在他衣服上塞張紅紙，就會消褪的。」

但是一張小小的紅紙染紅了襁褓衣，卻映照不了日漸枯黃的臉頰。第五天送往小兒科醫院時，他已經眼珠下垂（醫學術語稱落日），身體僵硬弓曲（反弓），到達黃疸病的最末期。醫生見情況嚴重，拒絕收留，要他們轉往中心急救醫院。周佩璇則回到家裡靜養。

望著丈夫和母親由醫院空手而回，佩璇驚訝傷心。

「醫生說他必須住院治療。」聽了洪偉國沉重地描述，她想像紫外線透過玻璃罩子投射在那光裸的小身軀上；想像一根根粗大的針管由細薄的頭皮扎下去；想像他嚶嚶唔唔的微弱啼聲……

一盒盒的玻璃箱裡，躺著她及別人的骨肉，他們需要的是母親溫暖的懷抱，是親人愛暱地凝視與逗弄，而不是這些冰冷的玻璃箱子、陌生的面孔和刺眼的白牆。

每回洪偉國由醫院回來，周佩璇便緊張地問道：

「情況如何？」

「他……去了沒有？」

等待丈夫口中吐出的惡耗。但是他總說：

「還是老樣子。除了吃、拉外，一切無反應。」

只為一息尚存，希望之火仍點燃在心頭。每天她也要問一回他的血色素多少、黃膽素多少。偉國的回答也總是：「血色素四點五，黃膽素三十七。」

醫生說：「正常孩子的血色素是十三，最低不得低於九；黃膽素超過十三算是嚴重，二十以上則有生命危險。」

對宇平過於離譜的數字顯現，大家都震驚萬分！

醫生同情說道：「這孩子生存率只有百分之一，而能完全治癒、正常成長只有千分之一的機率。」並宣布放棄治療。

此時，受沮喪、痛苦煎熬的兩顆心，幾乎要在親友的勸慰下頹然認命了。

或許是佩璇的虔誠祈禱發生作用了？或許此兒命不該絕，只注定遭此浩劫來磨練為人父母的耐心？她不是完全的宿命論者，但是對生命的存亡，願意相信冥冥中自有神聖安排。

這個「變故」在親友中傳開，大家給予的是同情、惋惜和嘆息。議論紛紛中，一位鄰居說：

「三塊厝那位先師媽很高明，可以試試看。」

一位對街叔叔也說：「反正醫生已經宣布無效，躺在醫院也是白躺，倒不如帶回來，姑且自個兒『死馬當作活馬』醫醫看。」

聽了這兩句話，精神恍惚、六神無主的他們，決定放棄西醫治療。七月四日晚上，洪上武、洪偉國和房東太太將宇平帶出中心急救醫院，直趨三塊厝，敲開「先師媽」的門，收驚化煞。然後透過她，又取得鳥松一位善心人士醫治黃疸的祖傳祕方。

那天深夜二時許，佩璇撐起產後虛弱的身子走下床，在甬道中接住她那出生甫六日便離開母親懷抱入院求醫一星期的孩子。他比出生時更瘦小、更不堪一握了！

望著奄奄一息、孱弱蒼黃、身體扭曲的兒子，佩璇激動得泣不成聲。那一晚她徹夜未曾闔眼，餵奶、滴藥、換尿布；餵奶、滴藥、換尿布……時時警覺地聆聽身邊小生命的呼吸聲，時時不安地觸摸他的肌膚，深恐一閉眼，他奄若游絲的氣息就消失，他乾皺表皮上的體溫就冷卻了。

天花板上的日光燈亮了一夜，但是她心中依舊充滿恐懼。淡藍的蚊帳圍成迷濛的小天地，神祕的氤氳中，數日來身心俱疲的丈夫已倦極熟睡。她望著身邊形骸枯瘦、弓曲的小生命，寒慄膽怯更勝於疼惜的母性心懷，失而復得的喜悅中更擔心往後慘淡崎嶇的生長過程。

為人父母的憂傷可斂抑，殘酷的事實可容忍，可是孩子呢？纖小的心靈如何載得動「異常」的殘忍命運？

她數度掩面而泣，屈膝合掌再祈求大慈大悲的觀世音菩薩。感謝祂將兒子由死神手中拉回他們身邊，更懇求祂再賜福庇佑他成為一個正常的孩子。

但是，才呱呱落地即上鬼門關打轉的坎坷命運，已注定往後艱難的成長過程。記得週歲前，三坪大的通鋪臥房便是他的世界。每天固定的工作是將一包一包灰色、磚紅色的藥粉，不停地塗入他嘴裡，藥草、藥根熬成的黃色苦汁，也每隔一小時便用吸管一滴一滴地灌入他的小嘴巴。

慢慢的，臉上的黃色素愈來愈淡，眼白不再發黃了；雖然眼珠偶爾還會像落日半沉西山般往下眼瞼隱沒一些，他們已確定這條小命是撿回來了。

百分之一的奇蹟出現了！現在，他們希冀和惶恐的是那千分之一的正常率。

於是，為了矯正他弓曲的骨骼，他們日夜不停地為他翻轉、按摩，時時調整他的睡姿，左墊棉被，右壓氈子，要他睡得像個「正」字。經過五、六個月的苦工夫，彎曲畸形的骨架子終於讓他們扳正了。

在周佩璇娘家、洪偉國二姐等人的資助下，宇平那張小嘴，就像實驗瓶管，除了黃疸藥，更填入了人蔘、巴參、真珠粉、鈣粉、維他命A、維他命D等等，也吸進牛奶、魚、蛋、肉、肝、蔬果等大量營養食品。金錢和精神的投資，讓他擁有一副比同年齡孩子大一號的體格。但是體能的進展還是緩慢許多。

俗語說嬰兒「七坐八爬九發牙」（現代孩子營養充足，發育迅速，早就超過這標準）。宇平卻到十個月才慢慢會坐起來；又在床上匍匐了半年多，直到一歲八個月才開始學走路，從此，與身體相較略顯細瘦的兩條腿，便與紅藥水、藥膏結上不解緣。

小孩子好奇又好動，佩璇不時警覺地將他圈在視力範圍內，但是重心不穩、搖晃不定的小身體，還是鎮日五步一小跌、十步一大跌。兩三年裡，他幾乎平均每天總要跌上七、八十跤。碰撞了額頭、鼻梁；擦破了手肘、臉頰；兩隻膝蓋更是磨了又磨，舊血才止，瘡疤未乾，新血又跟著流下來。

望著滿臉淚痕、痛苦扭曲的小臉蛋，做父母的心如刀割般地淌下一滴滴鮮血。

慢慢地，他走出門了，他說話了，他加入追逐嬉戲的童伴裡，卻像麵人一樣，一碰即四腳朝天；他加入談天說地的童伴裡，卻像來自另一個國家，他含糊不清的口齒無法引起共鳴。

望著他閃爍的瞳眸，歡欣而好奇地伸展向遼闊、奇異、多彩的世界，想觸及又畏縮，想投入又被摒棄的頹喪神情，做父母心中的不忍和酸楚真是筆墨難言。

為了讓他更趨正常，洪偉國和周佩璇曾四處尋醫。跑遍臺南、屏東鄉下，造訪人們口中的高明老中醫師。也特地北上到榮總，希望精湛的西方醫學在這方面能有獨到的醫術或藥物。但是，許多醫師聽完他們簡述宇平的出生病歷，再看看他本人，都抱持懷疑的態度說道：

「當初黃疸那麼嚴重，怎麼可能……？」

言下之意，好似那些駭人的顯示數字是他們誇張任意添加上去的。跟著便又安慰道：

「能有今日，已經是不幸中的大幸。有了這種奇蹟，你們也該滿足了。」

老二宇誠在老大滿一歲四個月後降臨人間。

晚上將宇平哄睡，由婆婆陪著他，洪偉國和周佩璇兩人安步當車行至醫院，再沿著醫院兩旁的馬路來回踱步。那天是農曆九月十七日，黝藍如綢緞的夜空裡，月亮尚晶圓瑩澈。霓虹燈不再閃爍，商店陸續打烊，街上人車漸稀。

月光下，靜寂的馬路上，一位丈夫扶著大腹便便的妻子漫步著。多美多感人的生動畫面！

不過於陣痛中，佩璇惦記的是「宇平半夜醒來，找不到媽媽，會不會哭？」煩躁的是十分鐘、七分、六分……的間歇陣痛，要熬多久才會轉頻轉劇？

踩在空曠柏油路面的足音沉重、無奈又漫長，彷彿永遠盼不到肚裡胎兒呱呱落地。到了深夜兩點多延續兩三小時撕肝裂腸的慘痛，加上催生針的藥力，老二終於出來了。相同的醫院，相同的產房，同樣的醫生，連體重也和哥哥一樣的二點八公斤。

有了心驚膽戰的前車之鑑，宇誠出生前，他們已將烏松治黃疸的藥準備好。等他皮膚開始泛黃，馬上讓他服下藥粉，剛浮顯的淡黃色澤很快即消褪。慶幸脫離黃疸的魔掌，沒想到緊跟著的食道阻塞，又將大夥兒折騰了一個多月。

吃，是動物的本能；吸吮，也應是嬰兒天賦的求生技能。但是，宇誠含著乳頭，兩瓣薄唇不動地微張著。改換奶粉，仍激不起他的食欲。偶爾流進幾滴奶水，在喉裡打個轉，不到片刻又全嘔出來。

看了西醫，服了漢藥，試了各種土製祕方，食道裡的痰依舊除不盡。嘔了又嘔，夾雜奶水和黃色、綠色各種藥粉的黏稠痰液沾汙了衣服、棉被、毛氈，有時未及時抱起，更嗆得鼻孔阻塞，或淋得他滿頭滿腦穢物。慢慢的痰液漸稀漸淡，但他吸吮的能力仍然笨拙，只好以棉花蘸浸奶水，一撮一撮地滴入他嘴裡，或用小湯匙沿著他唇邊緩緩灌入。

因為對「吃」的興趣不濃，宇誠自幼體型就略顯袖珍，所幸一切發育正常，小小的個子十個多月便已搖晃學步了，其他在運動、語言和智能各方面的表現也相當卓越。

鐵門推開，鏗鋃一聲，稚嫩的的聲音隨著碰碰跑步聲來到眼前。

「媽媽，我們去看鵝ㄨㄚ、ㄨㄚ叫——」老大宇平語詞不清說著。

「鵝的屁股一扭一扭的。」老二宇誠接著說。

周佩璇將最後一道青菜端上桌子。一邊擺碗筷一邊笑問道：「怎麼扭呀？」

兩歲的小個兒抬起圓圓小臉，兩隻小手放在臀部兩旁，左右搖動，張口道：「這樣扭、扭……」逗得她心中的小鳥跟著起舞。

再問：「鵝在哪裡ㄨㄚ、ㄨㄚ叫？」兩兄弟對看，愣愣地答不出來。

洪偉國停妥了摩托車，走進來，兩個孩子轉身奔過去問：

「爸爸，鵝在哪裡ㄨㄚ、ㄨㄚ叫？」

每天下午學校放學，洪偉國回到家約五點，他會把兩個兒子帶出去。有時在附近散步，有時騎摩托車載他們去稍遠處逛逛，主要是讓佩璇能得空準備晚餐。兩個孩子也盼著「爸爸帶他們出去玩」的時光。

今天的晚餐是清蒸鱈魚、碎肉炒茄子、炒高麗菜加紅蘿蔔、紫菜豆腐蛋花湯。周佩璇坐在老二旁邊，一口飯一口菜地餵他，宇誠含在嘴裡咀嚼兩三下就停下來，圓圓的大眼睛飄渺幽遠，小小腦袋瓜不知又神遊到哪兒。

「弟弟，不要含著，吞下去呀。」總要爸媽提醒催促，他才回神地慢慢蠕動、慢慢吞嚥。每餐吃飯都如進行一場冗長緩慢、考驗修養耐性的盛典儀式。

相反地，宇平的胃口很好又不挑食。最近他正學習自己吃飯，笨拙不聽使換的手拿著湯匙舀起飯菜，常常三分之二進到嘴裡，三分之一撒在桌上。

「哥哥，慢慢吃，不要掉出來。」洪偉國一邊說，一邊撿起桌上的飯菜放入自己口中。

兄弟倆相差一歲，因為對食物的興趣迥然不同，所以哥哥比弟弟整整高了一個頭。

剛結婚時，他們租屋而居。錦田路巷弄裡的雙層樓小房子，房東一家人住在二樓，一樓客廳中間簡單搭築約三坪的木板通鋪，是唯一的房間，兩邊擺放衣櫥、牀櫃、其他雜物，中間就是睡覺的地方。後方原本是院子，房東以灰色的水泥粗胚砌隔成小小的廚房和小小的浴廁，煮飯、吃飯、洗澡、洗衣、晾衣，全部在這裡完成。臥室與廚房之間是通往二樓的樓梯，牆邊靠著一張組合式上下鋪鐵床，是偉國買來讓父親或母親來時有個地方可以睡。

周佩璇的父母在臺北後火車站附近開了一家五金行，規模不大但也算是有中等資產人家。周佩璇大學念的是兒童福利學系，平時也沒操持家務，嫁給洪偉國之後才開始學習如何洗米煮飯，對照著食譜來切菜、煎煮、放調味料……

偉祥第一次來家裡用餐，回去後告訴母親：

「三嫂拿著書在煮菜。」

「啊？把書本拿下去煮嗎？」母親驚訝問道。

於是，周佩璇「拿著書在煮菜」，也成了善意的笑話在洪家流傳著。

新婦洗手做羹湯，雖是初試啼音，但是她在這方面展現的才能卻是讓大家刮目相看。完全沒有經驗，像一張乾淨的白紙，佩璇用心而全然地按照食譜作菜，竟能烹調出色、香、味俱全的佳餚，不只家常菜，逢年過節或有客人來，需要比較精緻豐盛的菜餚，她拿著食譜現學現賣，端上桌的總能令人食指大動，讚不絕口。

洪偉國對妻子有著歉疚與感謝。

在一位遠房親戚的介紹下，兩人認識不到一年就結婚。周佩璇身材中等，容貌清秀，性情溫和。兩人交往時，她欣賞洪偉國的博學與聰明才智，更了解他是務實、有責任感的男生。雖然家境貧窮，但已有穩定的教書工作，維持生計應該是沒問題的。

不過結婚前夕，爸媽和她南下，初次來到洪偉國租賃的房子，仍不禁為其簡陋、粗糙、寒酸而驚異傷感！周明哲、彭麗真夫婦憂心忡忡地回到飯店。

「沒關係，」即將當新娘子的周佩璇笑顏安慰父母：「只是租的房子，以後買新房子就好了。」

「談何容易，你們什麼時候能有自己的房子……」彭麗真悶悶嘀咕著。

「一枝草，一點露。不用太擔心啦！」還是做父親的比較看得開。周明哲了解女兒溫順的外表下有著堅韌的心性。

確實，為人妻為人母之後，周佩璇展現的堅毅任勞，讓洪偉國佩服與疼惜；她的不貪慕虛榮、淡泊物欲，倒是和心玉很像。思及心玉，洪偉國猛地將心閘門砰然關住，生怕洩流的洪水一發不可收拾。

嚴守禮教，於身於心，他都不會背叛妻子的。

為了讓周佩璇安心，洪偉國每個月領到薪水便悉數交給她。依照婚前約定，先撥一小部分寄回澎湖給父母，其他全部由周佩璇管理，包括他的零用錢。

非念商科，不擅於精打細算的佩璇，只會每天將所有的開銷，如菜錢、奶粉、孩子衣服、水電費、看醫生……一筆一筆記下來，作為節約、理財的參考。見她生活拮据，娘家父母會找藉口，如：宇平宇誠生日啦、過年啦，給個大紅包。回娘家或彭麗真來探望時，總也私下塞些錢給她。

如此省吃儉用，結婚三年後，終於以貸款加上分期付款，在臨近鳳山的義勇路買下這棟地坪不到三十坪的二層樓房子。這是近十年來新開發的地區，東邊櫛比鱗次的房子已形成一個社區，他們購買的是西邊剛建築完成的第一期新屋，屋前還是一大片長著雜草的荒地。

一樓客廳靠牆放著書桌、一套沙發椅。通往二樓的樓梯前方，以一面書櫃隔出內外空間，頂天立地的上下櫃面是嫩草綠色的貼皮；兩旁各有四層開放式書架，已擺滿中華典籍、東西方文學著作、兒童繪本等書；正中間下層是電視機，上層則布置成小佛桌，供奉一尊白瓷觀音像。

往裡是餐桌、廚房、浴廁，後面是鐵皮屋頂的小院子，左右水泥牆沒有封頂，在這裡洗衣服、晾衣服，還可以和鄰居對談聊天。

二樓主臥室擺著一大一小兩張木板床。當初有了新房子，在裝潢完成時，首先添購的便是床。睡了三年硬梆梆的木板通鋪，佩璇想要一張柔軟舒適的彈簧床，偉國卻說他睡軟床會腰痠背痛。兩人有些小小的爭論，逛了幾家店，最後折衷選擇鋼線較粗硬、不會太軟的彈簧床。但是睡了兩個月，偉國仍然不能適應，他自我調侃：「看來我們鄉下人，還是無法消受這浪漫的席夢思。」

不忍丈夫為腰痛所苦，只好把彈簧床墊移到床底下了。

小床倚著大床，兩個孩子夜晚踢被、要尿尿、咳嗽、啼哭，佩璇一轉身就可以照顧。另一個房間是客房。偉國父母親疼愛兩個小孫子，現在兒子有自己的房子，又特意為他們準備了一間臥房，因而一來便喜孜孜住兩三個月。

偉國的弟弟偉祥在水泥廠上班，之前在外面租房子。基於手足之情，也為減輕他的負擔，偉國徵得佩璇同意，讓弟弟過來住在一、二樓之間的小房間。

周佩璇哄完兩個孩子睡覺，下樓來。洪偉國坐在桌前看書，聽到腳步聲，轉頭問道：「睡著了？」

周佩璇點頭。她從抽屜拿出一疊白色厚卡紙，先以鉛筆、尺畫出八公分的方格，再一一剪下來。對洪偉國說：

「你的字好看，還是你來寫囉。」

「沒問題！」偉國把書本擱一旁，從筆筒裡抽出毛筆。笑問：「今天寫什麼？」

「人、口、手、眼、耳……都寫過了，桌子、椅子、冰箱……也寫了。」

佩璇歪頭想一想，說：「今天寫動物好了。」

於是，洪偉國在卡紙上一筆一筆工整地寫上：貓、狗、兔子、大象……

擔心宇平的智力，他們從他兩歲半開始作「認字遊戲」，才四個月他已認得四百多字。現在出門，眼睛、嘴巴變得忙碌，看到街道、店面的廣告、招牌的文字，他記憶板的文字圖騰便會跳出來和它們相認。

還有，宇平對數目字的領悟力也不差，已能把一至一百念得琅琅上口，學會了個位數內的加減法，也能舉一反三。

意外的是，原本「早教教育」是為了宇平，在旁邊看著聽著的才一歲兩個月的宇誠竟也一一記下來。

兩兄弟的身心發展截然不同。宇誠唯一比一般嬰兒慢的是牙齒，到十一個月，他的第一顆門牙才從粉嫩的牙床不甘願地慢吞吞地冒出來；自幼即宣告他對食物寡欲吧。也因此，看到的有趣景象是：一個無齒之幼兒小小的身體在行走探索，一個無齒之幼兒小小的嘴巴叫：「媽媽」、「爸爸」，說：「這是肥皂」、「弟弟要尿尿」、「弟弟要出去玩」……

兩兄弟一起玩認字遊戲、數字遊戲，添增喧譁熱鬧的歡樂笑聲，偶爾也會傳來搶答、對錯爭執的哭喊聲。

是的，往好的方面想，他們應該滿足。多少嬰兒因黃疸而死，又有多少未死卻終生癱瘓、低能、白痴。宇平經過那場浩劫，竟然幸運的沒傷及大腦，只有控制運動平衡神經的延腦受到損傷，讓他還能保有一顆敏銳的好奇心，還能思考和記憶。

不過，儘管宇平的智能差強人意，表面上見到的卻是笨拙遲緩的舉止，不由自主晃動的身體和四肢；彷彿膠結著的舌頭跟不上轉動的思緒而形成的口吃，或三兩字連著滑過的混淆不清的話語、吃力而粗濁的大嗓門。這些，都是那場黃疸病留下的後遺症。

所以做父母的只有時常叮嚀：「慢慢講，一個字一個字講清楚。」但是糾正了數月，ㄍ、ㄎ、ㄉ音還扭不過來，反而每每弄得急躁起來，已讓他不耐煩這些一而再、再而三的嘮叨叮嚀。

大門推開，偉祥走進來，「三哥、三嫂，我回來了。」牆壁的時鐘指著九點五十六分。

偉國關心問道：「最近都比較晚回來？」

「是呀，這一陣子工地工程在趕工，我們也跟著加班。」偉祥說完就走上樓。

佩璇看著他沾滿水泥漬的衣褲，眉頭微微皺一下，繼續剪白紙卡。

雖然是週日，她和平時一樣，早上六點半起床準備早餐。兩個孩子不挑剔，媽媽給什麼就吃什麼，泡杯牛奶，煎個蛋夾在塗了果醬的吐司裡，切一盤蘋果，就是簡單清爽又有營養的早餐。

洪偉國不吃甜食，不習慣西式飲食，他只要求一盤能填飽肚子的蛋炒飯。偉祥做勞力活的，同樣也是無飯不飽。反倒是佩璇掛念單一食物，營養不均衡，常常半強迫地要他們也能喝點牛奶，吃些水果。

七點半之後，大家陸陸續續起床。偉祥要加班，吃完飯就匆匆忙忙出門了。

父子三人在餐桌上悠哉磨杵著。

「爸爸，今天——不——不上班？」宇平喝下最後一口牛奶，結舌吃力問道。

偉國用面紙擦淨他嘴角奶漬，笑答：「今天星期天，不上班，在家陪你們。」

「爸爸不上班，爸爸在家——」宇誠嘴裡含著未嚼碎的蛋，像隻興奮的九官鳥學語叫道。

急性子的佩璇已站起來收拾空杯、空碗、空盤，心中一邊想著今天要買什麼菜。平時偉國上班的日子，帶著孩子走不開。幸好每天都有菜販車、肉販車開來巷口，種類雖不多，也是一大方便。逢到假日，偉國在家陪孩子，她可以到市場選購更新鮮、更多樣的食材。

去市場前，她先把衣服丟進洗衣機。拜現代科技之賜，有了洗衣機，她只要把衣領、衣袖易髒的部位搓搓刷刷，然後全部丟進去就了事。

令她最頭疼的是偉祥的衣服。偉祥每天開著「預拌水泥車」到工地，一趟、兩趟、三趟……裝載、倒洩，身上尤其長褲總濺得斑斑點點的灰色水泥。沒有及時沖刷，回到家都已凝結成硬塊。

她將偉祥的牛仔褲攤在水槽裡泡濕，用刷子奮力清刷，刷不掉的還須用指甲摳刮。手臂痠痛，手指也因長期被水泥侵蝕而紅腫傷裂。日積月累的刷洗、痠痛，她的怨氣一縷縷在胸臆充塞。

「哇——」宇誠兩頰掛著淚水，啼啼哭哭跑來後院。「媽媽，哥哥搶我的挖土車！」

宇平隨後趕到，「這、這、這臺是我的，黃色的才是——是你的。」他手中揚著綠色挖土車，急促辯解。

佩璇沖一下手，把孩子趕進屋子，看到偉國坐在沙發看報紙，心中有氣，拉高嗓子：「偉國，你也顧顧孩子，沒看到我在忙嗎？」

洪偉國抬起頭，露出不知所以然的表情，「嗯——」了一聲，起身喚兩個兒子過來。

她乘機愁臉訴道：「四叔的衣服最難洗，你看我的手……」

洪偉國瞄一眼，一副幹嘛小題大作的神情，說：「不是叫妳戴手套嗎？」

「戴手套很難做事的。」她哭喪著臉回到水槽邊，無奈而心酸地繼續刷洗。

她不是會大聲哭鬧，肆意宣洩情緒的女人。

有時聽到鄰居夫妻吵架的怒罵聲，深覺「家醜外揚」的羞恥和不可思議。不過，多少有些佩服他（她）們敢怒敢言的勇氣。

哪像她，心中縱有諸多不滿、委曲、怨言，也只嘀咕性地發幾聲牢騷，不敢將內心的情緒和意圖，坦率淋漓地傾訴出來。

是因偉國也是「悶燒鍋」，極少表達內在的情感，還是他的嚴肅及傳統觀念，令她到口的話語只能嚥回心裡。或許兩者都有吧？四年來，各種負面情緒沒有出口，只能吞回心裡任它發餿發臭。

把一家四口洗淨的衣服從洗衣機撈起來，將四叔那堆已刮淨水泥的衣褲丟進去洗。

婆婆的衣服一向是自己用手洗。第一次來家裡，看到他們全家的衣服一起在洗衣機裡攪洗，對她說：「女人的衣服不能和男人的衣服一起洗的。」

當時，佩璇以她理解的義涵回應道：「我會將自己的內褲搓乾淨再放進洗衣機。」

婆婆沒答腔。

她對男尊女卑的觀念不以為然，心想：「你兒子的襪子比我的衣服還髒呢。」

洪偉國有香港腳，為了避免傳染給孩子，佩璇把他的襪子歸放在同樣有香港腳的四叔的衣堆裡一道洗滌。

周佩璇本就愛乾淨。婚後開始理家，才發覺自己還真有潔癖。

洗衣、作菜要求清潔衛生；書桌、飯桌、書架、床板……只要是暴露在空氣中的平臺，必定每天用濕抹布擦拭一次；一樓的磨石子地板，二樓的原木地板，原本也是每天必用拖把清刷一次，後來因為照顧兩個幼兒實在太勞心勞力，加上還要打理三餐和其他家務事，便改成兩天拖一次地，也依然是乾淨發亮，可任孩子隨意玩耍、躺臥、奔跑的地板。

佩璇以她的愛心和勤勞，營築了一個光亮、潔淨、舒適、溫暖的家。她愛丈夫、愛孩子，心甘情願地為他們奉獻付出。

對於四叔的同住，她也不是不樂意，身為嫂子，她自問還是有照顧小叔的度量啊。但是為什麼每次洗他的衣服，就不禁有怨氣？

向偉國訴苦，並不能改變現況。她不要一句「戴手套」來搪塞，她需要的是為人丈夫的體貼關懷。唉！搖搖頭，偉國不是這種人，「男主外，女主內」的觀念深植其心。或許他認為自己將薪水全部交給妻子管理，不過問，不干涉，就是至高的尊重，無比的信任吧！

這點倒是，即使錢數不多，她須得錙銖計較，精打細算，才能免於捉襟見肘之困；縱使如此，也讓佩璇有著能作主的自主和尊嚴。

除此，偉國對家務事一概不過問、不參與。回到家，唯一的作用是幫忙看顧孩子。「君子遠庖廚」是他的藉口，不曾揮動鍋鏟，不知油鹽置何處，用完餐也不會幫忙洗碗。看佩璇把家打理得一塵不染，井然有序，他有著「家有賢妻」的欣慰與驕傲。

說也奇怪，沒有工作進度的追趕壓力，她是全職的家庭主婦，一天二十四小時的時間全歸她掌控，丈夫孩子的生活作息也由她調配，按理說日子應該過得優哉游哉。誰知她竟如陀螺，每天早晨一起床，繞在身上的長繩急甩出去，就旋轉不停直到夜眠方歇。

周佩璇喜歡依照計畫行事，不拖延、不旁騖。衣服洗好了，聽到「嗶——」聲，即刻跑過去將它們一一整齊地掛上衣架晾起來，絕不會讓它們糾纏擠壓如一大坨醃製的鹹菜般躺在洗衣機裡過夜；吃完飯，飯桌很快清空，水槽裡待洗的鍋碗瓢盤，也不會留到下一餐。

要出去看山看水，先做完事；要喝杯咖啡，先做完事；要去散步，先做完事；要看書，先做完事；要休息，先做完事……由於習慣一鼓作氣完成手邊的工作，她往往把自己操磨得疲憊又焦慮。

有幾次身體不舒服，請偉國幫忙拖地板，他不會顧念妻子的愛乾淨，總說：「一兩天沒拖，沒關係啦！」最後，還是佩璇忍著不適親力親為。

她希望自己不只是勤勞盡職的妻子，更是一位被疼愛憐惜的妻子呀！

媽媽給了我們一艘西瓜船。
是西瓜船耶！
我和弟弟是船夫，
湯匙是划槳，
划呀！划呀！
挖呀！挖呀！

是晶瑩的寶石嗎？
不是！不是！
鬆鬆軟軟像棉花糖。
是美麗的黃珊瑚嗎？
不是！不是！
濕濕滑滑像冰淇淋。

划呀！划呀！
挖呀！挖呀！
心裡涼涼的，
嘴巴甜甜的。

洗澡之前，佩璇對開切了一半小玉西瓜，讓兩個孩子坐在茶几前挖著吃。他們身穿藍色橫條紋的無袖背心，圓圓嫩嫩的手臂在空中划畫，小嘴咬著西瓜，念著兒歌，咭咭呱呱，咯咯地笑個不停，濺得西瓜汁淌滿雙頰、下巴，衣服前襟也濕了大片。

這是炎熱夏日裡，兩兄弟的快樂時光。看到爸媽走過來，宇誠稚嫩童音喊著：「媽媽，吃西瓜！」宇平跟著說：「爸爸，吃西瓜！」

夫妻倆笑嘻嘻地在他們面前蹲下來，兩隻小手用湯匙挖出一塊晶黃西瓜，晃抖的塞進爸爸媽媽嘴裡。

「嗯，好甜好香！」

「乖──謝謝你們。」

得到爸媽的讚美，他們樂不可支，自己續編兒歌：「西瓜冰淇淋，爸爸一口，媽媽一口，好甜好甜……」

每天晚上睡覺前，佩璇會在床邊，為他們講故事，念童詩，最後在他們臉頰親一下，望著等著他們睡著才離開。

或許也是遺傳了爸爸的文學細胞，熏習了父母的愛讀書。兩兄弟小小年紀即對書本愛不釋手，在語文上的創意也常出人意表，一語驚人。

跑到一棵老榕樹前，宇誠說：

榕樹爺爺真的很老了！
弟弟抬頭望一望，
哇！好粗的頭髮！
弟弟低頭看一看，
哇！好大的雞爪！

洗澡時，佩璇把肥皂在他們身上抹呀抹，輕輕搓揉，香香滑滑，肥皂愈來愈扁，愈來愈軟。有一天，弟弟叫道：

「媽媽，你看！8，肥皂8！」

弟弟老是分不清風和鳳，有時候指著風說鳳，有時候指著鳳說風。他會說風山、風梨、颱鳳、鳳箏。有一次，哥哥一本正經地說：

「裡面有『虫』的是風，有『鳥』的才是鳳啦！」

弟弟覺得很奇怪：

「那，為什麼風裡會有『虫』呢？」

四、五歲的小孩好奇又好問，如：

為什麼太陽會跑到床上把我吵醒？

為什麼眼睛閉起來，天就黑了？

為什麼小鴨子會扁扁嘴？

為什麼小狗不會喵喵叫？小貓不會汪汪叫？

為什麼我不能穿女生的裙子？

為什麼我的鼻子有兩個洞？是不是一個要聞香，一個要聞臭？

為什麼肚子會餓呢？是不是嘴巴把東西吃掉，不給它吃呢？

為什麼塑膠敲在地上是ㄎㄜ、ㄎㄜ、ㄎㄜ，鐵片卻是ㄎㄤ、ㄎㄤ、ㄎㄤ？

為什麼龍眼有「子」，香焦沒有「子」？

為什麼冰淇淋是冰冰的？

問得爸爸媽媽招架不住。

有一天，佩璇說：「媽媽也有一個為什麼？」

兩個孩子瞪大眼專注聆聽。

「為什麼你們小小的腦袋瓜，裝得下那麼多的『為什麼』？」

他們張口無語，天真又茫然愣愣的神情，讓一旁看著母子對話的偉國哈哈大笑。溫馨的天倫之樂是柔軟劑，舒緩撫平為人父母兩道緊繃的眉頭；是強心劑，在他們單調平凡的生活裡，注入奮勇邁進的力量。

儘管兩兄弟常常爭吵，儘管他們也有任性、固執、頑皮、闖禍的時候（哪一男孩真的乖巧得服服貼貼？）但是大致說來，他們仍算是聽話而懂事的好孩子。唯一不時會在心頭罩下陰影的憾事，仍是宇平的種種缺陷。

雖然在日常生活的安排上，洪偉國、周佩璇兩人對他和弟弟一視同仁，給予的愛沒有差別，應受的懲罰亦不分層次。但是，當陌生人察覺他的缺陷，而投以探詢的異樣眼光時，一種說不出的不安，依舊會悄悄地在「虛榮作祟」的心房上麻麻地蠕動著。與行動敏捷、伶牙俐齒的弟弟相較，旁人讚賞的總是弟弟時，一種恐其委屈、自卑的不忍與心痛，會讓他們很本能的遮掩弟弟的光彩，和壓抑自身由衷的喜悅。

罹患類風濕性關節炎，飽受疾病之苦的杏林子曾說：「依復健醫學的觀點來看，人人遲早必然在體能上成為殘障。因此，體能殘障只是生命的一個階段，重要的是，心理上或人格上是否也是殘障。」

是的，殘障不是罪，誰也不願如此，實在用不著自卑與羞恥。

對於這一副「比上不足，比下有餘」的非完美軀體，他們應坦然接受，並學習面對各種必然的現實狀況。希望父母力求正確的心態，能輔導他在未來崎嶇的道途上，仍擁有完美、健康的心理與人格。

何況「天生我才必有用」，宇平在體能、口才方面不如人，或許正可轉移並更專注於其他方面的發展。像他愛看書、對周圍一事一物觀察入微，而且忠厚善良……這些都是他的優點，來日「以此之長，補彼之短」，於人於己，否泰禍福誰能預料呢？

「鈴——鈴——」電話聲響，宇平跑過去拿起話筒：「喂——」半晌，說：「阿公。」他放下話筒，叫道：「爸爸，阿公找你！」

洪偉國聽完電話，對佩璇說：「爸爸、媽媽下週要過來。」

周佩璇「哦——」一聲。

兩個孩子高興喊著：「阿公阿嬤要來！阿公阿嬤要來！」

一週後，洪偉國租了計程車到小港機場把父母接回來。一到門口，兩位孫子衝向前，大聲叫：「阿公！阿嬤！」

洪上武開心地抱起大個兒的哥哥，李春蘭暈機無力，牽著弟弟的手進門，就忙不迭地走往浴室伏在馬桶上嘔吐。偉國跟過去拍她的背。

佩璇端了一杯溫水，待她回到沙發坐定，關心問道：「媽——，吐完有比較舒服嗎？喝點溫開水。」

李春蘭臉色青黃，萎靡不堪。平時頭髮梳得光滑平整，成髻綰束在後腦勺，現在也凌亂散了幾絲，佩璇用手指幫她往後梳理，額頭頸部用百花油塗抹、按摩。偉國輕壓她兩隻手姆指、食指中間的穴道。

李春蘭體質害暈，連坐平穩的火車也會頭昏嘔吐，所以一向畏懼出遠門。過去往返澎湖、高雄，只能搭輪船，她是一上船就開始暈吐，五、六個小時下來，五臟六腑翻騰，嘔到連苦苦的膽汁都吐盡。坐一趟船的折磨，她自己形容像死了一回，回到家總須癱瘓臥床半個月。

後來兒女長大有了工作，不忍媽媽受苦，都讓她搭乘飛機。同樣暈眩嘔吐，至少受苦的時間縮短，臥床復原的時間也減了一半。

兒媳兩人為她忙了一陣子。她緩緩睜開眼睛，靠在椅背的頭猶不敢晃動。

「阿嬤、阿嬤。」宇誠站在她前面叫喚。

宇平聞聲也從爺爺身邊走過來，叫聲：「阿嬤——」

望著兩位孫子，李春蘭乏力地擠出一絲笑容。她千辛萬苦就是為了探望這兩位可愛的金孫。

被落在一旁的洪上武也開口：「帶了鹹餅、花生，還有新鮮醃起來的土魠魚……」

他指著已一一攤在茶几上的伴手禮。佩璇起身致謝，一邊收拾，一邊和公公說話。

洪上武夫婦非常滿意佩璇這位媳婦。常向人誇說她對兒子、孫子是如何的盡心照顧，如何勤勞地打理房子，如何侍奉他們兩位老人家；因為有著賢妻良母又孝順公婆的媳婦，他們才歡喜住下來呢。

屋前一大片草叢，一年前已被鏟除。接著挖土、打地基、綁鋼筋、釘模板、灌水泥、砌磚……，各種工程車來來回回行駛的喀隆喀隆聲，以及敲擊聲、電鑽聲，加上工人的粗吼聲、唱歌聲，那一整年噪音與塵土齊飛，瀰漫空間，侵吞身心的日子終於結束。同樣的二層樓房子一列列矗立，也陸續有一家家的人住進去。

九月天，南高雄還悶熱難耐。宇平、宇誠午睡醒來，細胞尚未完全舒活，坐在客廳傻不隆咚發呆，許久。李春蘭坐在旁邊慈藹望著他們，笑道：「兩個仔憨呆憨呆。」

樓梯傳來腳步聲，「阿公起來了！」宇平耳尖，走到樓梯口等著。洪上武走下來，笑嘻嘻道：「宇平在等阿公啊——」爺爺奶奶來，兩個孩子最高興的是爺爺每天會帶他們出去玩。

佩璇說：「爸爸，再等一會兒，太陽還滿大的。」

洪上武順話對孫子說：「外面還很熱，等一下再出去。」牽著宇平走往客廳。

佩璇從冰箱取出早上煮的薏仁綠豆湯，舀在碗裡，端出來，先給公婆，再給孩子。

洪上武對佩璇說：「妳也來吃呀。」

「好。」索性整鍋端出來，自己舀了一碗。見公公吃完，問道：「爸爸，再添一碗？」公公貪涼貪甜，把碗伸過來。

擔心家人下午肚子餓，佩璇常會準備點心，夏天有綠豆湯、粉圓湯、果凍……，冬天是紅豆湯、蓮子銀耳湯、芋頭湯……，有時懶得煮就泡杏仁茶或牛奶，吃個紅豆餅、蛋糕等。

一碗薏仁綠豆湯下肚，宇平宇誠完全甦醒，來了精神，纏著爺爺要出門。洪上武故意拖延：

「喝了兩碗綠豆湯，阿公要去小便。你們也去，出去外面不能隨便撒尿哦。」

三個人輪流上完廁所，爺爺一手牽一個孫子，悠哉悠哉晃出門。

東邊較早建設的社區有一所幼稚園，就在屋後隔兩條街上，園區不大，基本的滑梯、翹翹板、鞦韆等小朋友的遊樂器材仍具備。這裡門禁不嚴，半開放式的經營形態，很自然地成為附近小朋友假日、放學後的遊玩場所。只要不影響、不干擾學生的學習，園長、老師多能友善歡迎。

洪上武也常帶兩個孫子來，和其他小孩玩一玩，溜溜小滑梯。去年帶他們來玩，看到兩位小朋友坐在翹翹板兩端，腳一蹬，一上一下翹動，他們睜大眼目不轉睛盯著。

洪上武問：「要不要玩？」

宇誠點頭，宇平遲疑。

他把兩個人抱上兩端，宇誠輕，哥哥一坐，他翹在上空咯咯笑著。待爺爺在宇誠這邊輕輕一按，宇平突然往上騰，他緊緊抓住手把驚嚇叫喊，下來時淚水已湧入眼眶。所以，洪上武再也不敢嘗試讓他玩此遊戲。

走出幼稚園，逛到新開張不久的雜貨店。一進門看到牆邊掛著一張貼滿約一公分大小、紅黃藍綠的小卡紙。洪上武高興地問店老板：

「你們也有抽牌呀？」

老板笑著說：「小孩子喜歡嘛。昨天一張已經抽完，剛剛掛上新的，一張一毛錢。」

洪上武掏出兩角，叫兩個孫子一人抽一張，打開來，抽到一個汽球、一包「乖乖」。老板讚道：「不錯喔，第一次就抽到乖乖。」

弟弟小手掐著扁扁尚未吹氣的黃色橡膠皮，望著哥哥手上的乖乖。洪上武愛暱笑道：「阿公也買一包給你。」

「老板，再給一個汽球吧，有兩個孫子，這樣才公平。」

祖孫三人回到家，洪偉國正好下班回來，將摩托車牽進前院停妥。看到兩個兒子手上都抱著一包乖乖，輕責道：「怎麼又讓阿公買東西呢？」

「不是啦，是我自己買給他們的。」

「阿爸，不要常常花錢。」洪偉國馬上說。

「也沒多少啦——」

知道爺爺疼孫，偉國也不再多說。

進門後，兩個孩子要爸爸吹汽球。洪上武則忍不住好像挖到一個新寶似地告知雜貨店有「抽牌」；他興奮地和偉國聊起他們兩代人的童年記憶。

洪上武對朋友豪氣、講道義，在家是十足的大男人。年輕時對妻兒嚴肅、不苟言笑，發起脾氣會破口大罵，甚至拳打腳踢。直到現在，李春蘭對他猶有七分畏懼。

兒女們自小看著母親在父親威權下如童養媳般的委屈、畏縮、隱忍、寡言，他們在謹守孝順父母的禮教規範時，（背著父親）對母親便格外殷勤、同情、孝順和珍惜。

現在年紀大了，性情不再那麼暴躁。來到高雄，媳婦溫馴體貼，常常軟語噓寒問暖；兩位孫子天真可愛，喜歡纏膩他身邊。親情像「金柑仔糖」含在嘴裡，甜水一口一口滋潤了整個心坎，他每天胸懷舒暢，笑聲不斷。

他有時到早年搬遷來高雄的親戚家走走，有時到鹽埕區二女兒家住一兩天；總不能有了同姓的孫子，就不顧異姓的外孫，女兒、女婿都是小學老師，三個外孫女已上國中、國小，最小的外孫也念小學四年級了。因此，洪上武到她家會選在週六、週日，才不會整天守著空屋子。

當了爺爺之後，洪上武開始留起鬍子。自個兒不時地「翹腳捻鬍鬚」，自得其樂哼哼唱唱。孫子抱在腿上，也慫恿道：「來，阿公給你捻鬍鬚。」

孫子摸摸他唇上頦下約三四公分稀疏花白的鬍子，小拇指、小食指搓搓弄弄，有時頑皮地在指頭繞圈圈，爺爺輕斥：「啊！不能用力，阿公會痛耶！」

年過七十，他愉悅滿足地享受抱孫捻鬍鬚、含飴弄孫的天倫之樂。

在周佩璇眼中，洪上武是慈祥、爽快、易侍奉的好公公。唯一令她頭痛困擾的是他洗澡的習慣。洪上武不是每天洗澡，夏天三、五天，冬天一週至十天甚至半個月才洗一次澡，每回要耗上一個多小時。

第一次他從浴室出來後，佩璇走進去，驚駭得不知所措！浴缸裡是七分滿的灰色汙水，上面飄浮著一層粒粒可見的細微塵埃，溷濁如水溝裡的漿膜；整個浴室瀰漫著肥皂香與身體穢垢氣息混合的怪味。視覺和嗅覺的衝擊震撼，佩璇險些嘔出來，趕緊離開。

在門前喘口氣，思考該如何清理，然後鼓起勇氣屏息跨進去。先撩高衣袖，把手臂伸入汙水裡，掀開缸底的橡皮栓，馬上跑到水龍頭下刷淨沾滿汙垢的手臂。待澡缸汙水漏盡，先以清水沖洗，再用清潔劑奮力刷拭，反覆幾遍，才讓浴缸恢復原來乾淨光滑的面貌。

公公在家裡，必須經過幾天一次如此的輪迴。這種極度不悅、令她作嘔的感覺曾經向偉國訴說。他無語，皺皺眉頭。佩璇也不敢再表達。

「請爸爸每天洗澡？」「請爸爸坐在板凳上刷身體，不要在浴缸裡搓身上的汙垢？」「身體洗乾淨，再進去泡澡？」……

或許這些話，對父親、對公公都很難啟齒，或許要改變老人家的生活習慣不是容易的事。可能經過夫妻倆討論溝通後得出的結論是如此。

那我也會認命，不再抱怨。佩璇心想：一次都沒有。你什麼都不說，是認為我小題大作，不可理喻？還是認為我所做都是理所當然，不應有怨言？

她不知道，真的不知道丈夫心裡想的是什麼？

拳頭打沙包，彈回來撞痛臉頰也無妨。自己卻是一再對著空谷哭喊，彈回來的仍是淒涼醜陋難聞的孤獨之聲。

此事，佩璇也沒對婆婆說。一來說了沒用，婆婆更不敢勸公公了，再則對婆婆而言，她的忍氣吞聲更甚於是，自己對此等小事的埋怨、計較，反顯得婦德有虧呢。

李春蘭是善良、勤儉、樸實的傳統婦女，她對佩璇也寬宏友善。一個是不挑剔、不刁難、不排擠的婆婆，一位是能敬、能孝、能順的媳婦。因此，雖然無法像母女般輕鬆、自然、親暱，兩人的相處大體上也頗愉快和諧。

李春蘭來到高雄，對周佩璇的幫助比較大。前兩年，佩璇忙時，兩個孩子的餵食、換尿布、穿衣服等事，她都會幫忙。她喜歡用長長的「背巾」把孫子纏裹在背後，揹著去買東西、散步、和鄰居聊聊天。

和洪上武同處一個空間時，李春蘭就如同洞穴裡的老鼠嗅到貓的味道，屏息靜觀，一聲不吭。

住了一個多月，待宇誠過完生日，洪上武即因農曆九月十九日是觀世音菩薩紀念日先趕回澎湖。篤信神明的他，每逢初一、十五，或觀世音、關帝公、媽祖的生日，必定會到廟裡上香祭祀。寺廟各地皆有，但他的觀念是家鄉熟悉的神明才認識他，才會聽他祈求而給予庇佑。

洪上武一離開，周佩璇暫時解脫刷洗汙缸的凌遲。李春蘭緊繃的心弦更是頓時全然鬆弛，能自在談笑，腳步也變得輕快。

三、四歲的兩位孫子不再需要把屎把尿，正是活潑頑皮，可愛可笑有時也可氣的階段；是開心果，也是磨人精。爺爺回澎湖，換成奶奶帶去散步，不過跟著奶奶「純粹」只是散步，附近兜一圈便踱回來。

李春蘭大部分時間都是坐在沙發椅上發呆。穿著素樸、直筒、寬鬆的衣裙或衣褲，不論春夏秋冬，白天或夜晚，她靠著椅背，一隻腳曲立椅上，手肘隨意擱在膝蓋或沙發把手上，如此悠哉姿態，便是烙印佩璇腦海裡的婆婆形象。

下過一場雨，氣溫陡降，乍暖還寒，晚秋涼意盎然。早上醒來，洪偉國聽到母親一聲咳嗽，關心問道：

「阿母，天氣涼了，妳衣服要多穿一點。」

「還好，不冷啦。」李春蘭回道。

「冬天的衣服有帶來嗎？」

「有啦，我知道可能會住到冬天，多帶了兩件厚的衣服。」

「如果不夠，叫佩璇帶妳去買。」

傍晚下班回來，一進門聽到母親又咳了一聲，洪偉國緊張地問：「會不會感冒？我帶妳去看醫生。」摸摸母親額頭，還好沒發燒。

李春蘭說：「沒什麼，只是喉嚨癢癢啦。」

他見母親精神不錯，也就放心。

此景周佩璇看在眼裡，心中又湧上些許酸楚。

周佩璇雖不是體弱多病不禁風如林黛玉的女孩，但身子骨也非強健硬朗。尤其生產後，因為兩個孩子難帶，數不清的夜晚，為了哄嚶嚶哭不停的他們，抱痠了兩臂，撐痠了腰背，常常坐著打盹到天明。白天為了餵奶、餵藥，也無法休息。雖然婆婆用心煮三餐，為她燉補，但是身心俱疲的她胃口差，勉強吞下肚子且能吸收化成養分的已微乎其微。

兩次月子沒將身體調養好，導致她常常腰痠背痛。有幾次，她拖完地板，累得癱躺在沙發上。洪偉國下班抱起孩子，見她躺著只道是休息或睡著了（難道他不知道她是必須躺在床上才能睡覺嗎？）也不聞不問。

一臺機器不停地運轉，需要偶爾關機冷卻熱度吧？

是以，和母親一聲咳嗽，洪偉國即緊張殷勤關切的態度相較，兩者的落差如此之甚，周佩璇實難以平衡。

那種委屈、怨懟，能對誰說？

孝順父母，不應該嗎？不對嗎？和婆婆吃醋、計較，應該嗎？對嗎？

哪一天，我不是躺在椅上，而是躺在地上，他會不會緊張跑來關心過問？

曾經問偉國：「哪天，你母親和我都掉進水裡，你會先救誰？」

他面露鄙夷之色，說：「妳怎麼也像一般女人，問這種傻問題！」然後正色道：「母親只有一個，當然應該先救母親，再救妻子。」

這也是佩璇心中早知的答案。不問即明，只是為求證確認罷。

洪上武不在高雄的日子，用完午餐，宇平、宇誠上樓午睡之後，李春蘭會悄悄出門，有時三、四點回來，有時是五點以前偉國下班前回來。

剛開始，周佩璇沒問，以為婆婆是到鄰居家聊天或出去散步。出門的時間逐漸拉長，也曾早上就出門，下午才回家。她擔心老人家在外面，會不會遭到什麼意外？也心想：到二姑姑家嗎？不可能，二姑姑家離得遠，須搭公車才能到，她會暈車，應該不會自個兒去。每次都是偉國騎摩托車載她去的呀。

會到哪裡去呢？神祕地出門，喜悅地歸來。

揣測好一陣子，終於忍不住小心地試探問偉國：

「你知道媽媽『有時』會出門嗎？」

「出去走走吧。」

「每次都好幾個小時才回來。」

「嗯——」

「現在幾乎每天都出去——」

見佩璇一再追問，偉國猶疑片刻，才下定決心說：「媽媽是出去打牌。」

把孩子撫養長大之後，為了打發漫長的時間，為了排遣丈夫給予的精神虐待，李春蘭學會了打四色牌。只要洪上武不在家，她便伺機溜出門。

怪巧的是，在澎湖老家、在高雄錦田路的舊家，現在搬來的新家，甚至以前常去的鹽埕區二女兒的家，她都很快地能在附近找到有此同好的牌友，讓她得以維繫這項嗜好。孩子們都知道，也常塞些錢給媽媽玩樂，聊慰她劬勞一生的辛苦。

洪偉國避開佩璇的眼光，說：「這是媽媽唯一的嗜好。」他希望妻子能理解和支持。

周佩璇從小就常聽聞父親對哥哥弟弟一再告誡：

「你們可以有各種嗜好，唯一不能碰的是『賭博』。染上它，會讓你傾家蕩產！」

因此聽到婆婆一大把年紀，竟然還浸淫此道而不疲，實感訝異！

暑假，洪偉國每天騎半小時的摩托車載著佩璇和兩個孩子到壽山。主要是陪宇平爬那三百層的階梯。日復一日，一趟又一趟，看慣斜坡上蓊鬱的群樹，聽遍草叢裡嘹亮的蟬鳴，登高迎風，遼闊舒坦。

更重要的是，一步跨上一步，氣喘吁吁中，寄望那雙腿日益健壯有力。一分耕耘，一分收穫，兩個月下來，宇平跌倒的次數減少了，也逐漸可以邁開腿跑幾步路了。

誰不希望自己的兒女十全十美、出人頭地？對於宇平體能上的缺陷，周佩璇心裡總覺得對丈夫有些愧疚。聽說洪偉國在學校是體育能手，體操、柔道、太極拳、少林拳……樣樣有興趣。孩子尚在肚子裡，他便提過「五歲開拳」的話，憧憬著父子倆「摩拳擦掌」的習藝美景。

但是，宇平過了五歲生日，行至稍寬的水溝旁，仍常猶疑不敢向前跨；爬上離地不到一公尺的橫桿或石階，便驚慌膽怯得淚眼汪汪。

健壯結實的父親苦心訓練，兒子卻依舊懦弱無拳又無勇，怎不令他生「虎父犬子」之慨。聽著他壓抑悲痛而迸出的怒吼聲，看著淚汗浹流、楚楚可憐的孩子，佩璇翻騰的心潮，只能化作無語問蒼天的茫然了！

長期的焦慮常會熬成悲哀和不耐。為他矯不正的缺陷，為他的「不爭氣」而暴躁斥責後，有時他們會殘忍地想道：

「如果當初沒讓他活下來，就不會有這些煩惱了⋯⋯」

是的，出生僅數日即夭折的小生命，留下的悲痛和哀思是短暫的，或許一年、兩年⋯⋯便淡忘了。但是馱負著臺灣人所說的「破相」的軀殼踟躕一生，於他是何等的刻骨折磨；而隨著人際關係的增加與心智的日趨成熟，對他更是何其漫長的負荷，何等殘酷的考驗！

可是，夜晚來臨，白天的折騰、喧譁、不滿也隨著靜靜的睡姿沉寂了。凝望天使般安詳可愛而無邪的臉蛋兒，佩璇又會為白天那殘忍念頭自責。

「哦，孩子，我們怎能如此待你呢？當初將你由醫院抱回，是爸媽經過深思酌商而下定決心的。」

他們告訴自己，將他生下，將他接回，便有義務與責任來盡天職，來承擔一切後果。即使他須終生纏綿病榻，他們也得咬緊牙根，一輩子背負這重擔。當初的誓言怎忘了？

現在他已能立能走又能說，遠較當初預料的情況好上百倍，怎能不懷感恩之心，給予加倍的慈愛和撫慰，而竟時時怒目橫眉，嚴詞苛求呢？

洪偉國個性嚴正，教學認真。在學生心目中是位滿腹經綸，上課能旁徵博引、慧而不黠的國文老師，回到家是位盡責的丈夫與父親。

楊心玉，大學畢業後突然消失，在人間蒸發似地再也尋不著。洪偉國氣急敗壞趕到花蓮，她不在家裡，她的父母兄弟神色憂傷，若有隱衷又帶著詭異神祕的氣氛，幾令他發狂！他一再焦心追問：

「心玉是不是到德國去了！是不是和那位姓吳的助教在一起？是不是？是不是？……」

沒人回應。看來她真的已負心，離他而遠走高飛了。

好友楊文彥瞧他壯實的身軀瘦了一大圈，憔悴萎頓不堪的模樣，心生不忍，沉重地告訴他：「我已沒有這個妹妹，你好好過你的日子吧。」

如行屍走肉般渾渾噩噩消沉地過了一年。為了讓他重新振作，家人四處託人幫他介紹女朋友。

他「弱水三千，只取一瓢飲」的一片冰心，何人能懂？

所以，起初和周佩璇交往，洪偉國只抱著敷衍應付的心情。是周佩璇的敦厚善良、溫柔體貼逐漸暖化他冰冷的心。

待結婚時，他心底告訴自己：往後會全心守護她，當個忠實盡責的丈夫。

斯人已逝，「曾經滄海難為水，除卻巫山不是雲」，又如何？又奈何？

春雨綿密，到了週日總算晴朗霽色頓開。

一早醒來，周佩璇就在廚房準備野餐的食物。連續兩次出遊都吃三明治，今天她變換口味，炒了油飯，待涼後攤在紫菜片上，捲成像一條條的壽司卷，再切成圓圓十輪，整齊擺放塑膠盒裡。小菜是涼拌小黃瓜和醃嫩薑片，還有洗淨切妥的水梨、葡萄、小番茄，便是色彩繽紛又可口的野餐料理了。

吃早餐時，兩個小孩子瞧著媽媽在廚房忙進忙出，熟悉的餐盒擺在桌上，興奮叫道：「我們要去郊遊！」「爸爸，今天要去哪裡？」

偉國笑著反問：「你們猜猜看。」

兩個孩子頓住發傻。

偉國再問：「我們去過哪些地方？」

「壽山、澄清湖、中正紀念堂……」宇平搶答。宇誠接著說：「有很多水——」

他一時忘了，哥哥說：「西子灣啦！」

謎底揭曉，「今天要去的也是有水的地方，水面上還有很多蓮花，叫蓮池潭。」

十點多，佩璇為兩個孩子換上深藍色運動褲，分別套上淡藍色、淡黃色長袖薄棉衫。偉國騎著摩托車，宇誠坐前面，背後是宇平和佩璇，一家四口歡欣去踏青。

車行約半個小時，來到左營春秋閣，已見絡繹來往的人潮。

兩座中國宮殿式的樓閣矗立潭上，黃牆綠瓦，每一簷角下懸掛紅色燈籠，隨風搖曳。站在如寶塔的樓閣前，洪偉國告訴孩子，兩塔一座叫春閣，一座叫秋閣，所以叫春秋閣。

佩璇問：「數數看，有幾層？」

「四層。」

「每一層有幾個翹角？」

兩個孩子繞著塔認真數著：「一、二、三、四、五……」繞圈圈忘了原點在哪裡。

「九、十、十一……」

「不對，哪有那麼多！」

老大靈機一動，說：「媽媽，妳站在這裡，不要動。」

他拉著佩璇站在一個翹角下，兩兄弟以她為定點重新走一圈。

「共有八角。」

「對啦，好棒！」爸媽鼓掌讚美他們。

步行在相連兩塔的九曲橋上，見塔影倒映水中，陽光灑照，格外旖旎秀麗。

中午，在潭畔找個有樹蔭的草地，佩璇攤開一張白底粉紅方格的塑膠布，將餐盒一個個放中間，擺上水瓶、面紙。一家人坐在四周，悠閒而津津有味享受這快樂的野餐。遊客走過，紛紛投來欣羨的目光。

洪偉國有午睡的習慣，填飽肚子，他靠著樹幹，閉上眼很快就睡著了。周遭熙來攘往的吵雜聲；孩子邊吃水果，邊玩數數兒，念著「娃娃葡萄三顆、媽媽葡萄五顆……」佩璇收拾、吆喝孩子的聲音，這些都無法干擾他的睡眠。

「爸爸怎麼還不起來？」孩子吃飽了，不耐煩問道。

佩璇小聲說：「爸爸待會兒還要騎車，很辛苦，讓他休息一下。」

睡了半小時，偉國醒來，睜開眼，看到宇誠靠在佩璇懷裡正睡得香甜，宇平無聊地撥弄捏碎地上的落葉。他雙手向上舉，伸個懶腰說：「好囉，要不要走？」聞聲，宇平過來推醒弟弟。

午後，早春暖陽煦煦，清涼微風拂面。他們慢慢踱到龍虎塔，兩座七層高的塔前各臥著巨碩的龍虎塑像。水藍色的龍身和褐黃色的虎身，鮮明壯麗，是景區的大亮點。

依著指示牌，由龍口進入。以身為甬道，兩邊壁上彩繪二十四孝圖和十殿閻王審判圖。跟隨左右人群前進，他們專注地移步觀賞。

佩璇突覺右手空懸，低頭一望，不見一直牽在手中的宇誠！轉身四周巡望仍沒看見，趨前趕到偉國、宇平身邊，著急問道：「宇誠呢？有沒看到宇誠？」

偉國說：「不是一直跟著妳嗎？」

「跑到哪裡？」他們慌張往前跑。

三雙眼睛焦急的尋覓。

「宇誠！宇誠！」「弟弟！弟弟！」

惶恐的呼喊聲，在甬道嗡嗡吱喳的窸窣人流聲中亂竄。直奔至出口的虎口仍不見人影。

佩璇驚駭：「會不會被人抱走了？」前不久新聞才揭露，有販嬰集團偷偷抓走幼兒，販賣到海外，從此讓人親子骨肉分離，音訊杳無。她愈想愈害怕，心急地再往回尋找。

平時鎮定如山的偉國一時也急得沒主意，牽著宇平說：「我出去外面找，看他會不會走出去了？」

周佩璇秀髮凌亂、滿頭大汗在川流的人群裡東碰西撞，兩隻眼睛焦灼得似要噴出火，狂跳的心臟幾乎躍出嘴。

像瘋子般，她心焦如焚地祈求：「不能被抓走、不能被抓走……」嘴巴不停地喚著：「宇誠、宇誠……」

跑到將近龍口。陽光透進，一個黃色小身影立在閃亮的光束下。佩璇奔過去，曲身一把抱住，跪在地上顫抖地緊緊擁住兒子。失而復得的鬆懈幾令她癱軟，綳緊的焦慮心弦頓時鬆開，兩行淚水終於撲簌簌流滿臉頰。

宇誠一直神色迷惘，看到佩璇哭個不停，才不解出聲叫著：「媽媽，媽媽。」

偉國在虎口外面四周尋一遭，沒見著，也再由虎口尋回來，看到他們母子相擁，也紅著眼眶放鬆地喘口大氣。

宇平踉踉蹌蹌奔跑來，急喊著：「弟弟——你、你跑去哪裡？」

「我在這裡呀。」

原來，進了龍口沒多久，宇誠被牆壁鮮豔的色彩吸引，他鬆開媽媽的手，好奇墊起腳尖，撫摸牆上的浮雕壁畫。等他轉身已不見爸爸、媽媽。他也不慌不哭，繼續摸著附近構得著的壁畫。然後立在一旁，好似等著媽媽去上廁所般地等著。

他渾然不知，他「遺失」的十分鐘裡，他父母的兩顆心已如臨地獄，飽受椎心裂肺之折磨，千刀萬剮之凌遲。

驚魂甫定，他們再無心情繼續遊玩。偉國先去停車場牽車，佩璇一手牽一個孩子，緊握著，慢慢走出景區。三點多，有遊罷要離開的遊客，有剛進園新奇張望的遊客。兩旁列著一車車小攤販，烤香腸、烤玉米、茶葉蛋、棉花糖……，誘人的香味迴繞在過往人群中。

一陣陰涼，佩璇抬頭，一片雲朵遮住了太陽，灰雲正層層堆聚。她心想：回到家前，千萬不要下雨呀。

宇平五歲念幼稚園。開學前，夫妻倆特地去拜訪園長，讓她了解宇平的身體情況。從家長資料上知道洪偉國是高雄中學的教師，同為教育界人士，園長及老師都表示會留意和悉心照顧。

幼稚園有校車接送。開學前兩三天，佩璇陪著宇平到學校，進去園區，他的老師親切迎上來，打招呼寒暄幾句，便牽著宇平的手走進教室。

雖然暑假時已帶他來認識熟悉環境，他知道這是上學的地方。但是穿上繡有「大仁幼稚園」字樣的圍兜，別上手帕，和其他小朋友一起坐在教室裡，他有些害怕。兩隻手放在桌沿，手指頭像毛毛蟲輕輕伸縮蠕動，眼睛不安地望向窗戶。媽媽在走廊外對她點頭微笑，他安心轉頭看著前面的老師。

接下來，週一到週五，吃完早餐，穿戴整齊之後，八點半，佩璇陪宇平在門口等校車。中午十二點，會準時在門口等他回來。

問他在學校做什麼？好玩嗎？他支吾回答不出來。

佩璇很明顯感覺，他回到家，脫下圍兜，不論走路、喝水、吃飯，都有著全然放鬆的姿態。早上也不樂意上學，握著的小手有著備戰的緊張。

有一次從娃娃車下來，踏進客廳，斗大的眼淚掉下來，嗚咽地說：「媽媽，我不要上學了——」

她心疼心酸，心中雪亮，孩子在學校必然會委屈，必然會遭到排擠的。打電話詢問他在學校的學習狀況。老師說：

「宇平認得很多字，算術也學得不錯。只是他講話不清楚，有的同學會笑他。還有他拿筆寫字很吃力，他不會唱歌；遊戲，好像也跟不上……」

老師能理解而耐煩教導，但同樣五歲的小孩，怎能了解和體諒他的異常？

佩琁低聲下氣懇求：「老師，還是要麻煩您多加關照。」

老師客氣地說：「洪太太，妳放心，我會的。」

「另外，在他和其他小朋友的相處上，也請幫助他，還有，開導開導小朋友們——不要欺負他……」

這是他們夫妻最擔心的事：宇平真正的苦難，從進入學校開始。

幼稚園不是正式的學習，尚無功課壓力。以後上小學、國中、高中，怎麼辦？曾經有人建議讓他去念「啟智學校」，他們堅決反對，宇平只是語言表達和運動平衡方面有缺陷，他並非智障呀。

為了讓宇平能被認同和接受，在節慶日和一些特殊的日子，佩璇會買餅乾、巧克力或一些小點心，帶到幼稚園，讓他送給同學和他們一起分享。當然，逢年過節送禮給園長和老師，更是不能免俗的。

一年後，宇誠也進了「大仁幼稚園」。他的表現本可預見，正規的學習不用說，唱歌、畫圖、表演種種才藝皆表現優異。他長得清秀可愛，個性溫和又有禮貌，老師們都極為喜愛讚賞。

宇誠出生在國曆十一月，不能和同年齡的小孩同時上小學。為免他覺得無聊，第二年，依其興趣和所長，讓他學小提琴和繪畫。

宇誠的音感很好，學會看五線譜拉出曲調之後，電視裡的歌曲，聽了兩次，就能用小提琴準確地演奏出來。繪畫上，能用蠟筆、彩色筆將所見的實物及心中所想的，唯妙唯肖地畫在紙上。線條簡單平穩，用色鮮明有創意，樸拙的童趣中，看到他純淨而豐富的心靈世界。

這一年，洪偉祥搬到公司宿舍去住。由於兩個孩子逐漸長大，和父母同睡一個房間已不太方便，讓他們搬到原來四叔睡的房間。

聖誕節前一天晚上，佩璇睡前去巡視，虛掩的房門傳來兩兄弟的聲音。

「哥哥，你說，今年聖誕老公公會送什麼禮物給我們？」

「我也不知道。」

「媽媽說我們想要什麼，聖誕老公公就會送我們什麼。」

「不要講話！趕快睡吧！」

Z Z Z……

「我知道你想要什麼，『聖戰士』，對不對？」

「我也知道你要『無敵鐵金剛』，是不是？」

「哥哥，我覺得很奇怪，聖誕老公公怎麼會知道我們想要什麼？」

「我也不知道，他是神嘛，神是無所不知的啊！」

「哥哥，你知道聖誕老公公是怎麼進來我們家的？」

「我也不知道——」

「我們家又沒有煙囪！」

Z Z Z……

「弟弟，你的襪子掛好了嗎？」

「掛好了。不過，襪子這麼小，怎麼裝得下『無敵鐵金剛』？」

「聖誕老公公會把禮物放在桌上的，以前都是這樣，你忘了？」

Z Z Z Z……

「哥哥，你說是不是真的有聖誕老公公？我同學說我騙他，他說世界上才沒有聖誕老公公。」

「你管他！媽媽說只要相信有，就一定有！只要是乖孩子，就一定可以收到禮物！」

聽著他們兄弟的對話，她莞爾笑起來：我可愛的孩子，多希望你們能永遠保有一顆天真快樂的心靈！

為了接送宇誠去學習才藝，周佩璇提出學騎摩托車的要求。洪偉國第一個反應是：「妳連腳踏車都不會騎，怎麼騎摩托車呢？」

「我可以學呀！」

考慮自己白天上班，實在無法分身回來接送孩子，也就答應。

於是偉國陪她到機車行，分三期付款，選購了一臺山葉 50cc 摩托車，紅色座墊、紅底V形白條紋的車身，美麗精巧，佩璇非常喜歡。

第一天，偉國下班後，用完晚餐，載佩璇到附近的學校操場。黝黑的天空，月明星稀，四周又有澄黃路燈的映照，視野尚可，喜的是靜謐無人。

偉國把著手，教佩璇如何啟動、加油、煞車，示範一次，然後讓她坐上機車，自己插入鑰匙，轉動手把啟動，輕輕加油，緩緩行進。他一路緊跟旁邊，走著，跑著。見她車行平順，才放她一人沿著操場繞圈圈。三天在無人的操場繞圈，接著利用假日清晨，人車稀少，陪著她在馬路實際演練。

兩週後，她去高雄監理所考試，筆試滿分，路考也順利通過，很快就拿到駕駛執照。她說：「我覺得騎機車比騎腳踏車容易。」

「我也覺得奇怪，」偉國笑答：「為什麼妳不會騎自行車，竟然能那麼快學會騎機車。」

她回憶，應是小學二、三年級吧，哥哥曾教過她，在無人扶著後座的情況，也不覺地騎了一段路。她以為自己可以上路，兩腳踩著踏板一上一下，看到前方路旁有行人，擔心會不會撞到，這一想果真騎到他身旁就自行跌倒了。就這樣，幾次跌倒在人旁、樹邊、電線桿前，從此再也不敢騎自行車了。

「我平衡感不好，」她自己下個結論，「騎自行車需要靠腳踩來平衡，摩托車長得穩重又不用腳踩吧。」

自此，周佩璇的活動範圍不再只侷限家裡和市場。她騎車載宇誠去小提琴老師家；兩個孩子都上學，她偶爾心血來潮，也會騎車到書店逛逛，到花店買花回來供觀世音菩薩。

宇誠上小學一年級前的暑假，他們回一趟澎湖。

現在留在家鄉陪著父母的只剩最小的弟弟洪偉俊。他在國立臺灣師範大學化學系畢業後，就回去澎湖，在馬公國中擔任理化老師。和文科相比，理化相對是較艱澀難以自學的課程。洪偉俊白天在學校上課，晚上、假日在家為學生補習。

如此辛勞勤奮，不到三年，就在市郊買了一棟二層樓的新屋，和父母一起搬離原來僻遠的粗陋老舊房子。他娶了在國小教書，同為澎湖人的黃彩鳳，一年半後生了個女兒。

周佩璇第一次見到黃彩鳳，是她和五叔結婚的時候。小小的個兒，膚色略黑，圓圓臉頰上是一雙善良微靦腆的眼神，嘴角常綻放質樸可愛的笑容。

佩璇對這位妯娌印象很好，喜歡她單純樸實的個性。隔著臺灣海峽，兩人平時難得見面，有事情則透過電話聯絡。

一年多沒見，她的身材更形豐滿。望著她為五個月大的女兒哺乳，襁褓在抱，母女臉上皆是安詳幸福的滿足光彩。周佩璇憶及撫育兩個兒子的艱辛歷程，不禁羨慕她，也祝福洪家第一位小孫女洪琇蓉能健康平安地長大。

兩個小男生對這位小妹妹沒啥興趣，只來床邊望望，知道叔叔家添了妹妹，要喝奶時會哇哇哭，每天都在睡覺。

澎湖的夏天最是酷熱難耐。太陽像火球，鎮日不停燃燒，把整個天空整個土地都燻烤成熾烈的大火爐。

下午四點之後，海邊開始熱鬧起來，一波波弄潮兒湧來，要和大海同心齊力一起澆熄火爐的熱氣。

洪偉國、洪偉俊穿著泳褲走入海中，佩璇背後喊著：「不要游太遠喔！」偉國側身揚揚右手，表示知道了。身穿背心短褲的宇平、宇誠，在岸邊和一波一波湧上沙灘的海水追逐嬉戲。

澎湖特有的白沙灘，在陽光下閃爍如美麗的金河銀河。佩璇是畏水敬水的旱鴨子，只敢赤腳在溫熱沙灘上行走。她雙眼緊盯著兩個兒子，趁隙撿拾被浪潮拋上岸的貝殼。

約莫半小時，偉國偉俊先後上岸，一副淋漓歡暢的模樣，坐在沙灘上喘息片刻。偉國眼尖看到一隻白色的螺旋大貝殼，撿來用海水沖淨裡面的細沙。

「哇！好大的貝殼！」

「這是一隻大海螺。」他對兒子說。

「它是腹足類，軟——軟體動物……」宇平搶著說。

「牠們身體長大，住不下去就會換殼。」宇誠插嘴。

「身體再長大呢？」叔叔問。

「再換更大的。」

「又再長大呢？」

「換更更大的。」

……

叔叔故意追問：「如果大到沒有殼可以住，怎麼辦？」

「那、那就死翹翹——」

在他們叔姪對話中，偉國已甩乾大貝殼裡的水。他將底部尖尖一端放在嘴邊，用力一吹，「ㄅㄨ——」一聲如號角般響亮，把沙灘上的人都嚇一大跳！

「這就叫做『大吹法螺』！」偉國笑著說。

兩個孩子也要嘗試，卻是雙手握著貝殼，嘴巴對著尖尖的洞口，用力吹得兩頰鼓鼓的，只有噗噗流淌口水的聲音。

佩璇伸開雙手，給兩個兒子看她撿的貝殼。除了螺旋狀的，還有下寬上尖如椎子、兩重圓盤如飛碟、背拱如烏龜……各式造型皆有；殼面有晶亮光滑，也有粗糙如滿面疙瘩；上面像藝術家各自隨意撒下咖啡色斑點、黃白條紋，或薰染幾抹藍色、灰色水墨畫。

宇誠一個個拿在手上仔細瞧著。

「很漂亮，是不是？」佩璇說。

「沒有一顆長得一樣，為什麼？」他若有所思問道。

偉國兄弟再躍入水中，四肢如蛙行在近岸游了兩遭便上來。偉俊叫道：「準備回家了！」他們走往淋浴室，沖身體、擦乾、換上衣褲。

走出來看到兩個孩子光裸著上身。佩璇說：「他們玩水濺得衣服都濕了，穿在身上也不舒服——」

兩個小兄弟只穿短褲，腳趿拖鞋，啪嗒啪嗒走在兩旁植有木麻黃的防風林的黃土小路。宇平手中拿著大海螺，宇誠也兩手各捏一顆貝殼。晒了幾天太陽，白皙的肌膚已泛紅。

望著他們的背影，佩璇笑說：「兩個都快成了鄉下野孩子了！」

偉國帶著滿意的神色回道：「很好，這樣才健康。」

除了到海邊玩，也帶他們去爬山。嚴格說來，澎湖並無山，只能說是玄武岩石推積的小山丘。他們爬上山丘，看到一矗矗嶙峋亂石的縫隙中，乾燥的沙土孕育出叢叢仙人掌。巴掌大、扁平肥厚有著絨毛的綠色莖葉上，開出一朵朵鮮黃色的花，有不少已花凋結成梨形果實。

偉國摘了五、六顆，剝開青綠色的皮，裡面是紫紅色的果肉。佩璇和孩子第一次吃到仙人掌的果實，酸酸甜甜，頗清爽，很特別的滋味。大家滿手滿嘴紫紅，在岩石間興高采烈地攀爬。

回到澎湖，佩璇最不能適應的除了炙熱的驕陽，便是無所不在、成群飛舞的蒼蠅。

臺灣的習俗，每月農曆十六日，做生意的店家會在門口擺上飯菜、水果、餅乾等，祭拜土地公、財神爺，請他們保佑生意興隆。篤信神明的洪上武雖不再去市場賣魚，他還是維持這天在家門口祭拜的習慣。

這天中午，李春蘭和兩位媳婦備妥供飯、供菜、供果，洪上武和洪偉國、洪偉俊分別上香，祈告神明保佑全家大大小小都健康平安、事事順遂。他們上完香沒多久，佩璇在門口探頭一望，桌上已爬滿蒼蠅，空中猶有盤旋嗡嗡如雷響者。她的拿手料裡——珍珠丸，許是肉香誘引，外層白色糯米滾裹的丸子，停滿蒼蠅，一顆顆已成黑珍珠丸。

她拿著扇子驅趕，瞧見幾隻還在桌沿爬行，正準備拍打下去，耳朵聽到公公說：

「我們澎湖人是不打蒼蠅的。」

她伸回手，不解問道：「為什麼？」

「這裡靠海吃飯，捕魚維生，魚腥味招惹蒼蠅；蒼蠅愈多，代表魚愈多。」偉俊解釋。

佩璇疑惑又訕訕地說：「蒼蠅髒，不衛生……」

「沒關係啦！」偉國微微一哂，安慰妻子：「不乾不淨，吃了沒病。」說也奇怪，兩個孩子在澎湖期間，倒是都沒拉肚子。

在澎湖住了將近十天，因為偉國學校有暑期輔導課，他們便回高雄。爺爺奶奶捨不得孫子，要求宇誠留下來：「過幾天，我們就要去高雄，那時再把他帶回去吧。」

宇誠出生後第一次離開爸媽身邊，佩璇才回到家就思念掛心。第二天，她打電話去關心：「屘叔，宇誠還好嗎？有沒有闖禍？」

「三嫂，妳放心，宇誠很乖……等一下，他過來了。」偉俊回答。

電話那端傳來熟悉的稚氣童聲：「媽媽、媽媽——」宇誠不停地喚著。

她歡喜又疼愛地說：「宇誠乖，要聽爺爺、奶奶、叔叔的話……」母子通話，聽到聲音，思念稍解。

少了一個孩子，屋子變得冷清。剛開始，宇平有著獨占爸媽的喜悅和撒嬌。過了兩天，卻一再問弟弟什麼時候回來？

又過兩天，偉俊打電話來：「三嫂，宇誠想媽媽，吵著要回家。」

他將話筒交給宇誠，哽咽的聲音：「媽媽，我好想妳，我好想妳！」

佩璇聽著，心都要碎了，眼熱鼻酸，忍著安慰：「宇誠乖，媽媽也想你，再過幾天，爺爺就帶你回來。」

後來，宇誠每天都打電話過來，說的都是：「媽媽，我好想妳。」

第八天，爺爺拗不過、忍不得孫子對母親的思念，提前帶他回高雄。一進門，母子緊緊相擁，剪斷臍帶，剪不斷骨血裡相溶相膠的精魂。

洪上武拿出一疊相片交給佩璇：「這是偉俊帶他去海邊玩，幫他拍的相片，要我帶回來給妳。」尪叔是個細心體貼又極富藝術才華的人。那幾天，他有空便教宇誠繪圖或帶他出去玩。

有一張相片上，灰藍的海洋和濛上薄霧的藍天連成一線，身著粉藍短袖衫的宇誠坐在岩石上，凝視著海天交接處，純淨的臉孔沒有笑容，望海的眼神有著藍色的憂鬱。

六歲小男孩的落寞憂傷，把她的心揪揉得碎成千萬片！

相片背面，是尪叔俊秀的字：「媽媽，妳在哪裡？」

回到家，見到媽媽，小小的靈魂安心歸返棲息小小的身體。

宇誠上了小學，和宇平同在走路約十五分鐘的中正國民小學。宇平入學前，洪偉國夫婦也特地拜訪了校長，所以他被安排在非常有愛心耐心又溫和的李桂香老師班上。巧的是宇誠進來，一年級的班導師也是她。

看著宇平說話、寫字、運動的遲緩笨拙，看著他吃力又努力、緊張的學習，而能有中上等的成績，李老師欣慰，也幸沒辜負家長所託。

新的學期，新的一批新生，弟弟宇誠的表現，那極度的落差，令她慨嘆，甚至有些不知所措。國語、算術、自然，老師一說即懂，每次考試科科皆滿分。他輕輕鬆鬆遊刃有餘地在學科及體育、美術、音樂等術科，都名列前茅。

他的資優，學校正考慮讓他跳級之際，在十全國小教書的偉國二姐夫郭宗哲說，他們學校要開設「資優班」，對象是念完一年級的學生。於是一年級結束的暑假，宇誠接受「資優班」的甄選測驗。

第一次全市有二千多位學生報考。佩璇騎車載他到十全國小，眾多小朋友進入一間間教室。望著宇誠進去坐定，她在校園閒逛。比起中正國小，十全國小歷史更悠久，校區更大，處處可見數十年的老樹。她心想：二姐夫在這兒，有個關照也不錯，只是離家太遠，必須騎車接送，不像中正國小走路即可到。

宇誠很快出來。問他：「考得怎樣？難不難？」

「還好。」他淡淡回答。回到家，爸爸問考了哪些，他也說不出所以然，好似考完就忘了。

兩週後接到通知，進行第二次考試，這次已淘汰剩一千人。宇誠仍一派無所謂的神情，帶著「爸媽要我去，我就去」的溫順心態。

第三次剩一百人，是最後的考試，將選出三十名學生。這次除了筆試，還須接受三位臺北來的專業教授的面試。他也不緊張，仍是一副雲淡風輕的表情。

經過一個半月，三次嚴謹的披沙瀝金測驗，宇誠以智商 164.2，第二名的成績進入資優班（第一名智商 164.5）。

佩璇自覺資質中等，她對偉國說：「宇誠的聰明得自你的遺傳。」

「他比我聰明，我智商是 143。」偉國話中有青出於藍而勝於藍的喜悅。

宇誠頭腦聰明，能專注在有興趣的事物，於生活、日常瑣事卻迷糊甚至低能的程度。常常丟東忘西；開了水龍頭忘了關；穿了一隻襪子，愣愣地不知在想什麼，另一隻光腳逕自垂在床沿。

「以後他會不會也像牛頓，把手錶當雞蛋丟進鍋裡煮了？」偉國擔心。

愛迪生曾經吃飯吃到一半，繼續去做實驗。他的學生吃完飯，覺得沒飽，便把空盤和老師的盤子交換，把老師的飯也吃了。愛迪生做完實驗回到桌前，看到空盤，說：「原來我已經把飯吃完了！」

宇誠也常吃過飯不久，玩一玩，會跑來問：「媽媽，我吃飯了沒？」

對於這聰慧的兒子，她常好奇觀察，他說故事或敘述表達事情，口齒清晰流利，但是平時話不多，不炫耀、不張揚，也不和同學爭執。像天使般純淨可愛的臉蛋，有著哲學家深邃思索的眼神，有著宗教家寧靜淡然的氣質。

如此聰穎的兒子又飽富感情的依戀母親。佩璇有時摸不著他的心性，看不清他的思惟，穿不透他的靈魂。她誠惶誠恐、憂喜參半，小心翼翼捧著上天恩賜的瑰寶，唯衷心祈願他能健康、平安、順遂過一生！

兩個孩子都上小學了，佩璇早上準備早餐和他們父子三人的便當，騎車送宇誠去學校。回到家打理家事同時，心中想要出去工作的念頭又湧上來。孩子念幼稚園時，曾經向偉國提出這個意願，他說：「孩子還小，誰照顧他們？」她心想也是，便擱置不提。

曾經偉國同事結婚，他們一起去飯店參加喜宴。同桌都是他學校的同事，男老師、女老師，大家觥籌交錯，舉箸談笑說的盡是他們熟悉的話題：學校打算更換教職員的制服、國中部學生直升高中部的考核標準、哪個老師被學生捉弄的趣聞等等。藉著難得的輕鬆聚會，偉國和同事們開心地閒聊。

整個宴席，她說不到兩句話，只靜靜聽著。坐在偉國身邊，有著不同國度的遙遠。她心想：我的世界就是不到三十坪的屋子，我的生命在煮飯、洗衣、打掃裡流失，我的功用只是當妻子、母親。

現在孩子都上小學了，她那走入社會、開闊視野的願望又生起。用完晚餐，孩子看完〈科學小飛俠〉卡通影片。一個張開兩隻手臂，在客廳唱著飛跑：「飛呀、飛呀，小飛俠……」一個高舉雞毛撢子，擺了帥姿威武喊道：「萬能的天神，請賜給我神奇的力量！」

佩璇催促他們去洗澡。她打開鉛筆盒，把他們寫鈍寫斷的鉛筆，一枝枝削好。她喜歡削鉛筆的工作，用美工刀在筆桿上輕巧滑削兩三圈，再輕刮前頭黑色石墨成粗細適中的尖錐狀，很快又是一枝可寫字的鉛筆。

孩子每天上學，打開筆盒，都是四枝平整漂亮又好用的鉛筆。握在手上，是媽媽溫暖的愛心。

上樓，檢查書包裡明日所需帶的課本物品，看著他們上床，正要離開，宇誠說：「媽媽，妳忘了親我們！」

她轉身，低頭溫柔的在兩個兒子的臉頰親一下，笑道：「晚安。」

「媽媽，晚安。」他們安心閉上眼睛。

回到安靜的客廳，坐定片刻。她內心惴惴不安，輕聲說道：「偉國，有件事想跟你商量。」

「什麼事？」看著妻子慎重的表情，原本要回到書桌前的偉國，走來在她前方的沙發坐下。

「孩子比較大了，」她說：「我想出去上班，好不好？」望一眼丈夫肅靜的神色，她忐忑垂眼。

他皺緊雙眉，略一沉吟，壓著喉嚨說：「為什麼要出去上班？妳就那麼想出去工作？」

「我也想有些成就，有自我的肯定和價值。」她鼓起勇氣說。

「當個賢妻良母，不就是妳的價值嗎？把兩個孩子照顧好，不就是妳的成就嗎？」

他再補充：「當母親，就是最大的成就呀！」

她啞口無言。

她知道當職業婦女，職場、家庭如兩頭燃燒的蠟燭，必然辛苦！她有心理準備，即使白天在外面工作，回到家，所有家務事仍會是她一人獨扛。偉國不會像有些丈夫體諒妻子白天也上班，回來會一起分擔家事。絕對不會！哪怕飯後擦擦桌子，洗洗碗筷。自己的丈夫絕對不會分擔絲毫家務事的，她清清楚楚明白。

她願當兩頭燒的蠟燭；縱使快速燃燒，燭淚滂沱，亦無怨無悔。

但是，偉國不答應。

「當賢妻良母，就是妳的成就！」這句話不斷縈繞耳際。

原先預想的對話：「再過幾年吧？」「等到什麼時候？」「至少等孩子上國中或高中。」「那時我都四十歲了，還能找到工作嗎？」……

她想溝通甚至據理力爭來達成心願，模擬了可能的應對話語。沒想到他一句話便把她堵死了！

她心中還規畫著，自己也出去工作，兩個人賺錢，對家庭經濟多少能改善些。還完房屋貸款之後，過些年就可以買輛汽車，假日一家人開車出遊。當然，這些話絕對不能說出口。偉國「養家活口是丈夫之責」的傳統大男人心態，自是無法接受「須靠妻子一起賺錢才能改善生活」的觀念與作法。

終此一生，將禁錮在丈夫所築的城堡裡。不是公主居住的金碧輝煌、瓊樓玉宇的城堡；土瓦土磚砌築皆無怨，只要能給自由進出。
她心底無助無奈地吶喊。

週六下午，偉國打電話說晚上不回來吃晚飯，不用等他。到了八點，電視新聞結束仍未回來。

「爸爸怎——怎麼還——還沒回來？」宇平問。

「媽媽，爸爸去哪裡？」宇誠也仰頭問。

「到朋友家吧——」她不確定答道。

九點多，趕他們上樓睡覺。她坐在客廳看書，耳朵等著電話鈴聲，不時抬頭看牆上的時鐘，九點五十、十點、十點二十，心中的不安愈來愈加深。

會不會發生什麼事？在同事家喝酒？喝醉酒騎車、跌倒、相撞……想著他倒在闃黑無人的路上，地上一灘血，身上的血還繼續流著；想著他躺在醫院急診室……腦海裡浮現各種景象，憂心惙惙。極度擔憂、恐懼，令她心悸，手心冒汗。身心折磨瀕至臨界點，她合掌對著觀世音菩薩聖像不停地祈求。

突然，鈴聲一響，衝上前拿起電話筒，沒聲音。叮——咚——，是門鈴聲，她慌亂地跑出去，拉開鐵門，院子昏黃燈光灑向漆黑的地面，兩位警察站在門口。

佩璇驚嚇得險些昏倒，終究、終究……她扶靠石柱。

穿著制服的警察見她神色有異，警覺關心問道：「小姐，妳還好嗎？」

她答不出話來，半晌才結巴說：「請問——有什麼事嗎？」

「對不起，打擾妳了，我們來做夜間戶口普查。」警察禮貌說道。

她鬆了一口氣，回答警察的幾個普查問題，回到客廳呆坐，繼續等候。掛心依然，憂心依然，恐懼依然。之前的可怕想像揣測又在心裡重複播放。

十二點多，鐵門輕輕推開，偉國拉開紗門走進來，佩璇跳起來衝過去，緊緊抱住他，憂慄到極點的情緒一時崩潰，嗚嗚咽咽哭了起來。

偉國晚歸，沒料到佩璇等著他還沒睡，心中已覺歉然。聽著她在懷裡斷續抽泣：「我擔心死了，我擔心死了……」

他感動又內疚的擁緊她，低聲說：「對不起。」

她抬頭，珠淚瑩然，盯著丈夫疲憊的臉孔，失而復得的放鬆和欣喜，她沒多問，只說：「回來就好、回來就好。」

因為自己晚歸，讓妻子擔憂，無巧的是警察竟在這個時候來夜間普查，她的驚嚇可想而知。「下次不能那麼晚回來！」他告訴自己。

週末上半天課。中午放學後，他有時會到同事家打麻將，知道佩璇對此事非常反感，只告訴她學校有事，不敢說是去打牌。

曾經聽父親說，洪家祖輩曾是有錢大戶人家，由於好賭蕩盡家產而致窮困潦倒。偉國自覺是有自制力的人，只當作一種興趣與消遣。

何況和一般賭博不同，麻將是國粹呢！是蘊含古人智慧的一種益智遊戲，從摸牌、碼牌、記牌、拆牌、出牌到和牌，都須手腦並用，精心算計，實是鬥智鬥勇的高級博奕與娛樂。

專注地沉浸其中，聽著吆五喝六、嘩啦嘩嘩的麻將聲音，他的身心靈從中得到淋漓暢快的紓解！都是同事朋友一起打牌，不論輸贏，錢數都不多，主要是消遣、娛樂。

事後知道丈夫晚歸是打麻將，佩璇很不以為然和生氣。妻子知道後，洪偉國則有著浮上檯面，無須再掩飾的寬鬆解脫。

以後逢到週末或節假日，她心弦會倏地繃緊，思緒渾濁，輕聲試探問：「中午會回來嗎？」「晚上會回來嗎？」

他說：「會。」一隻被頑童掐住羽翼的蝴蝶，突蒙恩賜手指一鬆，快樂地展翅飛往遠遠的花叢。

得到未肯定的回覆，「會回來吃飯吧？」她帶著期盼的口吻。

「如果沒回來，你們就先吃，不用等我了。」他急著逃出門。

「你不知道，沒確定，飯菜很難煮呢——」這話語像破碎的空氣，無力望著離去的背影。

有一天下午去打牌，偉國忘了要給同事的一份重要文件，打電話讓佩璇送過去。她騎著機車，掩不住心中的好奇，她想見識一下「打麻將」究為何事何樣？

走進他同事家，客廳中央一張四方形桌子，四個男生各據一方，她只認識屋主王老師，另外兩位不認識。她把東西交給偉國。

「洪太太，不好意思讓妳跑一趟。」王老師說。

這一聲打招呼之後，他們繼續玩桌上那堆長方形的積木。一顆顆刻著各種彩色圖案，和東西南北、梅蘭竹菊、一萬、六萬等不同字、不同顏色的米白色積木，在他們手指間翻弄，八隻手在一張不到一公尺方桌上游泳；專注而喜悅的游泳。象牙（或塑膠）在桌面碰觸滑動的清脆聲，他們或輕笑或說著碰、吃、胡的「行話」的聲音。沒有人再看她一眼。尤其拿過她手中文件的丈夫，竟再沒看她一眼；站在他側前方兩尺的妻子，好像完全不存在。

麻將，真的如此讓人忘我？忘妻忘子忘天地一切事物的東西？她真不明白！當下，站立不到十分鐘、像個隱形的她知道：「麻將」搶走了自己的丈夫。

才數分鐘，從窗戶透灑進來的陽光不再亮麗白燦。白日將盡，夕陽將疲倦西歸。腳底的寒氣往上爬，小腿、大腿、髖骨、腸胃，最後凝凍了心。

她疲憊沉重，悄悄離開。

「快回來了吧？」抬頭看時鐘，十一點四十七分。佩璇放下手邊的書，她已倦極，兩眼酸澀，耳朵仍豎立聆聽外面的聲音。偉國有個習慣，摩托車騎至離家二十米之前，轉動鑰匙熄火，讓機車靜音滑行到門口。夜晚為免噪音干擾鄰居，甚至在轉入巷口就熄火。

她耳力很好。巷口機車聲響起，消失，車輪在地面滑行至門前停止，五秒後，拴在牆頭的鐵門扣環拉開，鐵門輕輕往內移，機車優雅穩當推入，準確停在它的位置。不碰觸，不發出聲音。他謹慎不擾人，她卻能聽出無聲中的動作之聲。除了耳力，更有將近八年來的熟稔吧。

眉頭皺緊，舒不開。夜深，涼意更濃。她鎖上客廳大門，關燈，捻亮樓梯口前牆壁上的小夜燈。走上樓先去看看孩子，天花板上橙柔小燈，把他們罩在安靜祥和的氛氳裡。床上熟睡安詳如小天使般的兩張小臉龐，讓她眉頭舒展又不禁倍覺酸楚。

凝望許久，正轉身離開，響起一陣騷動聲，宇誠一翻身，腳一蹬，踢開了棉被，整個身子也九十度的斜往他哥哥頭上方。輻射所及，宇平本能的往下縮半尺。她為宇誠蓋好棉被，這孩子睡覺最不規矩了，不論冬夏，不論夜晚何時來看他們，總見被子在他背下或腳下。

走進臥室，一大一小兩張床空空躺著。她機械式的鋪上墊被，掀開蓋被。呆呆坐在床沿，強烈的孤獨寂寞湧上心頭。

兩聲「啾啾——啾啾——」劃破寧靜，她一驚，張眼看到前方玻璃窗外兩隻壁虎，透過屋內燈光的映照，於黝黑中在窗戶爬行的牠們格外歷歷醒目。是搶獵物，還是在嬉戲？兩個灰白肥潤的小身體在玻璃窗上追逐。壁虎也有伴。

夜深了，我的伴侶還在遙遠的方桌上。

熄了大燈，她躺進被窩，闔眼欲睡。奔騰洶湧的心緒，攪得她翻來覆去輾轉難眠。看看床頭鬧鐘，兩點二十三分。她頭痛欲裂，全身肌肉筋骨從早晨六點醒來上緊發條到現在，有二十小時了吧，沒能鬆弛養息的腫脹痠痛持續加劇。

她爬起來，輕輕走下樓梯，打開廚房牆上的櫥櫃，拿出前些日子開封還剩半瓶的紹興酒和一個杯子，再走回臥室。坐在床邊梳妝檯前，倒了半杯酒，她不喜歡紹興酒。雖然偉國說它醇厚芳香，尤其溫熱後更是馥郁誘人，但是她不覺得。猛喝一大口，嗆鼻的發酵味灌入喉間，只覺渾濁難聞！

「憂時勿縱酒」，誰說的？

偉國酒量不佳卻喜飲酒。以前心情放鬆的假日，晚上孩子上床後，他們常在客廳小酌，她會準備下酒小菜，兩人邊看電視影片，邊對酌閒談。半酣之際，他泛紅的臉上是一雙溫柔浪漫的眼眸，她喜歡也享受此夫妻親密交心的時刻。

那時，什麼酒都好喝。她不像偉國是真正的愛酒，懂得品酒，她貪戀的是夫妻對飲的甜蜜氛圍。她最愛媽媽自製的白葡萄酒，青白玉的透明色澤，潤滑的口感及淡甜的水果清香，連品酒高手的偉國都給予高度評價。

在他的引導解說下，她也多少了解米麥類、水果類各有哪些酒。品嘗過的酒中，除了白葡萄酒，她也喜歡淺嘗性烈而純淨芳香的茅臺酒、高粱酒。高價的好酒多為朋友相送，平時夏天喝啤酒，冬天喝紹興酒，即是上等的享受。

想到白葡萄酒，想念媽媽，她忍不住低聲哭泣：「媽媽，妳知道女兒在受苦嗎？」眼前這琥珀色的黃酒，苦澀一如己心，一口一口吞嚥，只當解愁之藥，酒精的熱氣從胃裡往外流到全身。此時丈夫還在麻將桌上酣戰，他們吃宵夜嗎？也會喝酒助興嗎？

他有工作、有同事，還有朋友可以吃喝玩樂。我呢？終此一生，我生活的範圍就是這個家，生命的重心只有他們父子三人，我沒有一位同事，沒有一個朋友……

睜開迷濛濛的眼睛，鑲嵌在梳妝檯內的鏡子裡，一個頭髮鬆散凌亂的女人望著她，近視眼看不清，身子往前傾，那女人穿著米白色睡衣，領口皺斜掛左肩，蒼白憔悴，眉間兩道一長一短的溝痕在顫抖，像死魚般的大眼睛充滿血絲，瞳孔渙散無神，嘴角四周是風刮水蝕過後的瘡痍荒土。

這是我嗎？昏黃幽光中如鬼魅般醜陋的女人，是我嗎？三十出頭的少婦望著鏡中蒼老萎靡的婦人，問著。

喝完半瓶酒，四周搖晃。她頭暈不支軟趴趴地往床上倒去。

黑夜褪盡，天光白花花的從窗戶灑進來。六點多，洪偉國靜悄悄推開臥室木門，一股酒味迎面撲來，他走到床沿，佩璇驚醒，猛一抬頭，天旋地轉，胃部翻騰，趕緊俯身床外，嘔——嘔——地吐了一大灘穢物。

他見此狀，皺眉低聲喝斥：「搞什麼？我打個牌，值得妳這樣嗎？」說完生氣地走出去，到對面房間，關上門倒頭大睡。

佩璇吐完，躺回床上喘息。她疲倦閉上眼，兩行淚水從眼尾流到耳邊，淌濕枕巾。打牌，徹夜未歸，值得我那麼痛苦嗎？她問自己，不斷問自己。

晴朗光亮的白天，她感覺自己被罩入黑漆漆的牢籠，丟入了大海，在冷冷的海水中正直直往下沉，包圍自己的是冰冷、黑暗、孤寂。她想再沉沉睡去。

但是想起地板上有一堆穢物，還有，要起來為孩子做早餐。她勉強爬起來，低頭看一眼剛剛嘔吐的內容，有稀有稠的黃色液體混著昨天晚餐未完全消化的幾朵殘餘渣滓，還有綠綠的膽汁，酸腐臭味刺鼻。

她打開窗戶，忍著暈眩，手扶牆壁慢慢走下樓，拿了水桶、抹布，再慢慢走上樓清理；自己製造的汙穢自己收拾。幸好兩個孩子尚未起床，沒看到媽媽狼狽的醜態。

偉國睡到近傍晚才醒來。她煮飯、洗衣、打掃照舊。這當中，孩子問起爸爸，還得以「爸爸工作忙碌，太累了補眠」，來為他顧全父親的形象。

下班回來，孩子正在寫功課，聽到爸爸開門聲，跑下樓叫聲：「爸爸！」

偉國攬攬宇平肩膀，摸摸宇誠的頭，笑逐顏開：「在寫作業呀？」「是——」「寫好了嗎？」「還沒有。」「那繼續去寫吧。」他們又蹦蹦上樓。

自幼在父母的教導下，兩個孩子養成會打招呼的好習慣。

早上出門會說：「爸爸、媽媽，我要上學了。」

回到家，看見父母或爺爺奶奶，也會一一招呼並說：「我回來了。」

他走進廚房，瓦斯爐上的湯鍋蓋子半掩，熱氣與香味隨著細碎波波聲，裊裊升騰，佩璇在另一個爐上炒青菜。

「太太——」他叫一聲。

「回來啦。」她轉頭回應。

平時打聲招呼，他即回到客廳看報紙。此刻他在旁邊看著妻子盛菜、拿碗筷，也不離開，佩璇正訝異，聽到他開口：「之前跟妳提的王佳瑜……」

擺好筷子，「王佳瑜？」她在桌前稍停頓，不明問道。

「就是今年剛進來的國一女孩，我想收她做乾女兒的。」

「哦——」她想起來了。

「明天晚上，她父母要帶她過來，正式拜見。」

她的心頓時往下沉。

有了兩個兒子，洪偉國很想再有個女兒，提了好幾次，佩璇態度冷淡。有人說：兒子是母親前輩子的情人，女兒是父親前輩子的情人。所以父親往往比母親更寵愛女兒。

偉國對於兩個兒子的關愛、照顧不在話下。和大部分男人相比，他是不可多得的好父親。最令她感動的是，兩個兒子小時候感冒，他拿衛生紙擦淨他們流在外面的鼻涕，鼻腔裡的黏液就是無法使力擤出來，見孩子呼吸不順暢，他常以口對著鼻孔將他們的鼻涕吸出來。身為有潔癖的母親，她能不嫌骯髒處理孩子的所有排泄物，卻從沒為他們「用嘴吸鼻涕」。

試問有多少父親能如此呢？

不同於傳統觀念裡對兒子的責任與期待，他也想擁有貼心、黏膩、撒嬌的女兒？

相反地，她壓根兒不想要有女兒！有了兩個兒子，她已經心滿意足。

是天意嗎？是感應嗎？

結了婚，在他們構築的王國裡，她希望只有她一位女生。不是特意，是心性的自然作祟，她是王國裡被寵愛的皇后，是王國裡被溺愛的公主。如果有了女兒，她一定忍受不了丈夫對女兒的寵愛，她肯定會嫉妒、會吃醋。

大學時曾被同學邀去聽佛學講座，忘了題目，只記得是講生死、輪迴的內容。臺上的法師提到經典說人投胎時，「若是男者，於母生愛，於父生憎；若是女者，於父生愛，於母生憎。」而且，在一世一世的輪迴裡，每個生命的相遇都有他們前一世的因緣。不論是結緣或結怨，來討債或來還債，那麼，佩璇心想自己只喜兒子、不喜女兒，是否意味著她前世和女性較少糾葛、無虧欠，因此這一世沒有女兒來纏心、來掛念？

宇誠滿三歲時，她不小心又懷孕了，偉國非常高興，她則悶悶不樂。好不容易脫離懷孕、生產、撫養嬰兒之苦，還要從頭再來一次嗎？為洪家生了兩個兒子，當了兩個孩子的媽媽，夠了吧？

她不想再當第三個孩子的媽媽，丈夫開懷盼著真有個女兒。

「你怎知道是女兒？萬一又是兒子呢？」她沒好氣挫挫他。

「那，那也沒辦法。」

「難不成你要我一直生，直到生個女兒？」

見妻子鬱悶至將要無理取鬧，他趕緊走開。

或許是子宮裡的生命感受到母親的怨，她（他）不願當個不被歡迎的小孩。一個月察覺她（他）的存在，剛滿兩個月，佩璇下體出血，趕到醫院，醫生說有流產跡象。

「可以保得住嗎？」偉國著急問。

醫生不敢肯定。當下，佩璇毫不遲疑說：「那就把它拿掉。」也表示有兩個孩子，不想再生。為了一勞永逸，讓醫生為她做「子宮清刮術」同時也做了結紮手術。

那一刻，她展現了堅定的決心：我的身體，自己作主！

她懷孕、流產、結紮，兩邊的父母都不知道。後來聽說流產後，也須像作月子般地調養，也只能無奈苦笑。她只有離開醫院，回到家那一兩天，忙孩子、忙家事的空檔，讓虛弱的身體稍作休息，無人關心，更無人為她補身了。

妻子結紮，沒指望為他生個女兒了，偉國開始動起收乾女兒的念頭。原本以為只是說說，沒想到經過三年的潛伏，他的心念還是要付諸實現。

兩個月前。平常語調，「王平今年帶國一生，」他說：「有位學生常來辦公室，看起來很聰明又乖巧，我想收她為乾女兒。」

頓了一下，他瞄一眼妻子，繼續說：「我問了王平，他說是個不錯的好學生。」

「我不同意。」她冷冷說。

一頓晚餐，在凝重沉默中結束。

孩子就寢後，他重申：「明天晚上他們要來，正式見面要給個禮物……」

「我沒有同意要收乾女兒。」佩璇沒好氣的咬住這點。

「但是，我已經和人家談好了。」

「我沒同意，你就先決定，不是先斬後奏嗎？」

「我怕妳不答應。」

「我不答應，你還是做了。」

空氣僵冷。

「要認女兒，也找個年紀小一點的，已經上國中的女孩，幹嘛？」

偉國不語，神色嚴峻。

「你做你的乾爹，」一反她平素遏抑情緒的態度：「我不做乾媽，我已經有兩個孩子，我是他們的媽媽，我只當親媽媽……」她霹靂啪啦宣洩心中的不滿。

第二天，父子三人上班上學去了。她思忖要給這位女孩什麼禮物？雖然萬分不樂意不情願，但為維護丈夫的面子，顧守女主人的禮儀，還是不能失禮。

女孩的父母肯定很高興。學校的老師要認女兒為乾女兒，是對女兒的賞識，而且往後在這所競爭激烈的明星學校裡，有乾爹老師的關愛照顧，必然是一帆風順的。

對她有些醋意。

佩璇從梳妝檯的櫃子裡拿出一個紅布絨面的方形手飾盒，有好幾年沒動它了。輕按彈扣，蓋子彈開，兩排圓形、橢圓形，印有銀樓店名的粉紅色塑膠盒整齊躺著。她從中一樣一樣拿出來，放在檯面上。金光銀光，閃閃發亮，大多是結婚時，爸媽和公婆給的。沉甸的金項鍊，鑲有紅瑪瑙、綠寶石的金戒指，兩條金線纏繞的手鍊。作為嫁妝、聘禮，只在結婚時佩帶，之後就收入底層了。

她不喜歡黃金飾品，覺得太沉重也俗氣。精巧細緻帶著玉墜子的銀項鍊，和一條同樣有著小小玉墜，輕盈柔滑形雲色澤的K金項鍊，是她喜歡的。偶爾如參加喜宴，搭配衣服裝飾時也會戴上。另外，一只只小金戒指、小金手環，是兩個孩子出生滿月時，祖父母、外祖父母、姑姑、阿姨等長輩給的賀禮。

她沒有戴飾品的習慣，平時操持家務也不方便，只有結婚戒指一直戴在左手無名指上。望著眼前這些美麗的金飾品，它們是一對男女結為夫妻的誓物，是兩個家族結為親家的盟證。

將留著給未來的兩位媳婦，沒想到第一樣送出的是給一位陌生的、不想承認的乾女兒。她選了自己喜愛的那條K金項鍊，適合十三歲的女孩。

原本說好請王佳瑜和她父母來家裡用晚餐，見佩璇情緒不好，恐也無心宴客，偉國便找個理由讓他們七點半之後過來。

謙和、彬彬有禮的中年夫婦帶著活潑大方的女兒，來拜見即將成為她義父母的老師和師母。收下他們的水果禮盒，大家在客廳喝茶寒暄一會兒，佩璇拿出手飾盒交給王佳瑜的母親。偉國意外而竊喜，見她和顏悅色親自為王佳瑜佩帶這條漂亮的項鍊，他投以欣喜感謝的目光。

「很好看，」佩璇微笑端詳這張清秀又健康紅潤的臉龐：「和佳瑜很搭配呢。」

完成一件事，他吁了一口氣。慶喜妻子抱怨歸抱怨，終究還是明理知趣、顧全大局的。

這一次，她心底的冷戰並沒有結束。

從市場拖著沉沉的菜籃子走回來，轉進巷口，和鄰居王太太照面。

「洪太太，」她關心的眼神在佩璇臉上掃過：「妳身體還好嗎？最近我看妳的氣色不太好喔！」

「還好啦，謝謝妳。」

回到家，把籃子裡的食物拿出來，放整理檯、放冰箱、放櫥櫃，一一歸位之後，疲倦虛弱地坐在沙發上。

她知道生命力正在一絲絲流失，如其所願。因此，雖然肉體在虛耗，心靈有著邁向解脫的愉悅。

一個祕密在進行。

客廳木製的棕色沙發，嵌入淺褐色籐條編織的椅面和靠背，她很喜歡這組茶几座椅。光亮的木頭、籐面，經過近七年的磨損已漆剝斑駁。

兩個小孩子小時候在上面行走、躺臥；靠著茶几吃西瓜、認字、拼積木、玩大富翁遊戲；她每天晚上在這裡為他們削鉛筆；夫妻倆在此小酌、看電視影片。這些記憶正一步一步往後退。

書架上的書已經多到豎立加橫疊，儘量能整齊看到書背的書名，取書放書就得費些工夫。

進門靠牆壁的地方一輛健身用的腳踏車，是為了讓宇平、宇誠練腳力而買的。隨著年齡增長，坐墊逐漸調高，他們卻已興趣缺缺，偶爾應付大人的提醒，踩個兩三分鐘。

一個她精心構築的家，各種家具、設施因為有愛而清潔保養，它們也因此有了記憶和生命。

一個她精心構築的家，靈魂中心是丈夫和孩子，他們是她擁有的摯愛，尤其兩個孩子，更是她用生命、用全部心血在撫育守護。

十年了，剛拍完結婚十週年的全家福相片，一張四個人都正襟端坐，拘謹微笑的相片。走出照相館，宇誠還問：是不是以後每年都來照相？

十年，是長？是短？她竟已厭倦！厭倦自己，厭倦日復一日做著同樣的家務事。一成不變刻板的生活，要再持續五年、十年、二十年、三十年……直到生命結束？

她不願意也沒有力氣往下走。蟬的幼蟲在濕暗泥土裡五年、七年、十年，或短或長，牠還能蟬蛻，破土而出，看見燦爛的天光。我呢？還能有「周佩璇」這個生命的曙光嗎？還是這輩子她只叫妻子、叫母親？

偉國二姐的大女兒，十年前因血癌而往生。剛開始只是發燒，以為是感冒，看了幾趟醫生都沒治療好，轉到高雄醫院已是血癌末期。那時她已懷著宇平，有一晚，二姐、二姐夫有事抽不開身，她還挺著大肚子在醫院陪伴。坐在病床旁，望著臉色蒼白，時睡時醒半昏沉的十三歲女孩，心中滿是憐惜和不捨。

記得自己握著她的手，輕輕撫摸時，瞥見她手掌紋的生命線出奇地短，翻開另一隻手掌也一樣的短。哀嘆含苞未燦開卻即將凋零的生命。

現在回想，她從被發現是血癌到往生才一星期。真希望自己也能如此。不用經歷太久的纏綿病痛，不要耗費龐大的醫療費用。短暫的哀思之後，他們很快就能回到常規的生活。

佩璇每天陷在自己陰鬱的氛圍裡，不能自拔，很想自戕結束生命。生命既是一期一期的輪迴，那我死後會到哪裡？她不關心，不管是輪迴或是能一了百了，她只想儘快結束目前痛苦的生命。

但是，自殺，對孩子、對洪家、對爸媽，都是太激烈的傷害，她不能如此殘忍。於是，她採取溫和的慢性自殺。

起初，她就地取材，將ㄇ形訂書針塞在麵包裡吞下，兩支、四支……逐日增加，希望它們能刺破胃膜、胃壁，讓胃出血或胃潰瘍。過了幾天沒動靜，想是隨著糞便排出去了吧。

構想第二方案。聽說有人磷中毒而身亡。偉國抽菸，家裡備有火柴，她買一大包火柴也是平常事。白天無人時，她將圓圓的綠色火柴頭一個個折斷，和水一粒粒吞到肚子裡，第一天十粒、第二天二十粒，也是逐日增加。一個月下來，磷在身體產生作用了。她開始頭暈、頭痛、噁心，有時口中會湧上蒜臭的氣息，食欲差，虛弱疲憊，第二個月又出現腹瀉、心跳加快的症狀。

鄰居都留意到她氣色的變化，同一屋簷下，日日共處的丈夫竟然絲毫沒有察覺！她已慵懶，無心做清潔工作，不像以前那般勤勞，實在太髒看不下去才勉強擦一擦、抹一抹。偉國和兩個孩子沒有感覺家裡的不同，一樣有三餐吃，一樣有乾淨的衣服穿；他們的世界照常在運轉。

腸子絞痛。她上完廁所，洗手時，看著檯上鏡子裡是一張慘白泛青的憔悴臉孔。我還要繼續嗎？要到何時偉國才會發現妻子的異狀？對於同床的枕邊人，他竟能如此輕忽、漠視！

滿懷的怨升溫至恨。

剛開始的自我折磨之快感，已隨身體不適的加劇而慢慢消褪，代之的是病奄奄肉身與痛苦靈魂的對話和拉鋸。

盼著丈夫的關心、愛憐和重視；他的愛可以終止她的戕害與悲劇。

不過，或許得知她自殘的原因，仍會憤怒地說：

「我打牌，值得妳這樣嗎？」

「我收乾女兒，值得妳這樣嗎？」

「不讓妳去上班，值得妳這樣嗎？」

他沒錯，都是自己小題大作。或許他真的沒錯，讓自己痛苦的都是自己的敏感、脆弱、小心眼、計較，是自己對感情不知足的貪愛，不務實的執著所致。

心如野鹿在草原狂奔，禁不住啊！

她懶懶隨意地翻閱報紙。一句不大的標題字躍進眼前：「職業傷害——慢性化學磷中毒」，仔細看內文，披露從事磷生產的作業人員，長期吸入低濃度磷及其化合物，導致腎、肝功能受損甚至衰竭。

她怵目驚心，思忖：自己的慢性自殺要到何時才會斃命？會不會各個器官已毀壞，疾病纏身，還求生不得求死不能的苟延殘喘存活於世間？如此的生命品質令她悚懼！

結婚至今，只有兩次因生產住院。其他如感冒、牙痛、胃痛這些毛病，到診所看醫生、吃藥就了事，尚沒因病住進醫院。

想起偉國曾經右手大拇指發炎腫脹，敷裹草藥，中醫師囑咐不能碰水。約有四、五天吧，由她幫忙洗澡。他站在浴室裡，脫光衣服，右手高舉。她先將他身體淋濕，浴巾塗上肥皂，由脖子、肩膀、前胸、後背，到大腿、小腿、腳，一一抹搓，再用清水洗淨，毛巾擦乾，穿上乾淨衣服。

他也是長大後第一次由別人幫自己洗身子。剛開始兩人都有些尷尬，佩璇只為兩個兒子的小身體洗過澡，看著眼前赤裸裸站立的結實軀體，還不知怎麼下手洗呢！第二天之後，在水蒸汽瀰漫的浴室裡，雲霧嫋嫋，香氣氤氳，他們怡然享受親密接觸的溫馨時光。偉國怕癢，趁著搓身當兒，有時佩璇故意在他腋下輕輕搔幾下，他會顫抖躲開，「別啦、別啦！」細碎的笑聲，夾雜水聲，蕩漾在小小空間，蕩漾在她的心田。

他記得這件事嗎？如果回憶可以選擇，這是她不會遺忘的一段。

假如立場互換，不只是身體猶健康站立，協助洗澡，而且沉痾難起，癱臥病床，須他餵食、擦身，甚至處理排泄物，他會心甘情願為她做嗎？不知道！她是絕不願自己陷入如此悲慘難堪又拖累親人的境地！

走往死亡幽谷，尚未窺視四周景觀即原路折返。回到原點，她沒有重生的喜悅；死亡尚有重生的希望曙光，活著仍是囚在黑牢，繼續沉入冰冷的深海裡。

身體抽絲般慢慢復原，等著迷茫、呆滯、憂鬱的靈魂歸來。像中蠱著魔般，當了十年妻子、母親的周佩璇被丟棄在某個角落。一個渴望獨立、渴望自由的女人，渴望在清朗藍天下、翠綠草原上歡暢自在奔跑的女人，正在黑牢掙扎，努力衝破繁複恩怨綿密織就的黑繭大牢。

「我要離婚。」佩璇面無表情，聲音冰冷而陌生。

「什麼？」偉國嚇一大跳，不敢相信自己的耳朵。

「我要離婚。」

「為什麼？」睜大眼瞪視著她。

「我很疲倦，我活得很痛苦。」說完這句話，她垂眼無語。

妻子這一說，他瞧著，發現她臉色蒼白憔悴，兩頰削瘦了一圈。何時變得這副模樣？他竟沒留意，心中有些歉然。

擔心失去妻子，他開始注意她的神色，驚駭又愕然不解，身邊怎換了一位完全不同的女人！冷漠、陰鬱、沉默。

結縭十年，佩璇一直認真、熱忱地把妻子、母親的角色扮演得那麼精采出色。嬌小的身軀一直散發堅柔的光芒，溫暖籠著他和兩個孩子。雖然身體疲累時，她偶爾會抱怨、發牢騷；有時兩人也會冷戰一兩天，很快就雨過天青。

搞不懂為什麼她想離婚？

平靜過了兩個月。佩璇還是為他們煮三餐，還是每天騎車接送宇誠到學校，還是每天為他們削鉛筆。

兩人單獨相處時，空氣寂靜清冷如薄冰，她一臉寒霜，心如死水；他凝重謹慎，心懷惴惴。脆弱的薄冰，敲碎後可會化成柔潤的溫水？抑或暫時凝結的平安假象霎時支離破碎？

偉國心性刻板、內斂，不擅表達自己的感情。逢此驟變，他憂心焦慮卻又口拙，不知該如何愛語溫慰、柔情解愁，才能挽回妻子的心？

溫和善良的佩璇，平時明理識大體，但當一個念頭生起，不相干、不在意的事，很快就放下或不計較。相反地，若她在意、想做的事，卻有著千牛難拉回的倔拗與堅持。

偉國不懂佩璇的心，佩璇也不知偉國心裡在想什麼。各自在軌道上運行的星球不會碰撞，兩顆心已無法相通，撞出璀燦的光芒。

知道佩璇深愛孩子，當她再提出離婚時，偉國央求：「等孩子大一點吧，他們還需要媽媽。」

「一個孩子跟我——」她請求。

他勃然變色：「提出要離開的是妳，妳有什麼資格要孩子？」

再嚴厲怒道：「妳甭想帶走一個孩子！」

第參章

以為從日本回來，自己的世界仍舊存在，棘手的感情仍然等著她做決定。

突然之間，多年來一直被「愛」填塞得滿溢的心田，所有美麗燦爛的玫瑰花，霎時花瓣墜落，枯槁萎靡成衰頹的荒田。不只是悵然，更是被抽枝拔根的痛楚！

這一年，南區中學教師研習營，在嘉義中埔的綠雲山莊舉行。洪偉國和另外十四位老師被指派參加這兩天一夜的課程。

位在郊區，海拔約五百公尺的綠雲山莊，果如其名，坐擁群山，四周盡是蓊蓊鬱鬱，錯落起伏綿延不絕的一叢叢青翠雲朵。

五點剛過，洪偉國被一陣清脆的鳥叫聲喚醒。初夏的旭日照亮大地，難得偷閒暫拋繁瑣俗事，他想趁著早餐前四處走走。一出山莊，新鮮又清涼的空氣，讓他不禁深深吸口氣，用力伸舉手臂，舒展筋骨，好舒服的一天！

他沿著右邊道路往前走，微微蜿蜒的坡道上，已有早起的人在晨跑運動。看來這附近應有居民。

拐了幾個彎，隱約聽到咚咚、叩叩的聲音，再走近，傳來平緩悠遠的梵唱聲。抬頭，橘色瓦簷下灰色水泥牆楣上書寫：法水禪寺。

灰白的石柱和橫楣，及深咖啡色的行書字體，在翠綠的樹林裡分外顯眼。他循著聲音來到大雄寶殿，中國傳統宮殿式的建築，土褐色的石牆，橘紅色的屋頂簷瓦和東紅色的廊柱，莊嚴樸素又祥和。

他的父親逢年過節總要到寺廟燒香拜拜。雖然是神佛不分的民間信仰，他從小跟著進出禮拜，也自然產生虔誠恭敬之心。

他站在門外右方肅立，傾聽梵唱，眼睛往內觀望，殿內中間供奉三尊端坐的佛像。左邊四排都是穿著海青袈裟的出家人，右邊前兩排是出家人，後兩排是在家居士。

一個側影吸住他的目光，左邊第二排第一個位置，清楚看到淡青頭顱下的細白頸子，久違又銘心的記憶霍地湧上腦門。

過些時候，在幾陣噹噹聲中，大家俯身三拜然後對面站。她轉身臉孔一現，「沒錯，是心玉！」他心中喊道，目不轉睛地盯望。

目光追隨她與大眾魚貫而走出大殿，而走往右後方一棟屋子裡。他愣愣地尾隨在後，全部的人都進去了，他站在外面空地發呆。

幾位居士也往裡走，有人問：「先生，你要進去用餐嗎？」

「哦——」他被喚醒似地忙道：「沒有，我只是看看。」

見對方疑惑的神情，他補充：「我住在綠雲山莊，早上散步過來參觀參觀。」

那人友善點點頭便進去了。大門上方寫著「齋堂」，原來這是吃飯的地方。

他佯若無事如遊客般在附近瞧瞧，視線不離齋堂，心裡卻是七上八落的浮動。

「我找到她了，我找到她了……」找到她又如何？他問自己。不能怎麼樣，但我還是要見她。

瞧見他們整齊的隊伍兩兩走出來。觀察他們行走的路線，他移至路邊等著。強作鎮定，心中不住怦怦地跳。她還記得我嗎？還認得我嗎？

只見每個人都目不斜視，半垂眼瞼而緩行。待她行至將近，他著急低喊：「心玉──」

聞聲，她猛一轉頭，瞪大眼睛，止步，後面的人差點撞上來，她隨即離隊往旁移步。四目交接的剎那，洪偉國眼眶泛紅，強忍將淚水吞回肚裡。

抽下袈裟，她穿著黑色海青和洪偉國坐在擺了好幾張長方形桌子的客堂。倒了一杯溫水給他，他們在一張桌前對面而坐，相視無言。

「偉國，你怎麼知道我在這裡？」她先開口。

依然是輕柔的聲音。除了沒有頭髮，身體清瘦些，臉孔依然白皙秀麗。睽違十三年，沒有留下歲月滄桑的痕跡。

他恍神在過往的記憶，半晌，才回神說是來這裡參加教師研習營，無意中尋來的。說到此，他感慨噓唏說：

「我找妳，找得好苦！」

她微微點頭，大哥都跟她說了。黑框眼鏡後面，正氣凜然的眸光沒變，方正的臉龐，挺直的鼻梁，船形般的雙唇也沒變。卻是身材已有中年發福之態，眼角多了幾道細細的皺紋，兩頰如車轍泥濘路，刻印負軛重擔的苦澀。

她心生不忍，問道：「你還好嗎？」

「找不到妳，」他猛然想起：「妳不是到德國去了？不是和那位助教結婚了？」

「沒有，我沒去德國。」她搖頭，平靜回道。

「什麼！妳沒去德國？」他睜大眼睛直視著她。

當他吃驚、專注或生氣時，就是這副表情，一樣沒變。她心想。

「怎麼會？怎麼會？」他愕然不解。

沉吟片刻，才懊惱頹喪地說：「找不到妳，後來在親戚介紹下就結婚了。」

「她有三分像妳。」眼有深意瞧著她。

她愣愣答不出話來。

「現在有兩個兒子。」

「很好啊，孩子多大了？」替他高興，歉疚之心稍減。

「一個十一歲，一個十二歲。」他遲疑，再說：「不過，一年多前離婚了，太太離開了。」

「為什麼她要離開你？」她驚訝問。

「她說我不夠體貼，對她不好。」

她沉默無語。

「為了孩子，讓他們有媽媽照顧，只好再結婚。」

她溫和地望著他，不復見當年的意氣煥發。一個在貧困環境中力爭上游，以其天資和文武雙全被喻為「東海一才子」的男孩，年輕時那頂天立地的精鑠神采，已被消磨黯淡。感情之路，他走得如此坎坷崎嶇，她難辭其咎。

「妳呢？」他急迫問：「妳在這裡過得好嗎？」這才是他最關心的。

「很好，你放心。」

「妳有錢用嗎？生活上有困難嗎？」務實的他不免掛心。

「出了家，衣食住行各方面，常住——就是寺裡都會照顧。我們只要好好修道，用心弘法度眾，其他不用掛念。所以，你也不用擔心。」她微笑說著。

過去，八年的感情，感謝他真摯專一的付出與對待。是她辜負他、對不起他。但是因緣已逝，不論風雨，皆如雲水般消失遠去。面對他，餘存的是歉意，以及如家人、如兄長的感情。

有師姐進來打掃，有法師走過，她看看手表，過了八點半。問道：「你們研習營的課是幾點？」

「九點開始。」他幾忘了研習營的事，以為時間能靜止在此刻。

「你沒吃早餐吧？」

「嗯——」他也忘了。

「等我一下。」她起身走進旁邊的辦公室。不久，端著杯子和麵包出來。

「這是泡的燕麥奶，我加了溫水，不會太燙，現在就可以喝。你不愛吃甜的，兩個素鬆麵包是鹹的。」

她坐在對面，看著他把燕麥奶喝下。

「你不吃麵包呀？肚子會餓的。」

他沉浸在她一如往昔的溫柔親切和叮嚀。

「我現在不餓。」

她又跑進去，拿了手提紙袋出來。「那你帶著，待會兒肚子餓可以吃。」

她送他走出來。走在旁邊的她，雙手平放腰前，寬大的黑色袖子，在行走微風輕拂時飄逸擺動，好美！

他腦中冒出李白的詩：「翩翩舞廣袖，似鳥海東來」，指的就是這種衣袍吧。

走到山門口，兩人停下來，偉國轉身望著她。

晨曦的金色光芒兜頭灑下來，他皺著眉，緊抿雙唇囁嚅，深深嘆口氣：「心玉——」

「偉國，我的法名叫元清。」她輕輕地說。

「元清，元清，」他喃喃念道，「妳——妳要多保重。」

「你也保重。」

他轉頭，在淚水湧出來之前匆匆離去。

回到山莊，課程已開始。他悄悄進去坐下來，旁邊同事低聲問他一大早跑去哪裡，他小聲說去散步。整堂課，他魂不守舍，渾不知臺上教授講什麼。

中午吃完飯，休息時他有股再跑去法水禪寺的衝動。強抑制下來，理性告訴自己，再去看她又如何？過去的追不回來，現狀不可能改變，再見面徒增傷悲。

還有，不要干擾她清修；這才是真的為她好吧！

下午，研習結束。返程遊覽車上，他拿出袋裡的麵包，橢圓形的麵包，中間劃開，塗著美奶滋，夾著厚厚的素鬆，香淳潤澤。他一口一口慢慢地吃，回味心玉，不，元清法師的溫暖貼心。

大學畢業典禮結束，回到花蓮，一進門，小弟文豪即喊著：

「姊——妳人未到，信已先到！」

熟悉的淺藍色航空信封又搶在她前面等著她。信裡，吳廷軒焦急殷切地盼著她早日到德國相聚。他還說如果她同意，爸媽會馬上幫她辦理一切出國手續和買機票。

「學生」這兩個字是護身符，學校是避風港，讓她暫時棲身，不用理會出海之後的方向。現在畢業了，終於要面臨抉擇了。

廷軒剛拿到碩士學位，他打算一邊工作，一邊攻讀博士。他說讀書、工作都很順利，經濟上不再需要父母的供應，他省吃節用已能自給自足。最苦的是一人羈旅在外的孤獨寂寞。

一聲聲強烈的思念穿透紙背，怦怦撞擊心玉的心頭。（他也是為了她而和前女友分手，現在又拋棄他，豈不沒道德？）

這一邊，洪偉國等了她八年，他專一不貳的感情會守護她至老死；她深信不疑。

他已三十一歲。洪家有五個兒子，目前只有他有女朋友，父母、家人都希望趕緊把她娶進門。尤其，知道遠在歐洲的吳廷軒一直沒放手，對心玉仍是愛戀不忘，他更擔憂夜長夢多。

真是艱難的抉擇。

如果沒有吳廷軒介入，她肯定會和洪偉國結婚。

兩位男生都深愛自己，那，她比較愛誰呢？

和吳廷軒正式交往不到兩年，他就去了德國。如果他仍在身邊，她可能無法抵擋他的熱情攻勢；距離是一堵防護牆。洪偉國給了她厚實的感情，八年的等待，於情於義，她似乎須有個交代。

記得她剛和吳廷軒交往時，幾位室友不甚贊同，那時徐月娥說：

「洪偉國很聰明，在妳才十五歲還懵懂時就擄獲妳的心。但是這不公平，妳長大後應該有妳自己的選擇。」

困難的是，我不知如何選擇？不分軒輊的情，無法掂量的愛，該如何是好？

於是一年後，她躲進了寺院。

離市區一小時車程的海邊，依山而建的寺院，是楊丁源夫婦平時常護持的道場，這裡的法師也熟識，便答應讓心玉住下來。楊丁源第一次中風之後，曾來此靜養一段時間，那時心玉也陪同住了幾天，她喜歡這裡的幽靜環境。

她被安排在簡單的客房。擱下令她煩心的感情事，她把自己投入寺院的生活。

每天早上和這裡十多位比丘尼在大殿做早課，白天大部分時間在出坡。寺院還在建設中，為了節省費用，從住持到住眾、義工，都參與撿石頭、搬運沙石、綁鋼條、拔釘子等工作。傍晚做完晚課、藥石之後，便各自在房間裡用功、看書。

雖然幹粗活令她筋骨痠痛、皮肉創傷。但是慢慢習慣之後，覺得白天勞動、流汗，消耗體力，夜晚安靜地讀經，放下一切，什麼都不想，這樣的日子也滿好的。

早晚課誦，祥和悠遠的梵唱，長長的經文，拗口難念的咒語，法師們不用看本子，都是闔眼，優雅的雙手合掌或放掌，口中順暢地宣流出來。她極為羨慕。

「出了家，有必須背誦的五堂功課；這是我們的基本功課。」一位法師告訴她。

「哪五堂？」她好奇問道。

「一、楞嚴咒，二、大悲咒、十小咒、心經，三、阿彌陀經，四、八十八佛大懺悔文，五、蒙山施食。（註）」

嗯——她心裡想著，我也要背起來。她喜歡闔眼唱誦時專注寧謐的氛圍，而且，先為出家做準備。

文字的記憶，對她不是太困難。利用晚上、清晨的空檔，用功背誦熟記，才一個月，她就把五種經咒暗記在腦海裡。終於她也能不用拿著課誦本，閉著眼睛而從容優雅的做早晚課。

兩個月後，她告訴住持，她想出家。

原本知道楊心玉是為躲避感情而來到山上。住持心想年輕人沒定性，住一陣子，耐不住辛苦和孤寂就會下山了。暗自觀察，她文弱的身軀總也隨眾作務，眉宇間的恬澹自在，似乎頗能安住。

但她是護法信徒的女兒，沒敢冒然答應，跟她說要父母同意才能出家。

楊丁源夫婦和大哥文彥一同上山。

「不是讓妳來這裡出家的！」林滿氣急敗壞的反對，「讓妳靜養休息，想清楚了，就要回家的。」

幾次來探望，看到嬌滴滴的女兒竟然和大夥兒一樣搬木板、提沙包，瞧她衣服、鞋子沾著黃土水泥，累得滿頭大汗，細嫩的手指磨得粗糙甚至好幾處皮破血流……她心疼萬分！

忍住擔憂和掛念，安慰自己：讓她磨練一下也好，等她想清楚了就回家。沒想到她竟然要出家，長期如此受苦，可不能依她！

「我絕對不同意！」林滿堅定地說。

客堂的氣氛陷入膠著。這是住持預見的情況，信徒恭敬三寶，讚歎法師；可此僧侶須是別人的孩子，自己的兒女要讓他出家，就沒那麼容易了。

「回家吧，不急著結婚，妳可以先找工作。」楊丁源也建議。

「這樣好了，妳先到日本玩玩、散散心，或者留學，一切等回來再說。」做母親的明白女兒為情矛盾的心情。

「媽媽的建議，我覺得不錯。」楊文彥跟著附和。

「不要太衝動，過幾年再作選擇、再做決定也沒關係。」大家用緩兵之計在勸阻。

住持沒有插話，平靜地聽著他們的「家庭會議」。心中嘆道：塵緣未了，勉強不得。

他望著一直低頭垂眼的心玉說：「出家是一輩子的事，不能太衝動。聽爸媽的話，妳就先回去吧。」

只是喜歡這裡的生活，一時也找不出要出家的理由。一向溫馴少違逆父母的心玉於是跟著他們下山。

註：佛教有言，五堂功課不缺，鐘板齊全，始稱「叢林」。「五堂功課」，有三種說法：

一、指課誦上有五項必須熟記，即：1.楞嚴咒。2.大悲咒加十小咒。3.八十八佛大懺悔文。4.阿彌陀經。5.蒙山施食。

二、每日的五種修持：早課、早齋過堂、午齋過堂、午殿、晚殿。

三、廣義而言：佛門的各種生活行持，都可說是「五堂功課」。

她念書時對日文沒有多大興趣，從沒考慮畢業後到日本留學。既然家人建議，心想換個環境出去走走，未嘗不好。

喜歡文學的她諮詢同學的意見，選擇位在東京杉並區的「東京女子大學」，進入碩士班的文學研究科。

幸好大學時奠定了文法基礎，〈日本文學史〉的課程，教授也略微介紹「古文」的文法，所以在研讀古典文學，如：紫式部的《源氏物語》、清少納言的《枕草子》、松尾芭蕉的《奧之細道》，及《平家物語》、《徒然草》等著作時，雖然艱深費心思，在教授耐煩地分析解說下，還能抽絲剝繭，終而欣賞古典文學之美。也饒有興致的學作和歌、俳句。

兩年的學生生涯，除了浸淫日本文學，也結交了數位日本女生。

大學四年沒有認真學習，除了自己沒有語言天賦，從課本、媒體灌輸得來的仇日民族情結也是一個因素。來到日本，看到他們勤勞苦幹，對國家和所屬團隊忠誠奉獻的精神，真是刮目相看。尤其大部分女生的友善、輕聲細氣、乖巧識大體，更博得她的好感。

她重新認識了這個乾淨、細緻、有禮貌，重視公共道德的國家。兩位個性截然不同的男人，給了她兩份迥異的愛情。因為無所適從而下不了決心。人在異國，抽離熟悉的情境，似乎更能清澈看到自己的心。

那年元旦假期，和兩位臺灣的同學一起去奈良遊玩。到東大寺，走進具中國唐朝風格、世界最大木造建築的大殿，迎面是一尊碩大的青銅佛像。

仰望圓滿莊嚴的佛陀，她驀地憶起在花蓮海邊寺院的日子。梵音、海潮音相伴，清靜簡單的兩個多月的生活，宛如隔世。曾經動念要出家的心情已朦朧；再見佛顏，親切悸動的感覺剎那間閃逝。

走出大殿，一連串呼道「好冷」的聲音中，白色的霧氣在每一張臉前圈圈迴旋。

「看氣象報告，這兩天很可能會下雪。」

「好期待，我還沒看過下雪呢！」

來自臺灣的她們已密密包裹在羽絨衣、圍巾、毛帽、手套裡還不畏冷凍地期盼著。來到前面廣闊的公園，只見樹下、草地上、人行道，許多小鹿三三兩兩悠閒地行走，日本的鹿比她們耐寒吧？

小孩子邁著小步伐奔喊著「小鹿斑比！」大人憐愛的輕撫牠們的頭頂，牠們都不驚，兀自睜著一雙純潔和善的大眼睛，靜靜地凝視這些兩條腿的動物。還不時用頭、用嘴頂他們的手，撒嬌地討食物吃。她們也興奮地跑去商店買了「小鹿餅乾」來餵食。心玉拿著一片餅乾，微一彎腰，一隻小鹿踏著四條細細的腿優雅地走過來，淺棕色背部、腹部皮毛上，散布一塊塊圓形的白色斑點。第一次如此近距離看著鹿，她開心地讓牠輕含手中食物，濕濕的鼻頭和嘴邊的口水，沾黏手指也不嫌髒。

才抽出第二片，嘴巴尚在蠕動咀嚼的小鹿，聽旁邊同學喊道：「過來、過來，我這裡也有餅。」牠就離開往旁邊走去。等那邊吃過，再喚牠便又走回來。

「吃了那麼多人給的餅乾，明明都一樣呀，真是的！」

看到小鹿在食物之間遊走。突然，她似有領悟：她在洪偉國與吳廷軒之間遊走，為不知選擇誰而煩惱。多年來一直無法作抉擇而徬徨、痛苦，最後走上逃避、自我放逐之路。

原來，真正的因素是「貪」，而不是「抉擇」。如同這隻小鹿，兩個人（或更多人）的餅都想吃。

洪偉國的安全可靠，吳廷軒的浪漫多情，兩者她都想要。

她在心中描繪終身伴侶的形象，羅列一條一條她要求的條件，以此作為檢視和選擇。那麼，這兩個品格和資質不錯的男生，似乎還須得「加分」才能滿分。

在自我批判時，另一個聲音冒出來：

「我哪有貪心？又不是我主動去求取的？是吳廷軒積極熱情地展開攻勢，讓我無法招架的。」

「是嗎？真的如此嗎？捫心自問：妳不也愛他的英俊、體貼、熱情，而接受而兩情相悅嗎？」

她俯首無語。

聲音繼續指控：「如果妳不貪念，安分守著洪偉國對妳的忠實穩固的感情，哪會衍生出這些煩惱？」

「是的，我應該拒絕，追根究柢確是自己的貪著染愛。」

她思索：人各有性，長短有異，自己又何嘗完美？為何不能認清這一點並接受對方的特質？

陷入煩惱，果真是貪心所致。

不過，明白這一點，對已造成的處境又能如何？暫時放下，不想吧。

兩年裡，她專心致志的學習、讀書，也再次如鴕鳥般把頭埋入另一個自築的世界。

兩年後，她拿到碩士學位，回來臺灣，在臺北補習班找到教授日語的工作。大學同學舒娟娟在一家日本貿易公司上班，一個人住在重慶南路租來的公寓，邀她過來住，兩人有伴，也可以一起分擔房租，她欣然答應。

因應中日往來逐漸密切，到日本觀光旅遊或留學的人愈來愈多，因此，近幾年日語補習班如雨後春筍一間間冒出來。以交通樞紐的火車站為軸心，方圓數十里就有不下十家的日語補習班。

「和田日文補習班」即座落在建國北路的一棟大樓裡。經營者李志遠，曾羈旅日本多年，熱愛日本文化。他回國後發現學習日語已成風潮，開設補習班是一個商機。但是，他不想把語言只當成交談溝通的工具，更希望藉著語言文字，讓大家認識一個國家的歷史、社會、風俗民情，以及欣賞他們的文學、藝術、宗教等各種文化。本著這個初衷，他期盼在眾多競爭者中，能樹立特色和品牌。

因此，楊心玉來應徵時，她大學日文系畢業，加上拿到日本文學研究的碩士學位，如此的背景，馬上得到他的青睞。

補習班以三個月為一期，每週上兩次，一次兩小時；分有基礎班、初階班、進階班。起初，她各帶一班基礎班和初階班，從五十音、基本文法、簡單會話開始，也會穿插日本人於食衣住行及職場上的各種用語。

後來再帶進階班時，她即依老板的要求，加入日本文化的介紹。她尤其喜歡講解日本文學。古典文學對一般人而言不容易理解，所以她只選擇現代作品。除了單篇散文的賞析，還讓學生認識重要的經典著作，如川端康成的《伊豆的舞孃》、《雪國》；三島由紀夫的《金閣寺》；芥川龍之介的《羅生門》、《蜘蛛之絲》；遠藤周作的《沉默》等等。她會先介紹作者、寫作背景、全書大意，然後摘選篇章，帶領他們研讀欣賞。

長髮披肩，面貌秀美脫俗，如從天上不小心被貶到人間的謫仙，降臨講臺。她輕柔的聲音，優美的用辭，嫻雅的舉止，和不時綻放的天真無邪的笑容，令臺下的學生很自然而喜悅的被引領、沉醉到璀璨多彩的文學世界裡。

補習班的學生，大都是社會人士，也有少部分高中或大學剛畢業的學子。他們特地花錢來學語文，有既定的目標，當然會比在學校學習時更用功。也因此，對授課老師的評價就更嚴格。

楊心玉以她豐富扎實的授課內容，及個人的氣質魅力，讓進階班的學生人數爆增。學習語文亦如金字塔，愈高深愈少人。長久以來，基礎班、初階班一直維持二到四班，各六、七十人左右的人數，進階班則只有不到二十人的一班。現在，一期尚未結束，下一期報名的人數已有四十幾人。有初階班結束欲再進修的，也有原本在別的補習班上課或自身已有語言能力，希望再增進相關文化內涵，因為耳聞而來報名的。而進階班的學生，則覺得三個月的課程意猶未盡，建議能再開設「高級班」。

「和田」已逐漸在形成文化深耕的品牌。李志遠歡喜當初堅持的理想和理念，沒因現實利益而消融。他很感謝楊心玉以她的專業和熱情，為他實現了夢想。不過，一個人的力量有限，必須再多多發掘這方面的人才。

回來臺灣，聽聞洪偉國已結婚，心玉很震驚也有些悵然。繼而再想：怪不得他，是自己移情在先，後來又逃遁消失的。祝福他有個美滿幸福的婚姻。

哥哥交給她厚厚一疊吳廷軒從德國寄來的信，一封封仍是深切的思念與迫切的等待。一直收不到她的回信，到最後幾封信，他已是幾近瘋狂的焦慮擔憂。

「如果我是自由身，我早就飛奔回去！但是，我已經回不去了。」

她不明白這段話的意思。

「後來，他請他母親打電話來關心，正巧是爸爸接的電話，就告訴她，妳已經結婚了。」文彥猶記得當時的狀況。

「那時，偉國還沒結婚，我想，爸爸仍盼著妳從日本回來會嫁給他吧！」他再補充。

以為從日本回來，自己的世界仍舊存在，棘手的感情仍然等著她做決定。

突然之間，多年來一直被「愛」填塞得滿溢的心田，所有美麗燦爛的玫瑰花，霎時花瓣墜落，枯槁萎靡成衰頹的荒田。不只是悵然，更是被抽枝拔根的痛楚！

以為偉國如盤石堅固不移的感情永遠不變，不管她做了什麼事。

還在念書、當兵的前幾年，他像一般年輕小夥子，寫來的信裡洋溢的澎湃熱情，總令她心跳竊喜。知道她喜歡美麗小東西，有時會寄幾顆他回澎湖在海邊撿來的漂亮、特殊的貝殼，或是在校園撿拾顏色、形狀特別的落葉，夾在書中，待乾燥後隨信寄來給她。

等他教書之後，是教學工作忙碌，或許也認為感情已穩定，不再有初戀時的浪漫情懷了。

本來就不擅於把愛掛在嘴邊的他，以責任、以行動讓她明白他不變的真心。不過，前提應該是她也不移的情況下吧？

高中畢業那年暑假，她和表姊，及大哥、偉國一起到臺中日月潭遊玩。分駛兩艘船，行過碧波萬頃的水面，來到光華島，兩位男生和表姊先跳上岸。

「不要動，等船穩了再上來。」知道心玉膽小怕水，偉國將纜繩拉往石樁，邊向著船上的她喊著。

尚未繫妥的兩艘木船在水面晃動，隨著水波的起伏，原本並排挨著的兩艘船慢慢移開。獨自在船上的心玉害怕孤舟遠颺，不假思索地用手攀住鄰船的邊沿，不讓它們分開。

她一手之力怎敵風浪？

岸上的偉國見狀，「不行！放開手！」驚駭的喊聲才出口，她已整個人撲通掉進兩艘船中間的水裡。

岸上遊客驚叫聲才響起，他已經跳下水，游過來，把沉入水裡約一公尺的她攔腰救上來。

慌張落水時，她第一個念頭是：眼睛裡的隱形眼鏡會不會掉出來？趕緊閉上眼。潭水嗆入鼻子時，「偉國會救我」的第二個念頭生起時，他已來到旁邊。

把她抱上岸，濕淋淋的她，在眾多遊客的注視下，害臊極了！

表姊找到一戶原住民的家，借一套衣服換上，把濕衣服晾在他們院子。他也是全身都濕透了，幸好夏天衣服薄，太陽下沒多久，兩人的衣服全乾了，只有他的皮鞋沒能乾。

「當時忘了要先脫鞋子，再跳下去。」文彥說。

「緊急時候，哪會想到這事！」他回答。

表姊為他們拍照留念。那時她驚魂已定，心情放鬆。第一次也是唯一一次穿上顏色鮮豔的原住民服裝，坐在木頭椅子上，新奇有趣的露出盈盈可愛的笑靨。站在旁邊的偉國，未全乾的襯衫鬆垮垮的垂在長褲外面。刺眼的陽光下，兩人的頭髮還濕貼著頭皮，瞇著眼睛看鏡頭。

見心玉情緒已平撫，不忍心責備她的傻氣，又不能不告誡，他鄭重地說：「風力、水力之大，絕對不可小覷。除非臂力強壯，一般人是很難用手把兩艘在水上浮動的船隻靠攏的，記得，以後不要再做這種傻事。」

「我知道了，」她點點頭，又兀自撒嬌辯解：「我害怕我的船會漂走嘛！」回到家裡，爸爸知道此事，非常感謝偉國，也幾次提醒女兒，要記得他的「救命之恩」。

對偉國而言，他救心玉，非施捨之恩，是本能的理所當然的愛。

她現在憶起這段往事，歷歷在目，甜蜜的溫情猶存心底。

一個聲音撞擊胸口：「腳踏兩條船，終會滅頂！」真是可悲的寓意。

下午的課程結束，走進辦公室，坐下來喝口水。行政室的同事過來說老板請她到會客室。

寬敞明亮的會客室裡，李志遠和一位穿著黑色西裝服的男士坐在斜對角的沙發上。見楊心玉進來，兩人站起來。

「楊老師，這位先生有事找妳。」李志遠說，嚴肅的臉上閃過一絲絲不安，「我還有事，你們談。」講完就走出門。

她詫異地望向陌生的男士：「請問您是？」

兩人坐下來。這位體格魁偉，皮膚黝黑的客人，溫和有禮貌地說：「很抱歉，來打擾妳。」他從西裝口袋拿出證件，推向她面前茶几上，「我姓陳，是警備總部的。」

她嚇一跳！證件左邊，印著顯眼的國民黨青天白日的黨徽，下方有紅、黃、藍三色圈環相扣，兩邊是對稱的淺黃色葉蔓。右邊上方，黑體字刻著「臺灣警備總司令部」，下面是他的相片、姓名。

見她神色疑惑不安地盯著證件，他微笑道：

「楊小姐，妳不用緊張，我只是來向妳詢問一件事情。」

「什麼事？」她緩緩吸口氣，定下心問道。

「妳認識吳廷軒吧？」

她的心又猛一跳！「是的，他怎麼啦？」

「妳最近有和他聯絡嗎？」

「沒有。」

她仍是擔心，不會出了什麼意外吧？

「請問吳廷軒發生什麼事？」

「他沒事，妳放心，只是……」頓一下，陳先生直接挑明：「他的思想有問題。」

她的心下沉。

「你們交往時，他和妳談過政治上的事嗎？還有，和共產黨相關的事嗎？」他語調平和，面帶微笑，兩眼卻犀利地望著她。

她搖搖頭，勇敢地回視。

「他有嚴重的左傾思想，去年還去了大陸。我們已限制他入境，他的行蹤，也在我們掌握中。如果他和妳聯絡，如果妳知道他回國，希望妳能告訴我們。」遞給她一張名片，感謝她的配合，不久就離開。

難怪廷軒說他回不來了。想起他信中字裡行間透露的焦慮和無奈，心玉倍覺心酸和鬱悶。被囚禁在他國，成了回不了家的異鄉人，多悲慘哪！她難過得掉下淚來。

李志遠在日本多年，養成他嚴謹、一絲不苟的工作態度，他也以此要求同仁。因此，老師、職員無不認真，兢兢業業盡力做好自己的工作。不過大體上，他還算是會關照善待員工的老板。

隔天，找個空檔，李志遠請她過去，他關心地詢問此事。心玉說明之後，不解地問道：

「警備總部的人怎麼知道我在這裡？他們是怎樣的機構？」

李志遠心中嘆道：單純的女孩，不明白國事的複雜與政治的奸險。

「警備總部是維護公共安全的機關，只要是『可能』影響到國家社會安全的事或人，他們就會關心和調查。妳的朋友被關注了，當然會找和他相關的人進行調查。」

他小心地解釋。

她腦海裡浮起廷軒批評政黨、分析兩岸局勢那大放厥辭的神情。脫口問道：

「我們不是標榜是自由民主的國家，不像大陸的專權，會箝制人民的思想、言論，怎地也一樣的專制、不自由？」

他有些啞口無言，只能說：

「有些言論搧風點火，蔓延開來會釀成不可收拾的災難。所以政府必須防患在先。」

他不想繼續這個話題，「楊老師，我們當個安分守己的國民就好了，妳還是專心教書吧。這件事，以及今天說的這些話，別再對別人說。」他也擔心她受牽連，影響其前程，特地慎重交代。

廷軒的母親得知兒子無法回來臺灣，又以為楊心玉已結婚，便催促廷軒另覓對象，她也積極地四方探尋。

很快有了眉目，他們安排女兒麗華以前的同學到德國，兩人交往沒多久便結婚。

從懵懂幼年開始，她就生活在愛的世界裡。除了父母手足的親情、師長的關愛，小學時，有一些男生會故意輕扯她垂在腦後的兩條光亮辮子，引她注意，逗她嬌瞋；中學讀的是女校，有兩位年輕男老師還因她而暗自較勁；她也以肌膚雪白得來的「冰山美人」之封號，在附近全是男生的中學校園裡聞名，走在上學路上，不時有男生騎著腳踏車到她旁邊，呼喚「冰山美人」或吹聲口哨才溜走。而才上高一，同學都努力在功課上衝刺，她就名花有主地遊走在愛情與學業之間。

如今，「兩頭抓，兩頭空」，兩段轟轟烈烈的愛情都結束了。「以愛為生」的生命，突然不再有活水灌溉。空蕩蕩的軀殼裡，窸窣啃噬無形卻厚實存在的「愛氧」。

前不久，看到愛絲特・柏克霍爾德的詩句：

在萬家燈火的黃昏
我們回到家裡把門關上
回到家中熟悉的牆壁和地板
讓我們把每盞燈都關掉
保存住一個寧靜的時刻
使我們對夜晚有更多的了解

拉起窗簾，讓一顆小星
一座小丘和一棵松樹告訴我們
為什麼心靈深處的滿足點是
大地上的一個點，一個空間

一輪只有樹幹那麼高的明月
加上你和我

記得在陽明山念書時，假日和同學下山玩樂，傍晚倦遊，搭公車歸校。倚窗迎著舒爽的山風，偶爾晃入眼前修竹參差間，或通幽曲徑裡隱約的小屋、隱約的燈光，總深深地撥動心坎處那根弦；顫動的是少女的祕密、夢想：但願我也擁有一個溫暖的家，屬於我和至愛的伴侶的家。

簡單的夢想，是一位自命清高的女孩渴望的「平凡的幸福」；她高調標舉的平凡幸福，已如夜空中遙遠的星星。

也是高中畢業的夏天，去日月潭之前先飛往澎湖。這回以偉國女朋友的身分造訪，他的父母待她格外親切。

有天晚上，偉國帶她去一位老同學的家，離開時已九點多。走在鄉間靜謐小路，她仰頭看到如黑絲綢緞的夜空，鑲滿一顆顆像珍珠、像鑽石的星星，晶瑩華麗，無以倫比！

他們佇足仰望，偉國指著天邊，說：「那就是北斗七星，看到沒？」

哇！她第一次看見長柄勺子狀的北斗七星！

「現在是夏天，斗柄指向南。」依著他手指，心玉興奮地從斗口的天樞、天璇、天璣、天權，依序到玉衡、開陽、瑤光，記住了七顆星星的名字。

「離月亮最近、最亮的那顆淡黃色的星星，是金星。」也是偉國告訴她的。

過了尋夢的年齡，天上的星星給她的美麗記憶，將永遠深埋心底。

舒娟娟過的是朝九晚五、正常上下班的日子，楊心玉在補習班，一週有二十小時的課，大多排在下午或晚上，早上是她悠閒獨處的時光。

她在前院陽臺種了一排盆景。一個月前買回來的兩株玫瑰和桂花樹，經過半個月與「異地」環境的搏鬥苦戰，終於頹喪地豎起了白旗。翠綠的葉片逐漸轉黃、變褐，再乾枯地脫落下來，最後只剩瘦稜稜的枝椏兀自在秋風中無奈地挺立著。

怕見蒼白貧瘠的泥土，每天澆花時仍為它們滋潤，私心抱著一絲渺茫的希望。但是一天一天過去了，灰僕僕的細枝依舊光禿蒼涼，了無生意。

今天早上澆水時，眼尾多停留一秒鐘，那一瞥，她陡然一驚，天！我見到了什麼？在玫瑰多刺而枯瘦的兩截枝椏中，不知何時已長出兩根葉柄，柄上各有五片酡紅色的嫩葉。再仔細瞧，枝上已有幾處正爆出一點點鮮綠鑲嫩紅的小葉柄。

凝視這生命的奇蹟，她狂喜，感動得幾乎掉下淚來。是什麼原因促使它恢復生機？「草木有本心」，它們果真能與人互通心語，解我殷殷盼望之情？她想著。

紀伯侖的《先知》裡有一句話：「一片葉不會枯黃，如果沒有整株樹的默許。」

同樣的，一株樹的枯萎茂盛也該是應了這樣的旨意吧。宇宙中孳衍的萬物，何嘗不是循著天理，或久或暫的偶然客居呢。

那幾天站在陽臺上，她的視線總不住地為它吸引。乾褐色的枝幹已隱約透著青綠；掐得出水似的嫩葉，彷彿吮足醇酒，醉態可掬的美人，那麼嬌柔且晶瑩剔透。她讚歎它的「美」，感動它的「生」，更佩服它頑強堅韌的生命力。

畫家筆下一片永不凋零的綠葉，拯救了垂危少女的性命；童話故事「五粒小豌豆」裡，一株豌豆樹的成長，帶給了貧病交迫的母女以新希望。

旁邊那盆桂花樹依然枯瘦，但願泥土裡看不見的根正在做「生之奮鬥」。「桂華秋皎潔」，已快深秋，期待著：晚風下，窗外隨風飄來縷縷清香！

舒娟娟半年前認識一位男孩，兩人交往熱切，常常晚上、假日也不見人影。有天早上，舒娟娟梳洗好，在梳妝檯前化妝時，聽到隔壁房門打開的聲音，走出來，看到穿著睡衣的心玉，猶睡眼惺忪的拿著杯子到廚房倒水。

「心玉——」

「嗯，妳還沒出門呀？」她剛睡醒咕噥含糊問道。

「快要走了。妳後天晚上有課嗎？」

「後天，星期幾？」

「星期四。」

「應該沒有。」她奮力讓自己的精神甦醒。

「那星期四晚上，我們一起吃飯，好嗎？好久沒聚餐了。」

「好呀——」

這天傍晚下課後，她直接到約好的「西海岸」西餐廳。踩在軟軟的地毯上，跌入如雲層般舒適的半圓藍色絨布椅子裡。高雅柔和的燈光，富麗堂皇的裝潢，繁華悅目，令人沉醉。

舒娟娟還沒到，等待當兒，瞧見對面檯桌來了六位穿著高中制服的男女生。他們怡然自在地坐下，熟稔地「砰」開毛巾，揩拭一張張乳臭未乾卻小大人似的臉孔，然後於談笑間熟練地在麵包上塗上奶油……

在他們清湯掛麵和卡其布制服裡，她尋不出絲毫自己過去的影子。同樣的年齡，她們只知捧書本，看書之餘也只知編些海邊、星星、月亮、晚霞的夢幻，或談一些羞澀的「情」事種種。大方地與男生到豪華西餐廳約會，是不可能也不可思議的事。

沒多久，苗條高挑的舒娟娟走進來，後面跟著兩位個兒一般高的男士。

「不好意思，讓妳等了。」舒娟娟歉然說。

「沒關係，沒等多久。」

「我跟妳介紹，這是我男朋友林榮斌，這位叫李守楠，是他同事。」

「這是我大學同學楊心玉。」

她起身致意，心底嘀咕：「不是只有我們聚餐，怎麼多了兩位男生？」

「我想介紹我男朋友讓妳認識。」娟娟面露幸福之色。

「楊小姐，常聽娟娟提起妳。」林榮斌帶著喜感的娃娃臉，吐出爽朗洪亮的聲音，「真好，大學畢業後還能繼續當室友。我要來，李守楠今晚也沒班，就順便把他帶過來，熱鬧些。」

他開口後，陌生的氣氛稍微舒緩。他旁邊的李守楠溫文儒雅，一雙清澈的眼睛不時瞄向楊心玉。

濃湯、麵包、沙拉、主食……一道道送上來，大家邊吃邊聊。他們有興致地詢問她在日本的留學狀況。

「她現在可是非常棒的日文老師呢！」舒娟娟讚歎吹捧。

不願自己變成焦點，心玉轉個話題：

「剛剛聽林先生說你們晚上還要加班？工作那麼忙啊？」

「喔，」林榮斌拿起紙巾擦擦嘴巴，「忘了介紹，我們在馬偕醫院的檢驗科工作，有時候要輪晚班。」

「咦?我知道護士要輪流小夜班、大夜班,你們也要嗎?患者的身體檢查,不是都在白天嗎?」她不明白地問道。

「晚上也會有急診患者,而且,若是住院病人突然發生緊急狀況,他們要治療、動手術,都必須有相關的檢驗報告,才能做診斷和進行治療。」李守楠低沉富磁性的聲音解釋。

他望著心玉專注聆聽的大眼睛,再補充說明:「所以,醫院裡輪夜班的,除了護理人員,還有住院醫師及檢驗師、藥劑師等等。明確說,全天二十四小時,都守護著患者。」

「好辛苦!」心玉敬佩說道。

她自幼就非常崇敬醫護人員。記得小學、中學填長大的志願時,她第一個志願,便是效法南丁格爾,當個有愛心的護士。同學生病、受傷,她總自告奮勇陪著去保健室,幫她們擦藥、包紮。不過她害怕看打針,見到紅紅的鮮血流淌,會嘔心頭暈,終究不是當護士的料。

不能理解的是直至現在,她仍喜歡醫院。大部分的人除了生病不得已必須到醫院,平時視醫院如畏途,她卻樂於探病,甚至熱忱的住在醫院陪伴患者。她喜歡整個空間瀰漫消毒水的乾淨氣味；穿著白袍的醫師，戴著白帽子的護士，都是她欽佩想親近的人。或許過去世，自己曾是醫護人員吧，今生才會有如此的親切感。

聽了她敘述，舒娟娟說：「妳那麼有愛心，可以到醫院當義工呀！」

對喔，她怎沒想過？上課之外，她仍有空餘的時間。

「楊小姐，妳就來我們醫院當義工吧！」林榮斌眼睛一亮。

「但是，不知道我做不做得來？我沒有接受過訓練……」她怯怯地說。

「沒問題，有愛心最重要！技術層面的學習不太困難。醫院需要許多義工，我們有義工培訓組。」林榮斌興致勃勃地說：「守楠，這件事就交給你去了解和安排，好嗎？到時候你和楊小姐聯絡。」

晚餐在愉快融洽中結束。

回到家，舒娟娟問：「妳覺得李守楠這個男生怎麼樣？」

「還不錯。」心玉隨意答道。

打開房門，正要進去，突然停下來，轉身問：

「不會是妳特意安排的吧？」

「我向林榮斌提起妳，」娟娟紅著臉地說：「他說有位同事的人品、才智各方面條件都不錯，所以想讓你們認識。對不起，怕妳不答應，沒事先告訴妳。」

「沒關係，」心玉沒生氣，她理解娟娟的好意，「謝謝妳的好心安排。不過，我不是說過嗎，我不想再陷入感情的漩渦裡。」

「妳說過，我知道。」娟娟不以為然，「但是，妳總不能獨身一輩子吧！妳要當老姑婆嗎？」

瞟一眼心玉，不知她心裡在想些什麼？只要她願意，以她的條件，再找個男朋友是輕而易舉的事。

「我們都二十七、八歲了，我打算在三十歲之前把自己嫁出去呢！」

「我等著喝妳的喜酒。」心玉溫婉笑一笑說道。

隔兩天，李守楠打電話來，請她到馬偕醫院。他已安排義工培訓組的組長和她見面。她以淡水路途遙遠，去當義工不方便為由而推辭。

過幾天，他又連續約她吃飯、看電影，她也以工作忙而婉拒。先前補習班裡也有男學員對她示好，她都一一拒絕。

幾次的經歷，她逐漸了解自己對愛情的免疫力差。為了不讓病毒再入侵，一開始就得做好隔離措施，防患於未然。

她提醒自己：千萬不要再落入感情的陷阱裡。

這天早上，心玉依約到光復南路的「文典出版社」。跨出六樓電梯門，右方敞開的玻璃門裡，一片鮮明醒目的綠色屏板上，以透明壓克力為座臺，整齊羅列一排排各種圖書；一進門就嗅到了書香氣息。

她還沒來得及詳讀書名，一位小姐正走出來，問道：「請問妳——找人嗎？」

「我找胡玲慧。」她點點頭回答。

「往前走，最裡面就是了。」這位小姐手向右邊指著，就匆匆出門了。

偌大的辦公室，二、三十公分高的淺灰色隔板，隔出每張桌子的獨立空間。應有五十人以上吧，這個出版社規模不小呢。她沿著兩排辦公桌之間的走道向裡走，幾乎每個人桌旁都是一疊疊的書或報紙、資料。

大家都埋首在桌前，稍遠處有人走動、講話，也沒人訝異一個陌生面孔的出現；或許常常有外面的人同她一樣自由進出吧？

愈裡面，堆疊的資料、圖書愈多愈高。終於在「紙海」裡看到一張她認識的臉。

「胡玲慧。」她輕聲叫道。

小小個兒站起來，淺淺笑道：「楊老師，妳來了。」一邊從雜亂的書窩裡慢慢挪身走出來。

「來妳這裡，真像翻山越嶺呢！」心玉不禁笑說。

「不好意思，太亂了，工作多，我們又剛從老地方搬過來沒多久，許多東西還沒整理好。」

她領著心玉走進右前方的小會議室。胡玲慧是文典出版社的總編輯，她對日文有興趣，在和田補習班從基礎班開始學日語。這一期在進階班聽了幾堂楊心玉的課，收穫頗多，心儀老師的文學素養。

最近他們從日本的出版社引進不少的圖書版權，其中有一套現代文學著作，是重要的產品線，目前正在找尋優秀的翻譯人才。所以上堂課結束後和楊老師談這件事，心玉也有些心動，便相約來出版社詳談。

胡玲慧拿了幾本日文原文書及企畫案，向她說明。作者多為當代有名的作家，大部分作品在日本都有高度的評價。引進來臺灣，相信也會受歡迎。

她躍躍欲試，不過，第一次做整本書的翻譯，不免有些忐忑。

她說：「我先帶一本回去，翻譯一兩章，給妳看看可不可以，再繼續，好嗎？」

胡玲慧同意，欣賞她的謙虛謹慎。談完事情已近中午，胡玲慧請她到附近的素食館用餐。

兩人年紀相仿，胡玲慧一頭烏黑的秀髮，像老婆婆一樣在腦後綰成一個圓髻；一絲不紊的烏亮頭顱下，一雙聰慧澄澈的大眼睛，不時像小鳥撲撲舉翅，眨巴眨巴閃著調皮喜悅的光彩，把清瘦的小臉抹得鮮明動人；一年四季都是一襲寬大的棉衫、及至腳踝的長裙。直如電視劇裡走出來的古人。

端了菜盤、米飯，坐下來。

「平常我都來這家自助餐店吃飯。他們的菜色多，又不太油，而且乾淨。」胡玲慧輕柔細嫩的聲音，非常悅耳。

心玉看著她，有種說不出的放鬆和平靜。

「妳吃素還習慣嗎？」長年茹素的她問道。

「習慣呀，其實，」心玉面露慚愧之色，「我曾在寺院住了兩個多月，每天吃素。不過，離開之後又恢復原來的葷食。」

「在臺灣，素食還是滿方便的，」胡玲慧熱心地說：「有些寺院的活動，我覺得不錯，妳也可以參加。」

「我回來一年多了，都不知道臺北哪裡有寺院？」

「以後我帶妳去，要不要？」

「好啊！」

餐館的人漸漸多起來。柔和樂曲在空氣中輕輕飄浮，碗盤碰觸聲，交流談話聲，都自然變成了細碎的呢喃低語。

認識胡玲慧，心玉生活裡尚餘的空白逐步填補起來。沒上課的時間，她在家裡翻譯。她的譯筆不只「信、達」，且具優「雅」精緻的文學之美。所以出版社已和她簽下六本書的翻譯合約。

偶爾跟著胡玲慧到寺院，她沒有固定在哪個道場，心玉曾和她去參加法會、念佛、聽法師演講，也開始閱讀佛學的書籍。

嚴寒的冬日傍晚，慄冽的北風仍然抵擋不住假日的人潮。忠孝東路「吸引力」附近的騎樓、人行道上，擺著各式各樣、五顏六色的攤子。攤前總有佇足或順著人群推移而隨意瀏覽的行人，心玉也在推移隨意中閒晃著。

走到轉角處，颼颼冷風撲來，灌得她只打哆嗦，同時聞到一股濃香甜辣的薑汁味散漫在空氣中。一輛賣「熱甘蔗薑湯」的小卡車停在路邊，有幾個人站在車旁啜飲驅寒。

她一向少有單獨在外面吃東西的習慣，但是禁不住寒氣刺骨，猶豫一下便也向前買了一杯。氤氳沸騰的白霧中，灰綠的汁液浮盪的是甘蔗的香甜、生薑的辛辣，燙舌的熱湯一口口流入體內，尚未喝完，已覺全身舒暢，額頭微微出汗。

她繼續往前走，來到「吸引力」門口，看到大理石廊柱旁放著一張輪椅，輪椅上蜷縮著一具瘦小的身軀。身旁擺著一個方形的塑膠盒，盒裡散放著五、六枚銅板。無論社會如何進步，民生如何富裕，這是中外古今任何角落都必然存在的角色——行乞者。她心中喟嘆，從皮包裡拿出五十元鈔票放下，然後繼續走過去。

走沒多遠，一種感覺使她轉過身，又緩緩走回來。雖然「不忍見」常令她總是匆匆別過，但是這回她卻鼓起勇氣回頭端詳：女孩低垂著頭，齊肩的直髮有意的將整個臉遮覆住，瘦瘦小小的身軀，小得讓人懷疑輪椅上坐著的是不是只有上半身的軀體？那兩條腿又是怎麼蜷在裡面的？

小女孩穿著單薄老舊的毛衣，身上披著一條薄薄的、褪色的浴巾，浴巾下細瘦的肩頭不停地顫抖著。

哦！迫使她回頭的是埋在黑髮下，裹在浴巾裡那愀愴怵目的戰慄！她身著厚厚羊毛衣，尚覺寒氣透骨，何況這位小女孩呢。

心玉不由自主地移步到她跟前，在她旁邊蹲下來，一面撩開她頭髮，一面柔聲地說：

「小妹妹（看不出她年紀，十三、四歲？或十八、九歲？）不要怕，我是妳的朋友，把頭抬起來，好嗎？」

小女孩聞聲微微抬高眼皮，濃密黑髮遮蓋的是一張蒼白驚慌的臉龐，那兩顆眼珠竟與小花鹿膽怯惶恐的神韻一模一樣，看得人好心疼！

她接著說：「妳是不是很冷？我買杯熱薑湯給妳喝，好嗎？」

女孩搖搖頭。喲，好笨！女孩怎麼可能點頭答應接受別人的東西呢。於是，她逕自起身去買了一杯熱薑湯回來，小心翼翼地端到她面前，一手撥開她頭髮，一手將薑湯放到她手裡。

「天氣很冷，喝點熱薑湯，妳身體就會暖和起來的⋯⋯」她放低聲音說。

許是太冷了，許是女孩見她態度頗誠懇友善，便雙手捧著杯子，將嘴巴靠近。

「小心，很燙，慢慢喝。」就這樣，她蹲在旁邊，看著女孩一口一口的啜飲。

女孩慢慢地不再發抖，甚至額頭開始沁出汗。心玉一邊為她拭汗，一邊和她聊天。女孩話很少，只知道她自幼罹患小兒麻痺，住在八德路，是表哥推她來此的。

女孩喝得很慢很慢，她不知道蹲了多久，只覺心裡很高興，因為女孩不再冷了。她心中滿溢著悲憫，渾然忘了周遭的一切。

忽然一張百元大鈔掉入輪椅上的塑膠盒裡，她抬頭望見一位中年男士正俯首凝視，四目交接時，宛若盡在不言中，他隨即前行離去。不久又有兩位路人，也是佇足片刻，便放入一張綠綠的鈔票，不一會兒工夫，盒子裡已多了四百元。

頓時，她覺得悲憫安詳中，周圍布滿了喜樂與希望。

已近五點，臨走前擔心女孩的表哥來得晚，便又去買了一盒煎餃，叮嚀她肚子餓時可充飢。

回家路上，心玉的心絞痛，腦海深深思索：固然老弱殘疾者更能引發人們的同情心而多加施予，但是肢體殘障已是不幸，為人父母者何忍再置他們於街頭，使其忍飢受凍，使其無尊嚴的、畏怯的看人臉色來乞討生活費？

三月，一個濕冷的週末晚上，胡玲慧邀她一起去看首創的「佛教藝術多媒體發表會」。他們來到寬敞的中央日報大樓，一路聞著接待人員「阿彌陀佛」的致候聲。六點五十分，來自各階層，有老有少、有男有女的人群，開始魚貫走進演講廳，安靜地坐在自己的座位上，耐心地、體恤地等著天雨遲來的觀賞者。直到七點十五分，五百個座位已幾乎坐滿。

然後燈光逐漸暗下來，莊嚴祥和的音樂輕輕響起，主持人低柔懇切地念出：「在黯黯的長夜裡，等候著晨光：在茫茫的黑霧裡，散發些螢光，縱使燃盡那脆弱的翅膀，也要為世界帶來光亮……」

聲音將每一個人的呼吸調勻，把每一個人的思緒理平——好承接佛陀為我們點亮的智慧之燈。

悠揚的樂聲中，銀幕首先出現的是寶藍的夜空和無數閃爍的星斗，這是「引言篇」，隨著輕柔的旁白：

年輕的朋友
請你告訴我
如果是地上的山
你要爬哪一座
如果是天上的星
你要摘哪一顆
如果是歷史上的人
你要學哪一位
讓我告訴你
一個來自喜馬拉雅的故事

畫面呈現出各種山川人物，接下來是介紹佛陀故鄉的「地靈篇」、「人傑篇」，然後是「誕生篇」、「婚姻篇」、「感觸篇」……「徹悟篇」、「涅槃篇」等等。

畫面時而山明水秀、鳥語花香，展現富饒昇平之景；時而草木枯黃、馬疲人瘦，道出貧病飢寒之境。音樂和旁白更是配合畫面、情節，時而高昂激烈，時而低柔優雅，時而深沉哀痛。

會場靜穆無聲，隱隱約約聽到了輕輕的啜泣聲。沉重的聲音緩緩流出：

有生必有死
死時生命的機能已壞
身體僵硬
呼吸　感覺　思想
都已停止
有的被燒成灰
有的葬身黃泉
妻子　眷屬
和一切愛他的朋友
都和他永遠離別
這是我莊嚴的誓願
如果　此番

還不能了脫
生　老　病　死
我悉達多
縱使肌肉瘦盡
血液枯乾
終不起坐

多優美、多感人的詩句！再看看銀幕裡，稚嫩豐盈的肉身與枯乾嶙峋的白骨交替映照，誰能不怵懼惶恐、嘆息無常呢？

但是，當最後朵朵清雅的蓮花綻放，當盞盞燦黃的明燈點燃，她知道眼淚已停，嘆息已止，充塞每一個心靈的是恬淡、靜謐和希望。

回家路上，她想起上班走去搭公車途中，會經過一兩家洗車廠。說「廠」，其實只是兩間矮小的木造平房及門口的空地。若不是看到一些粗糙的水桶、刷子；若不是常有工人拿著水管和清潔劑，在車上刷刷洗洗，真看不出它是洗車廠呢。

夏天經過，見的是炙熱的陽光映照著黝黑的臂膀，濕漉漉的身體四周，總有一層氤氳升起和擴散。

冬天經過，見的是塑膠圍裙、手套、雨鞋一起出籠的裝備；只是，單薄的衣褲可能抵擋刺骨冷風和沁涼如冰的水？

每次走過，她都會忍不住多看幾眼。這種形於外、以軀體的擔當而現的勞苦相、愁苦相，常會令她心痛和嘆息。

這是一個多不平的世間！

與這些車相關連的兩種人：它的「主人」悠閒地坐在屋簷下的椅子，或抽菸或看報的等著；它的「奴隸」卻不顧寒暑、小心翼翼地服侍著。

身而為人，為何有如此不同的待遇？

也常看到一些年逾花甲、體態龍鍾的老人，在垃圾堆翻撿瓶瓶罐罐、紙片、塑膠袋等。這些穿著黯淡古舊、背影佝僂遲緩的生命，更讓人深深喟嘆：「老有所養」、「含飴弄孫」、「安享天年」不是生命行至終點前該有的權利嗎？不是生命經過數十年的勞苦耗損所應得的報償嗎？為何還有那麼多的老人，還得跟汙爛腐臭的穢物為伍？

世間是不平的、是痛苦的，在我們看得見或看不見的角落裡，處處存在著各種「苦」；這便是世尊釋迦牟尼在路上目睹龍鍾老者、呻吟病人、死亡屍骸之後，會對生命存疑、厭離，進而尋求解脫，尋求救拔眾苦之道吧！

炎熱的八月天早上。如同往常，吃了麵包，喝完咖啡，她拿了澆花桶裝滿水，正走往陽臺，電話鈴聲響。放下水桶，拿起話筒，耳邊傳來哥哥低沉的聲音：「心玉，爸爸走了。」

她張嘴「啊」一聲，驚得說不出話來。

「清晨五點多走的。妳回來吧。」話筒那端說著。

「好。」她無力回道。兩腿痠軟，坐在椅上愣愣發呆。

父親從十多年前中風之後，又經歷心肌梗塞、狹心症的兩次心臟疾病的折磨。雖然每次回去看他輾轉病榻，在心酸不捨的感情裡卻存著「我仍有父親」的孺慕和慶喜。

現在，我沒有父親了，我是失怙的孩子了。兩串眼淚滂沱流下。

好一陣子，她才起身收拾行李，打電話給舒娟娟，向補習班請假，然後去搭火車，回到家已近傍晚。

中和街住家的青藍色鐵門右邊一扇拉了下來，白底黑字的「嚴制」紙片貼在上面。

大舅在走廊等她，指示她跪爬進去。屋裡一片簌簌低泣聲，她哭著爬到以白布簾隔成一半的客廳。

媽媽扶她站起來，掀開布簾，咖啡紅的棺木裡，父親蓋著被子，只露出頭，靜靜躺著，仍是短短的花白頭髮，蒼白的臉平靜安詳，不再有痛苦和情緒起伏的扭曲神色。眼瞼未全闔，向下留著細細的縫隙，林滿哽咽說道：

「丁源，心玉回來了，你放心走吧。」

楊丁源眼皮闔上，兩邊眼角滲出淡紅色的淚水。她悲傷俯視，記著大舅的囑咐：「眼淚千萬別滴到爸爸臉上。」

自己抑制淚水，卻忍不住用手擦擦爸爸的眼淚，輕撫他冰冰的臉頰。心裡低喚著：「我回來了，爸爸、爸爸……」

不久，媽媽拉著她出來。未蓋棺之前，她幾次禁不住的進去端視。

「不能再用手摸了，天氣熱，臉開始變色了。」媽媽告訴她。

林滿也禁止孫子再進入布簾，她不想讓小孩子們看到爺爺可怕的容顏。

第二天下午見最後一眼時，父親臉上已泛現青瘀斑點。蓋棺停柩期間，裡面的屍臭味也隱隱飄散出來。

晚上，和哥哥、弟弟在走廊下守靈。就著昏黃的燈光，摺一朵朵黃色的紙蓮花。

他們一面摺，一面追憶父親的言行與形象。

遙遠的童年記憶裡，年輕健康的父親在忙碌之餘，會利用年假日帶全家人出外郊遊。每年中秋節，到花崗山坡，草地上鋪了大大的塑膠布，大家席地而坐，圍著中間滿滿的乾果飲料和月餅、柚子，高興地吃喝、賞月、談心。時而跨到左右鄰家營地，串串聊聊，打打鬧鬧。

還有，去鯉魚潭踏青嬉水，到臺東知本泡溫泉……，父母、親子、手足的恩愛和樂，久遠卻又清晰地浮上心版。

調皮的小弟文豪說：

「小學時，有一次爸爸騎腳踏車載我，忘了去哪裡，半途遇到紅燈停下來，我跳下車溜走。爸爸沒察覺，等回到家發現我不見了，很緊張地四處找。後來我走路回到家，正聽到媽媽在罵爸爸：怎麼載孩子的？載到人丟了都不知道……」

這件事，他們都知道，談起來仍覺得有趣。

「還記得嗎？爸爸常提醒我們，過馬路，看到綠燈不要走，要等下一個綠燈才走。」

大弟文彬若有所思，初為人父的他在體會自己父親的關愛。

「爸爸說，這個綠燈不知道亮了多久，很可能走到一半就變紅燈了。兩邊的車子開過來，很危險的。稍微等一下，看著紅燈變綠燈再走，才是安全。」

這番話，心玉記得，也因此養成過馬路「等下一個綠燈」的習慣。

「我最記得爸爸說的：不能只看一個人的行為，更要看他的心，看他做這件事的動機；如果他出發點是善的，即使做錯了，還可原諒。反之則不行。」這是心玉牢記心頭的一段話。

孔子言：「聽其言，觀其行」，父親更說要「察其心」。爸爸喜歡閱讀。印象中，他常睡覺前躺在床上斜靠著枕頭看書。才小學畢業的他，從書本裡吸取精神養分，也奠定了他的人生守則吧。

等不到孩子們都長大成人，爸爸就中風倒下。因此，近十多年的記憶都是他的病痛。

這三年來，父親的病時好時壞。由母親的電話中得悉：情況好時，爸爸可以自己吃飯，會坐在電視機前看著螢幕，或慢晃著身子在屋前屋後巡視一番。病發時看完醫生便又躺回床上了。

父親兩次發病，嚴重摧殘了他的運動、平衡神經，幸而沒損及腦部，讓他仍保有清晰的思想，但也讓他過著更痛苦的精神生活。

父親是寂寞的。疾病膠結住他的舌頭，周圍的人關懷他，卻無能了解他，無暇與之促膝談心。口齒不清，詞不達意更讓他厭於開口。像一部無聲的機器，日日馱負生滿鏽鐵的軀殼，響著微弱的吱嘎聲，無奈地蠕動著。默默地為這自己苦心締造的餐廳，以及所愛的親人挹注涓涓隱密的愛流。

如同寺裡法師說的，對爸爸而言，死亡未嘗不是一種解脫。

「身體朽壞了，下輩子換個新的再來！」

喪葬禮儀有大舅安排。傳統的民間習俗之外，媽媽請了熟識的法師來誦經，也聽從法師的囑咐，不以葷食祭拜、全家茹素四十九天。

爸爸頭七那天，法師來家裡，在供奉觀音聖像的佛桌前，帶領媽媽、孩子們誦《地藏經》。經文很長，許多字拗口難念，不過意思還能懂。其中「臨終之日，慎勿殺害及造惡緣，祭拜鬼神……」即是法師說的不以葷食為祭品。

而家裡開餐館，二十多年來，她吃下的山珍海味可謂不計其數！心裡很惶恐懺悔。因此，四十九天之後，她也不再吃葷了。

老二楊文彬大學畢業，放棄銀行的工作，老三楊文豪也從陸軍官校退下來，兩兄弟承接了久旺飯店的事業。老大、老二相繼結婚，也各有了一男一女的孩子。

當了祖母的林滿還是總管家，勤勞能幹的她，事必躬親的她，一時放不下她和丈夫胼手胝足創建的事業。所以，兒媳們仍在她麾下接受領導。

「不要那麼辛苦了，」心玉常勸她，「店裡的事就交給文彬他們吧。」

「他們還年輕，沒經驗啦！」電話那頭，是媽媽不以為然的口吻。

「妳和爸爸結婚、開店時，都還沒二十歲，比他們現在更年輕呢！」

「好啦、好啦，以後再說吧。」有時媽媽會回道：「我不做事，那我要做什麼？閒閒無代誌，多無聊！」

十多年來為了照顧爸爸，撫養孩子和經營餐館，媽媽無法出遠門，什麼地方都去不了。有時見鄰居太太去哪兒旅遊觀光，也只徒然羨慕。

於是心玉常邀她來臺北，帶她到各景區參觀，或讓她和姑媽去逛街。也在休假日，補習班沒上課時，陪她去了日本、泰國旅遊，圓滿她想出國觀光的心願。

不過出門在外，她的心總惦記著家裡，不時念著：最近的米不太好，常常有小蟲子，已告訴文彬要改叫別家的米，不知道他會不會忘記？文彥的兒子、她的第一個孫子自幼體弱多病，這幾天天氣變涼，他會不會又感冒了？……

兩趟玩回來，她也不再想出國了。她說：「每個地方都差不多，都是一堆人。」

她們跟著旅行團，走馬看花的參觀一個一個景點，回到家，媽媽已忘記去了哪些風景區。

母女倆印象最深刻的是去泰國芭達雅島。那天風浪大，在郵輪上兩人暈船，暈眩得整路嘔吐的痛苦狼狽相，思之猶心有餘悸。看了曼谷的四面佛，日本的淺草寺、清水觀音堂，她也說：「要拜佛也不用跑那麼遠，臺灣的佛祖更莊嚴。」

父親往生後，心玉有一晚作了個夢。夢裡她清晨醒來，天未全亮，走下樓梯，看見父親坐在階梯上。灰白光影下，他穿著毛衣，是平素常穿的那件灰色底、滾著小小菱形串連的咖啡色直條紋毛線衣，一樣的短髮，沒戴眼鏡，厚厚的眼皮垂下，正低頭在旁邊的塑膠桶翻找東西。

「爸爸肚子餓，找東西吃。」當下的念頭生起，她就醒來了。

心裡很難過，趕緊打電話告訴媽媽：「爸爸在陰間沒東西吃，他肚子很餓！」不知夢境真假。林滿那天下午煮了四碗素菜，添了白飯，供在他尚未合爐的牌位前祭拜。以後每逢初一、十五，除了給佛菩薩的供品，也會為他準備一份。

悲慟父親的往生，疼惜父親十多年來纏綿病榻、痼疾難起的悲慘。雖然如法師所言，爸爸已解脫身體的痛苦，應該為他高興。只是在不捨同時，心玉心頭浮上許多疑問：

生老病死是每個生命必然的過程。說是真正的生命不會死，會一期一期的在六道輪迴。但是，我怎知父親下一期的生命會在哪裡？我能遇見嗎？

說凡事皆有因果，不論貧富貴賤、禍福窮通，皆如是因得如是果。但是，我怎知現在的一切所為，是在「造因」，還是「受果」？

佛陀遊了四城門而萌生出家修行、找尋宇宙生命真義的念頭。是不是透過修行就能找到答案？徹底明白生命的真義？

到基隆「千福寺」朝山的前一晚，心玉應邀到胡玲慧七堵的家過夜。依傍著山坡構築的一棟棟兩層樓房子，遠望就如畫冊裡的美麗童話屋。

胡玲慧與父母同住，胡爸爸健談，胡媽媽熱忱。他們很高興認識女兒口中這位與她趣味相投的善良女孩。

回到玲慧臥室，她鬆開腦後的髮髻，梳順柔細的長髮，兩隻手熟練地在髮間穿梭，很快編成兩條鬆鬆的辮子。

「這是我睡覺的髮型。」玲慧脆嫩的聲音微笑道。

「妳真厲害，我不會自己綁辮呢。小學六年，都是媽媽幫我綁的。」

「隨便紮一紮啦，睡覺不能綁太緊。」

兩位閨中蜜友，坐在床上聊天。

「玲慧，妳學佛、吃素那麼多年，有沒有想過要出家？」

「有呀，我很早就想出家，但是爸媽不肯。」

「我兩年前想出家，我爸媽也反對。」

「哥哥、姐姐都結婚、離開家了，只剩我一個女兒在家和他們作伴，我也不忍心離開。」玲慧幽幽說著，隔了半晌，又釋然言道：「應是我和父母的緣分深吧，只能隨順因緣。」

「以前，媽媽很反對。」心玉笑吟吟，「現在家裡多了幾個孫子，可以逗著玩。而且爸爸往生之後，她常去寺院，每星期的共修都會參加。感覺上，或許她會鬆口也說不定。至少，最近也不再催我要交男朋友，要趕快結婚……」

清晨，天空灰濛濛，幸沒下雨。通往千福寺的小路上，約一百多位信徒，四人一排整齊列隊右側。一位居士肩上掛著移動音響，隨著傳出的佛號聲：「南無本師釋迦牟尼佛」，大家跟著稱念，三步一拜，往前朝禮。

心玉沒穿海青，排在後頭。她第一次朝山，不清楚程序。剛開始大家還匍匐地上，她已站起來。抬眼看到坡道上，宛如一條碩長黑龍威武盤踞著；穿著黑色海青虔誠跪拜的背影，令她肅然動容。

不再理會額頭觸地時沾黏的沙石；鼻尖、腋下、背脊直冒的汗珠，也只是水，無濕燠之煩躁熱氣。一聲聲沉穩低緩的佛號，正在慢慢喚醒她久遠來蟄伏的靈魂。

進到大殿，三皈依回向之後，法師開示朝山的功德和意義：「……朝山拜佛，從娑婆拜到淨土，從凡夫拜成聖者，從汙穢拜到清淨，從山下拜到山上，從曠野拜到殿堂，從黑暗拜到光明，每一個朝山拜佛的功德種子種下去，必能開花結果。」

排班依序走往齋堂路上，她心中念著法師所言：「若人散亂心，入於塔廟中，一稱南無佛，皆共成佛道。」

如瀑流淙淙、蝴蝶翩翩的散亂之心，能在佛號中沉澱、止息，多美好！

但是她又想：如果心如止水，是不是對一切美好的事物都不再感動、不再喜悅？她又多了一個疑問。

用完早餐走出來，她們看到走廊布告欄上貼著一張海報。

「心玉，本山下個月有皈依、傳戒耶，妳可以去參加。」胡玲慧瞄一眼，高興地跟她說。

「法水禪寺皈依三寶暨傳授在家五戒菩薩戒會通啟」心玉仔細瞧著，問道：「地點是嘉義法水禪寺，是妳說的本山？」

「是的，法水禪寺是總本山，在其他地方另有分院，千福寺就是它的分院。」

已受過菩薩戒的胡玲慧鼓勵她：「皈依之後才是正式的佛弟子，妳可以先受五戒。」為她解說五戒之後，帶她到客堂拿了一張報名表回家。

愣愣望著桌上的報名表，不知怎地，她又想起爸爸媽媽。往事一幕幕湧上心頭，從小到大她被父母捧在掌上呵護著。但是她除了會撒嬌，討他們歡喜，此外，為父母做過什麼？

父親長年的病痛無法分憂。記得十三、四歲吧，他們幾個孩子有時會輪流扶著父親搖搖欲墜的身體，讓他蹣跚學步。父親體型粗壯，不忍六、七十公斤的重量加諸幼子弱女，會趁他們上學、母親在樓下為生意忙不暇及的時候，偷偷下床學步或小解，卻常因體力不支，雙腿發軟而頹然倒地。

有一次放學回家，她上樓推開父親房門，一陣尿腥味撲鼻而來。只見地上白鐵夜壺傾倒著，父親曲臥地板上，任一灘黃色尿水往他身上的汗衫浸著。

可憐的爸爸，一生艱苦備嘗，幾番風雨波折之後，而歷練成堅毅不撓的鬥志，而為妻兒築穩牢固安逸的避風港，而在商界綻露聲名……誰知竟落得如此悲慘！

嗟吁中，眼前又浮起父親坐在電視機前痲木遲滯的神情，和以一隻顫抖的手將食物塞入嘴裡的畫面。任外面世界喧囂，任周圍人群雜沓，春去秋來，唯父親遺世獨立般孤寂落寞。

此身影令她萬分心痛，也是她心中永難抹滅的圖像。現在父親往生了，他身在何處？如果在惡道，她也無法如婆羅門女、光目女一樣，解救父親倒懸之苦，何能稱孝？

媽媽的辛勞，她更沒幫上忙。學生時光顧著學業，入了社會開始賺錢，家裡經濟不用她擔憂。她也只在媽媽生日、母親節時寄張卡片，買件衣服或其他禮物，聊表心意。倒是這些年來常讓媽媽操心掛念，何曾盡孝？

思之慚愧。

曾在一本書裡看到佛教對孝道的看法，提及「孝」可分三種層次：「一般的甘旨奉養父母，使父母免於饑寒，只是小孝；功成名就光宗耀祖，使父母光彩愉悅，是為中孝；引導父母趨向正信，遠離煩惱惡道、了生脫死，使宗親得度，永斷三途展轉之苦，才是上上大孝。」

引導趨向正信，遠離煩惱……於是，她撥了家裡的電話：

「媽媽，下個月嘉義有間寺院舉辦皈依、受戒，我要去參加，妳也一起去，好嗎？」

「我以前皈依北埔師父了呀。」

花蓮北埔有間精舍，只有一位中年比丘尼在裡頭清修，也會幫信徒做佛事。爸爸往生時，就是他來誦經的。不知何時媽媽已跟他皈依了？

「就是妳爸爸往生之後，有一次和幾位信徒一起在精舍皈依的。」想起似地媽媽又說：「不過北埔師父也說，皈依後能再受戒更好。只是精舍小，又只有他一人，他鼓勵我們有機會可以去大一點的寺院受戒……」

「那太好了，這次我們一起去吧！」她眼睛一亮，嘻嘻笑道。

前一天媽媽先到臺北，第二天兩人一道搭火車到嘉義。

一跨入山門，她就愛上這座建在青翠茂林裡的寺院。沿途但見扶疏花木，蟲鳴鳥啼之聲不絕於耳。錯落有序的的各殿堂，皆是中國宮殿式的橘紅色斜翹瓦簷，和褐黃色的牆垣；在盎然綠蔭中，呈現出高貴而不浮華，寧靜而不蕭瑟的莊嚴氣概。

走在路上，一批批手提行李的行人，都是由各地湧來皈依受戒的信徒。在法師、義工的協助下，她們和陸續前來的人依序完成報到、拉班、安單等程序。她們被安排在十二張床、上下鋪的房間。知道她們是母女檔，同寮的人分外羨慕。

「我女兒就是不肯來，她覺得受戒是一種束縛，她不要……」

「那還好，我女兒見我常去寺廟，說我迷信。這次我來受戒，還擔心我走火入魔。」

「哪有那麼嚴重，都是她們不了解。」

媽媽帶些自豪地微笑道：「是我女兒邀我來的。」

「真好，妳女兒那麼年輕就知道要學佛。」

由於她年輕，引禮師便選她當這一班的班首，協助照顧這些媽媽、奶奶級的戒子。幫她們確認身高、填寫資料，領取名牌、縵衣等事，並負責集合、帶班。

廣闊宏偉而肅穆的大雄寶殿，是她們每天進出數次的主要場所。每回進入大殿，她都會被莊嚴偉岸的三寶佛深深震懾！本師釋迦牟尼佛和代表東西方淨土的藥師佛、阿彌陀佛，祂們金銅色容貌，威嚴無比又慈悲無限，像大海、似虛空，涵容了世間一切憂悲苦惱。

在這裡，她和近六百位信眾皈依智光大師，也依止他得受五戒。如禮行儀之後，有一半的人收拾行李準備回家。

心玉和媽媽回到寮房，她心中頓覺空蕩失落，對睡了三個晚上的床鋪有些莫名的依戀。雖然狹窄，硬硬的木板床不如自家的彈簧床舒適；雖然多人共住，此起彼落的打鼾聲，身體翻動的木板嘎嘎聲，常擾得她無法安眠。

她踩著木梯，爬上床鋪。引禮師要她們抽下棉被單、枕頭套，她卻呆坐不想動。昨天聽到一位法師在回答戒子的問題時，說道：

「菩薩戒是眾生本自具足，而今求受，只是長養薰發本具的戒德，是增上，而不是新得。」

她心想：好特別、好殊勝的戒法！我是不是也應該讓它薰發增長？她憶起那株玫瑰，因為她的不捨而持續澆水滋潤，才冒出一片片新芽。菩提新芽，等著法水澆灌……她垂目沉思。

好一陣子，下鋪沒聲響。她彎身往下探，媽媽坐在床沿發呆。

「媽──怎麼啦？」

「哦，」思緒被拎回來，林滿喃喃道：「我在想是不是也可以受菩薩戒？」

她欣然蹦下來，真是母女連心呀！

留下來的一位媽媽也鼓勵說：「機會難得，既然來了，連菩薩戒也受，多好啊！」

於是，她興奮地跑去找引禮師報名。午餐剛結束，許多人準備下山，也有不少受菩薩戒的人正趕來報到。因此，客堂服務處裡裡外外人潮熙來攘往，好不熱鬧。

在服裝形色各異的人群裡，三位穿灰色長衫的法師吸住她的目光。他們走到門前空地上張望，似在尋找什麼。穿梭而過的人都神色匆忙，竟沒人理會。這裡的法師，穿著的長衫不是褐黃色就是黑色，他們應是別的寺院過來的。

她才來三天，可能是已在此皈依、受戒，已有這裡是她的家、她是主人的感覺，很自然地趨前合掌問道：

「法師，您們好，請問有需要我幫忙的嗎？」

三人望著她，露出和善的笑容，其中一位較年輕的法師說：

「我們從臺中過來，剛剛才到，請問用餐的地方在哪裡？」

原來她們在找齋堂，但是午齋已過。

她想起前天中午，引禮師叫她們幾位年輕的戒子協助行堂。她們在大家吃完飯、收拾碗筷之後才用餐，那時也有一些來不及過堂的法師和員義工在「過二堂」。於是她領著她們到齋堂坐下來。幸好飯菜還不少，她很快打理了三份，像過堂一樣，把一盤菜、一碗飯、一碗湯，放在他們桌前。

「您們慢慢用，飯菜不夠，後面還有，可以自己去添加。」她很開心能為她們服務。或許是家裡經營飯店的關係，她總見不得別人肚子餓；見他們有飯吃才覺得安心。

年紀稍長的法師慈藹地注視她，微笑問道：「小姐，妳是法水禪寺的義工嗎？」

「不是，我也是第一次來，來皈依受戒的。」

不能打擾他們用餐，她盈盈笑說：「不要客氣，要吃飽哦！」即合十離開。

找到引禮師，辦妥菩薩戒的報到手續。

接下來的三天，是演禮和上課。法師除了講說《優婆塞戒經》的「六重二十八輕」戒，也講解「六波羅蜜」和「四無量心」。勉勵大家，發心受菩薩戒，要以此作為修行德目，效法大乘菩薩，在世間自利利他，自度度人。

林滿的虔誠、認真不輸心玉。她和楊丁源在日據時代念過小學，聽得懂國語，也識字，不過比較生澀的字或文意則不太明白。心玉便利用下課或休息時段為她解釋。

正授請聖時，跟著法師唱誦「香花迎，香花請……」懇切迎請諸佛菩薩、祖師大德，來為大家證盟受戒，也請天龍八部等護法神前來監壇護戒。

心玉非常喜歡這段曲調，音韻優美輕快又感人。一遍一遍的殷勤迎請，感覺十方聖賢，真的隨著清香美麗冉冉飄落的繽紛花朵降臨大殿，她有著被眷顧的感動和踏實。

一句一拜的懺悔發願文，那低沉悲涼的音調，一聲一聲撞擊闇遠靈魂的醜惡悲苦，也一聲聲喚醒久違法性的善美潔淨；悲欣交集中，兩行熱淚嘩喇喇流不止。

整個儀式結束，和尚下座，走往大門，邊行邊囑咐：

「發菩提心，行菩薩道，圓滿佛果。」

當下她明白，受完戒的清涼法喜只是一個起點，圓滿佛果才是終點。

前一晚，十月的南部山林裡，涼爽宜人，闃黑的天空，月明星稀，鳥雀皆已歸巢。在大雄寶殿，於佛號聲中，法師在戒子手臂置上三粒香珠，點燃。她閉眼，心中念佛。香灰燃至皮肉剎那間的穿心熾痛之後，是緩穩的灼熱。

效法菩薩以燃身供佛表明虔誠奉獻之心，手臂上三顆紅寶石般的美麗戒疤，為她菩薩行的誓言作了永恆的烙印。

回到臺北，她依舊忙於教學和翻譯。只在每天早晨誦《普門品》回向給媽媽和法界一切眾生，祈願都能身心健康，離苦得樂。

有一天出門前，打開衣櫥，想著今天要穿什麼衣服？搭配哪雙鞋子？她不是愛慕虛榮、奢侈浮華的人，但到底是女生，總是愛美，會把自己打扮得整潔優雅。不大的衣櫥掛滿各種款式的冬衣、夏衣，大都是在日本時購買的。從法水禪寺受戒歸來，就不再有興致逛街、添購物品了。

望著衣架上的衣服，望著鞋櫃裡的鞋子。忽然，她想起寺院裡的法師，每天都是一襲長衫、一雙羅漢鞋，每天的穿著都一樣；他們都不用煩惱穿什麼衣服，穿什麼鞋子吧？

頓時，她好羨慕他們不用操心掛礙身外之物的瀟灑自在！

她也常常想念「戒常住」，一座與世無爭地矗立山林的寺院；也常憶起智光大師慈悲剴切又充滿智慧的法語……

舒娟娟如她所願的在三十歲那年把自己嫁出去了。她和林榮斌交往兩年，曾經幾次爭吵，所幸兩人都是真心付出感情，經過理性的溝通、磨合，終能相互尊重包容，而攜手步上紅地毯。

心玉獨自一人在公寓又住了一年。她這一兩年裡，努力翻譯那六本日文圖書，終於最後一本完稿，交給了出版社。

她向老板請辭補習班的工作。李志遠幾度挽留，心玉仍堅持，見她心意已定，他無奈不捨地說：

「如果妳不滿意薪資，我可以調高薪水。但是，妳想出家，我不能障礙妳的求道。」

心玉感謝老板的的體諒，一期的課程結束後便離開。

她打電話給媽媽，這是最後最重要的關卡。

「媽媽，我想出家，到法水禪寺出家。」她平靜地說。

電話那頭沉默無語。

這是女兒第二次提出要出家。丈夫往生後，林滿在失落之際，隱隱約約好像感悟了什麼，她自己也說不上來。

從法水禪寺受戒回來，她開始吃全素，也依照法師教導的每天精進的做早晚課，並於六齋日過午不食。尤其她更津津樂道是「和女兒一起受菩薩戒」，此說常引來「妳真有福報」的讚美之辭。

她驕傲什麼？欣慰什麼？自己也不清楚。

法水禪寺是有規模的大寺院，如果心玉要在那裡出家，應該不錯……林滿念頭起伏，心情很複雜。

沒聽見媽媽的聲音。「媽媽、媽媽。」心玉緊張的喚著。如果媽媽不同意，她就得回家一趟，當面懇求了。

「心玉啊，」林滿猶豫不決，緩緩說：「妳想清楚了嗎？妳—真的，要出家？」

「是的，媽媽，」她哀求：「希望妳能同意。」

「妳什麼時候去？」

「我這邊收拾整理好，應該半個月就過去。不過，也不知道寺裡同不同意我出家呢？」

住在法水禪寺時，曾聽義工說，那裡出家審核很嚴格。就讀佛學院的學生，有人申請幾次，直到畢業後都還沒能出家。

聽她這麼說，林滿緊繃的情緒稍為放鬆。

「媽，我先到寺院。哪天真的能出家，我會告訴妳，好嗎？」見媽媽似沒全然反對，她欣喜的恢復撒嬌的女兒態。

落髮前一天打電話回家，媽媽不在，只能請弟弟轉達。事後她寫了一封信給媽媽。

圓頂前一天打了電話給您，弟弟說您在寺院參加法會，找不到人。事後得到這個消息，我知道您會惆悵和掛念，所以寫信向您簡單稟報。

十一月十二日，我親筆寫下出家誓願文。晚上九點，坐在圓凳子上，學院的老師手中拿著剪刀，站在我面前，以慈祥、柔和卻又攝心的聲音說道：

「心玉，出家是一輩的事，妳要慎重考慮清楚，現在後悔還來得及。等我剪刀剪下去就不能反悔。希望它是一條康莊大道，妳要勇敢地走，快樂地走。從此，法水禪寺便是妳唯一安住的道場，妳要認同它；大師是妳唯一的師父，妳要一輩子追隨他……」

媽媽：阿彌陀佛！

我一字一字仔細聽著，心中肅然，喉頭哽咽，唯有點頭表明心跡。最後，法師又說：妳在頭髮上剪三刀，第一刀念：「誓斷一切惡」，第二刀念：「誓修一切善」，第三刀念：「誓度一切眾生」。

我剪下三撮頭髮。接著在三位法師「通力合作」下，我的三千煩惱絲全部落盡。沐浴後，穿上僧衣，著了僧鞋，我擁有一個嶄新的生命——從前種種譬如昨日死！

師父賜給我「元清」的法名，是要我找回本來清淨的自性吧。

四天的出家日子，我確實宛如初生的嬰兒，從頭開始學吃飯（過堂）、學穿衣穿鞋、學走路。大師重視僧格的培養及僧才的訓練，他要每位弟子都能紹續佛種，皆為人天師範，所以學院裡，對學生的食衣住行坐臥等行儀要求，頗為嚴格。

我女孩子家的習氣仍未除，剛開始常有一些不如法的言行舉止，幸好四周都有學長，不論識或不識，他們都會熱心、善意的指正我。希望不只外在的行儀，內在的道心道業，也能隨著善知識的提挈，和修習自省而日漸增長。

媽媽，告訴您一件有趣的事，學院裡養了幾隻狗，牠們也是這裡的護法。到了晚上便四周巡邏、維護院內眾人的安全。聽學長說牠們只認穿僧鞋的才是自己的人，見到不是穿僧鞋的人進來便吠叫狠咬。

果然，我們清晨於廊下排班準備上殿時，都會見到一隻毛色黃白的哈巴狗急急跑來，低著頭一一巡視我們的腳，好像怕其中混入閒雜之輩呢！

牠那盡忠職守的模樣，真是可愛。相信以牠今生護持三寶的因緣，來生當能脫離畜生道而升人天吧。

媽媽，出家要辭親割愛。我想，說「辭」、說「割」應是辭別、分割，而不是斷絕。佛教重視倫理，父母生養撫育之恩，豈能棄之而斷恩絕情？所以我仍會和媽媽保持聯繫。

何況我們不只是母女，更是學佛路上相互扶持的道友。以前，我常把從法師聞來，或書上看到的簡易佛理、一些因緣果報的故事說給您聽；生活中與佛法相應的體驗，也很自然的和您分享。每次您都聽得很歡喜。

希望有朝一日，我能成就莊嚴佛道，也願此出家功德回向給您福慧圓滿。

前一陣子您感冒咳嗽得很厲害，現在痊癒了嗎？請多保重貴體。

敬祝

平安吉祥

元清 合十

次年二月一日剃度典禮，林滿和楊文彥從花蓮趕來參加。林滿再度踏進法水禪寺，兩年前，她們母女倆在大雄寶殿三寶佛前受了菩薩戒。現在，同樣的場景，女兒和數十位別人家的孩子，穿著黑色海青，頂著光亮的頭顱，在佛前宣誓成為紹隆佛種的出家人。

和其他家長親友一起站在後方觀禮。典禮進行中，林滿兩眼直盯著女兒，不停地拭淚。女兒沒了頭髮的頭皮，和她的臉色一樣的蒼白，不知她嬌弱的身體能不能適應出家的生活？

旁邊的楊文彥也難掩酸楚之情，幾度眼眶紅熱。不過見妹妹神色恬然平靜，事後他安慰母親：「不用擔心，她會適應的，心玉喜歡這裡，看得出來……」

半年之後，他們進「三壇大戒戒壇」，歷時兩個月，成為弘揚大乘菩薩教法的比丘、比丘尼。

三壇正授前一晚，懺摩之後，戒子們在殿前廣場禮佛，並依序分批進入大殿燃戒疤。

元清在一張長條桌前坐下來，雙手合十。前面穿著黃色海青的法師微笑看著她。在山上好像沒見過，這笑容有些眼熟，似在哪裡照過面。

「嗯——你不記得我了？」法師慈祥問道。

元清腦海裡努力搜尋。

「兩年多前，你還是在家眾，來這裡受戒。為我們三位法師準備了午餐……」

這一說，元清記起來了！當時因為急於去報名菩薩戒，為他們端上飯菜之後，沒留著接待便匆匆離去，事後還覺得過意不去呢。

這位法師是臺中一所寺院的住持。他打算在寺裡籌辦「女眾佛學院」，聽聞法水禪寺的僧伽教育頗有規範，那天帶了兩位弟子來參訪。下午有機緣參觀了佛學院，並和負責的法師見面、交流。這兩年也時有聯繫。

因而此次三壇大戒，常住請他來擔任「二部僧授」十位尼僧（尊證師）之一。元清沒認得他，他倒是在眾多戒子當中，一眼就認出這位眉清目秀的新戒子。替他高興。

「知道嗎，當初，你一念善心的供養僧人，成就了你出家的因緣。」見元清怔怔疑惑的神情，他補充：「當然，必須各種福德因緣具足，才得以出家。不過，你的善心供僧，肯定是因緣之一。」

「謝謝法師！」聽法師這麼說，元清綻開孩童般喜悅的笑容。

他端身正坐，雙手合掌，心中默念「南無本師釋迦牟尼佛」，讓法師為他在頭上燃戒疤。

「假使熱鐵輪，於我頂上旋，終不以此苦，退失菩提心。」

比起手臂上的戒疤，頂上三顆戒疤，更是肩負重任，難行能行、難忍能忍的菩薩行的永恆烙印！

第肆章

一夕之間，大教室變成美侖美奐又充滿喜氣的禮堂。周佩璇拿著一座表演用的保麗龍做的小屋子和蛋糕，走往禮堂。在雜沓腳步聲、大人小孩混合的眾多講話聲中，忽然響起悶悶抽泣的遏抑哭聲和低聲的斥責……

從窗戶望出去，黃色的滑梯，在黃、藍相間的柵欄、柱子搭建的平臺下，平穩矗立於綠色草坪。兩座鞦韆鐵鍊下的四個木頭坐板，在離地約一尺的地方安靜懸空著。靠近辦公室這一座的後方是兩棵臺灣欒樹，茂密的樹葉為它遮陽，另一座在陽光斜照下，像兩艘擱淺的白色獨木舟，懸浮在光亮的草坪上。

粉藍色欄杆圍成的園區一片靜謐安詳。

送走小朋友，忙了一天的老師們陸續回到辦公室，喝水、吃點心、閒聊一會兒，各自坐在辦公桌前處理事情。周佩璇從窗外收回視線，於唧唧蟬鳴中，繼續未完的教學方案。

依照開學前企畫的每週主題，下個月第一週是「動物王國」。她思考修訂，作細部規畫。

「引導方向」：動物奧運會——從各種動物外型的比較，讓小朋友認識不同的動物；動物吃什麼——了解動物的食物，進而認識自然界的生態循環；動物捉迷藏——動物有保護色和偽裝術，找一找，牠們躲在哪裡？

「建議延伸主題」：拜訪動物的家。小小動物誕生了。照顧動物的人。
「探討話題」：動物的習性、身體、演進。
還有，「教學活動」、「戶外活動」、「評量」、「情境布置」等等。
她專注地動腦筋、寫教案，園長高芳妮走過來：「可以下班囉！」
「啊——那麼晚了？」她抬頭一看，不自覺已超過五點半。
「今天我先生出差，不在家，我們一起去吃飯吧？」
「好呀。」
高芳妮是她大學同班同學，畢業後在臺北內湖開了這所「湖星幼兒園」，也是學以致用。十年來經營得有聲有色，目前大、中、小班各有兩班，學生維持在一百人左右，老師有十一人。
她先生是保險公司的經理，兩人至今還沒小孩。
周佩璇離開洪偉國，來到臺北，首先聯絡的人就是高芳妮。了解佩璇的處境，芳妮很爽快地邀她來幼兒園當老師，並幫她在學校附近租了一間小套房。
大學的「兒童福利學系」亦包含幼稚教育的課程，所以她經過短時間的摸索、適應，很快就上軌道，駕輕就熟且勝任愉快。
當初，宇平、宇誠上幼稚園時，她也曾動念到「大仁幼稚園」當老師，心想帶著孩子一起上學、一起放學，是多美好、多合理的工作。但是偉國就是不答應。唉，不想了。

她喜歡「湖星幼兒園」的環境，和同事也相處和諧。唯一最大的挑戰是，每每看到小朋友，他們的身影、聲音、動作，都會讓她想起自己的兩個孩子；可這是她每天必須面對的。

心內的傷口，日日揭開，日日撒鹽，激烈的刺痛難以言喻，無能平息。

高芳妮在旁邊默默觀察、陪伴，不知如何才能讓她走出傷痛？

有一天早晨，小朋友還沒來，她倆坐在辦公室外面的矮石桌前喝咖啡。園區內的槭樹、椰子樹和園外人行道上茄冬樹、小葉欖仁樹，在四周交錯綿延，讓幼兒園宛如置身鬱鬱叢林裡。

高芳妮身穿淺蘋果綠套裝，剪裁合宜的腰身及窄裙，更襯托出她修長的身材。俏麗的短髮下，一張薄施脂粉的臉孔神采奕奕，長長的鳳眼綻放幹練的光芒，豐滿的嘴唇塗上豆沙紅唇膏，更顯嬌豔動人。

手中的白瓷杯子，杯口一抹淡淡的唇印。「我一直很想要小孩，」黑黑的眼珠突然罩上一層薄霧，她望著遠方，悠悠地說：「但是，努力了十年，等待了十年，依然沒有。」

這是敏感的話題。上來臺北半年了，佩璇雖然關心，也不敢多問。現在高芳妮主動說出來，她輕聲問道：「是什麼原因呢？」

「我去醫院檢查，沒有排卵障礙，輸卵管也正常，也沒子宮內膜異位，都沒問題。也看中醫、服中藥調理體質，一、兩年也沒見效。」停頓一會兒，「後來，醫生讓我先生也去檢查，才發現問題在他，他的精子非常少，而且這些精子的活動力又很弱。」

佩璇不知如何回答，只能難過地說：「真遺憾！」

一群麻雀在前面草地上跳躍、啄食。晨曦下的光輝慈愛的眷護著這群小生命，牠們吱吱喳喳訴說單純的喜悅。

高芳妮收回視線，嘴角揚起笑容，轉頭對佩璇說：「現在好了，起初那幾年，不明原因的焦慮，期待落空的痛苦，我們已經走出來了。」

「現在，我把這裡的小朋友都當成自己的孩子，我的母愛可以用在他們身上！」她望著佩璇，一個字一個字慢慢說著。

佩璇明白她的同學說這些話的用意，她投以感謝的目光。

「佩璇，妳的孩子不在身邊，妳可以把妳的愛，更大的母愛，給這裡的小孩啊！試試看。」高芳妮用心良苦，以身示法在幫助她走出失子念子的痛苦陰霾。

八點半，小朋友陸陸續續進來，像小麻雀一樣的吱喳跳躍。又是充滿生命活力的一天！每一天都是新的開始。

兩邊的父母都深知周佩璇對孩子的傾全心呵護關愛。那麼深愛孩子的她，竟能狠下心來拋下孩子出走，大家的震驚、憤怒可想而知。

聽聞女兒述說離婚的原因，她簡單說是偉國愛打麻將、不讓她出去上班、不重視她的感覺等等。聽來也沒多嚴重，但是看到她消瘦一大圈的身體，慘白憔悴的神貌，應是飽受折磨摧殘。

不忍心再罵她。彭麗真要她回來娘家住，她考慮左右鄰居的眼光，不想讓父母為難，而且她想有自己的空間；內心的傷痛在修復、整理，甚至啃噬時，有個獨自的、不用顧慮、不被干擾的自由空間。

不敢再打電話回高雄。

第一次，「妳狠得下心棄子拋夫，就不要再打電話來！」洪偉國砰地掛下電話。只能央求爸媽關心詢問。

「孩子的爺爺奶奶過來照顧了，妳就不要再掛念了——」媽媽輕描淡寫地告訴她，就不肯再說什麼。

幼兒園的小朋友大部分是早上上學，中午就回家，也有父母都上班，家裡又沒長輩可以照顧的小朋友留下來，每學期總有二十位左右吧。他們在學校吃午餐，午睡醒來畫圖、玩耍。雖然不用上課，老師也得輪流盡褓姆看顧之責。

用完餐，佩璇走出餐廳，看見校門口一個高瘦的身影，在豔陽下走過熾熱的水泥人行道，轉進走廊，肩膀有些傾駝，長手長腳晃著晃著，很快走到眼前。

是李琳班上的家長，她點頭招呼，轉身向屋內喊：「李琳老師——」

「李琳今天下午有事，中午先離開了。」裡面傳來回應。

「不好意思，」她回頭望著他：「李老師正好不在，請問您的孩子叫？」

這一學期，每星期有一兩天的中午，他會過來探望女兒。有幾位離得不遠的媽媽，有時趁午休的空檔也會過來關心孩子，看看午餐吃得如何。爸爸來探班的倒是只有他一位，所以佩璇有些印象，不過沒記得他女兒的名字。

「劉欣儀。」他一邊說，一邊跨進屋裡，環視還在桌前吃飯的小朋友。

一位老師站起來，「劉先生，今天欣儀沒來上課，」她疑惑的眼神，「早上她媽媽打電話來，說她身體不舒服，今天請假。」

他削瘦的臉上，嘴角一動，欲言又止，剛冒出鬍渣的兩腮和下巴肌肉跟著微微抽擂，神情有些落寞，他向周佩璇點頭致謝即離開。

輪到她和另一位老師值班。

下午她輕腳走進小朋友的寢室，兩面牆擺放兩排粉紅色的矮櫃子，大格子收納棉被，另一排小方格的拉門上貼有小朋友的名字，讓他們放各自的圍兜、外套等物品。奶黃色的牆壁貼有小鳥、蝴蝶、小瓢蟲、花朵、樹葉、彩虹等圖案，中間木板大通鋪上鋪著厚墊草蓆的榻榻米。

現在十幾位小朋友熟睡著，有仰躺、側睡、趴臥各種姿態，有小小枕頭還在頭下，也有枕頭已甩到腰邊。牆上四臺電風扇左右搖擺，發出ㄣ——ㄣ——輕微風聲。望著一張張安詳可愛的小臉和天真自然的睡姿，她又想到自己的孩子，不知他們怎麼樣了？現在正在學校上課吧，心中又是一陣的刺痛。

一個身體翻動，坐了起來，她呆坐一會兒，肚子上的大毛巾掀開、摺疊，把枕頭放在上面，抱著走到櫥櫃前，拉開門，拿出圍兜，把枕頭毛巾放進去，關上門。

佩璇沒移動，靜靜看著她依照老師的教導收拾自己的物品。

走到床頭，她叫聲：「老師。」

「欣儀，那麼快就睡醒了？」佩璇微笑看著她坐在床沿穿鞋子。

心中一個聲音：「把每個孩子當成自己的孩子。」

她牽著欣儀的手走進隔壁教室。「欣儀，先喝一些水。」女孩「嗯」一聲，走到牆角拿起自己的杯子，扭轉旁邊保溫桶下方的龍頭，倒了半杯水，喝完放下杯子。轉身，老師不見了。她從牆邊書架上拿一本圖畫書，走到中間的大桌子坐下。

佩璇回到寢室探探，見孩子們還在睡覺才又折過來。看到老師，欣儀突然想起似的問：「周老師，妳會不會摺小船？」

「會，什麼樣的小船？」

佩璇在她旁邊坐下來，溫柔看著她，用手梳理她凌散的短髮，圓圓的臉蛋兩頰白裡透紅，圓圓的眼睛，圓圓的鼻頭，和比例上略大的嘴唇，不是挺美，整體組合卻也可愛討喜。她不像爸爸，應該像媽媽吧。

「李老師教我們摺船，有篷子，我忘了。」她從桌下抽屜拿出一張正方形色紙，對摺再對摺，「我摺不出來。」

佩璇笑著說：「這種船，正方形的紙摺不出來，要用長方形的紙。」

她站起來，拉開牆邊櫃子的抽屜，拿出黃色、橘紅兩張長方形色紙。

「來，老師教妳摺。妳要哪一張？」

欣儀選了黃色，佩璇拿著橘紅色的紙。

「先對摺，再對摺，下角摺到中間線，上面兩片摺下來，撐開……」她耐心邊說邊示範，並留意欣儀手上動作。變成正方形的紙片愈摺愈小，最後拉開來，就是一艘兩頭尖尖，可立在桌上的小船。

「篷子呢？沒有篷子」欣儀有些失望，看來這是她關注的重點。

「仔細看哦——」她拉起中間三角形右邊紙片，摺入右邊船底，左邊紙片也拉出摺入左邊船底，手指頭在船身兩旁頂一頂，就變成一艘兩頭有弧形篷子的船了。

「就是這樣，就是這樣，可以遮太陽的篷子！」欣儀拍手，咧開嘴開心地咯咯笑。

佩璇拉過她手指，把紙船套在她的食指上，「欣儀的船會跑來跑去喔！」

她高興地站起來，正要帶著船走出去，「爸爸、爸爸，你看我做的船——」

聞聲，佩璇站起來，迎著兩道深沉莫測的目光，難言的不安感覺貫穿全身。她深吸一口氣，幾秒後還是親切有禮地含笑招呼。

劉永靖已在門口站了好一陣子，他靜靜地看著周佩璇和女兒專注地摺紙，聽著他們的對話。女兒雀躍的神情、快樂的笑聲，令他陶醉；周老師的細心耐煩和她的輕聲、溫和，散發在清秀的臉龐，那端莊嫻雅的氣質，則令他著迷。

這些氣質在他前妻身上找不到。

小朋友都起床了，周佩璇趕緊跑去廚房幫忙準備點心。

劉永靖是工程師，前妻黃慧珍在銀行上班。兩人結婚沒多久就開始吵架，吵吵鬧鬧竟然過了八年，也生了兩個孩子，兒子小學二年級，女兒念了兩年幼稚園，今年暑假也要進小學了。

在劉永靖眼裡，黃慧珍是精明能幹、善於理財的女性，卻是不及格的妻子和母親。結婚一年買下的新房子，早不復原本的明亮、潔淨、寬敞。廚房流理臺、牆壁、櫥櫃，一直保持著黏膩的觸覺；抽油煙機、瓦斯爐四周，更是積滿深咖啡色的油垢。每扇紗窗都布滿厚厚的灰塵，只有每一年年底拆下來清洗後那一兩個月，能看見窗外清澈的藍天，能讓乾淨的陽光照射進來；這件工作也是由他包辦。洗衣機旁常常待洗的衣服堆得滿滿一籃，衣櫥裡衣服亂七八糟疊著塞著，床上、椅上也總有襪子、內衣、手帕凌亂散放，搞不清楚是乾淨的還是骯髒的。

剛開始，他理解體諒妻子白天上班，晚上回到家沒有體力再操作家事，所以只要他在家都會一起幫忙，炒菜、洗碗、拖地……，他都很樂於為家庭付出，樂於給孩子一個健康愉悅的生活環境。

但是，妻子似乎無法和他達成共識。放假日、空閒時間，她最熱衷的是看電視，慵懶地坐在沙發，眼睛盯著螢幕，手裡拿著遙控器，一臺換過一臺，新聞、連續劇、綜藝節目……無所不看。

對於黃慧珍的不喜做家事和邋遢的個性，他也認了忍了，最讓他痛苦的是她無法滿足他對愛的需求。真不能理解為何她欠缺身為女人的賢淑溫柔？哪怕一個關愛的眼神、一句甜蜜的話語，他都渴望不到。

從事建築工作，和建商難免會有交際應酬，酒酣耳熱之際也曾逢場作戲，在溫柔鄉裡獲取短暫的慰藉。黃慧珍發現後，當然和所有妻子的反應一樣，非常憤怒。她破罵不足以洩恨，還跑到院子從水龍頭脫下塑膠水管，衝回客廳朝坐在椅子上的他猛抽猛打。

他不動，沒避開沒回手，是自己對不起妻子，活該挨打。皮肉鞭笞之痛不及內心焦渴苦悶之痛。

「我何嘗願意？何嘗要自甘墮落？只要妳給我愛，給我溫暖……」打吧、打吧，把我對妳尚餘的感情也打掉吧！

「老師早！」「惠欣早，李媽媽早。」「柏達早，王爸爸、王媽媽早。」……

今天是大班小朋友的畢業典禮，九點過後，家長們帶著孩子陸續進來。一串串鈴鐺般清脆的童稚聲，一波波的招呼聲，一陣陣的笑談聲，在晴朗的空氣、美麗的園區中迴盪。

說是畢業典禮，主要還是展示他們這一年的學習成果，如畫圖、染沙、立體塑雕等勞作，和活動、校外教學等相片，以及動態的遊藝表演。

周佩璇帶的是中班，小朋友不須上臺表演，只要在最後拿花獻給畢業的哥哥姊姊們。

前一陣子她協助大班老師一起製作表演的背景、道具，這兩天在園長指揮下，大家剪金字，掛紅色標示布條，沿著四周牆壁、窗戶，以彩色皺紋紙一條一條拉出波浪形的彩虹。

昨晚灌足氣的氫汽球，已經全部飛到天花板，粉紅、粉藍、鮮黃、粉綠的圓球，隨著冷氣口吹拂的風，緩緩輕碰又移開，綁在球口的細線也跟著搖曳。搭配一早就流瀉全校的輕柔音樂，它們已迫不及待在天花板跳起曼妙的圓舞曲。

一夕之間，大教室變成美侖美奐又充滿喜氣的禮堂。周佩璇拿著一座表演用的保麗龍做的小屋子和蛋糕，走往禮堂。在雜沓腳步聲、大人小孩混合的眾多講話聲中，忽然響起悶悶抽泣的遏抑哭聲和低聲的斥責。她循聲搜尋，穿著白色小洋裝的劉欣儀正被媽媽拉出人群。

佩璇看看四周，沒見她導師，大概在禮堂忙著吧。總不能不處理呀，她把保麗龍小屋子、蛋糕輕輕靠在廊柱旁，走過去。

她望著掛著兩串眼淚的欣儀和板著怒氣臉孔的媽媽，問道：「怎麼啦？」

「一早醒來，她就吵著不要來學校！」黃慧珍的聲音略粗啞，一生氣更顯沉濁。

「為什麼？」

「她說她不要當兔子。我問她為什麼今天要表演了才說？之前老師安排角色，為什麼不跟老師說？現在哭哭啼啼吵著有什麼用……」當媽媽的一臉不耐煩地發牢騷。

佩璇蹲下來，看著猶繼續抽泣的欣儀，溫柔問她：

「欣儀，告訴老師，為什麼妳不要當兔子？」

「我、我想當貓咪。」牠用小手抹抹眼淚，化了妝的小臉蛋被淚水淌得黑一條、紅一塊，斑駁有趣。

「妳喜歡當貓咪，」佩璇故作輕鬆，笑道：「媽媽幫妳化了妝，原來漂漂亮亮的，被妳一哭，現在真的像花貓了！」

這麼一說，黃慧珍情緒放鬆下來，欣儀愣住，忘了要哭。佩璇拿過她手上的兔子頭套，套在她頭上說：

「今天，欣儀很漂亮，衣服是媽媽新買的嗎？」

媽媽咧嘴一笑，女兒點點頭。

「白色的衣服好美麗，欣儀像白雪公主呢！」她停頓一下，「白雪公主有魔法喔，今天她要變成小白兔。為什麼要變成小白兔？欣儀？」

「小白兔長長的耳朵，可以聽到一個小孩子的聲音。」

「真的？小白兔好厲害、好了不起！」佩璇站起來。

「請媽媽把妳的臉擦乾淨，再撲撲粉，就是又厲害又漂亮的小白兔了，好不好？」

欣儀點點頭，開心地綻放天真的笑容。

為了讓家長都能來參加，畢業典禮特地選在星期天。禮堂裡一百五十張椅子已經坐滿，十點準時開始。首先園長高芳妮致詞，她感謝家長們能來參加孩子的盛會，歡喜他們的寶貝在這裡完成學前教育，也祝福他們將邁向新的學習階段。家長代表致詞、頒發畢業證書之後，就是展現孩子學習力的表演。

將近四十位的大班小朋友，按照規畫，有的唱歌、跳舞，有的表演戲劇。

司儀說：「我們走路是一步一步向前走，大家知道螃蟹怎麼走路嗎？」

下面小朋友喊道：「橫著走——」

「歡迎小朋友表演〈螃蟹姊姊〉！」臺上八位小朋友身上套著用厚卡紙剪成的綠

色、橘色螃蟹裝，隨著音樂邊唱邊跳：

小螃蟹　穿新鞋　歪歪斜斜　跌呀跌
大螃蟹　當姊姊　照顧朋友　好體貼

接下來，其他小朋友表演〈熱從哪裡來〉：

熱從哪裡來　兩手　摩擦生熱來　熱從哪裡來　太陽　千里送熱來
熱從哪裡來　火燄　喀嚓燃燒來　熱從哪裡來　你再　猜一猜

還有，〈再生紙〉：

再用一次　少倒一棵樹　再用一次　水土　能保持
看完書報寫完字　送回紙廠煮一煮　再用一次　就是再生紙

這些都是每週教學主題裡的唱遊活動，寓教於樂，讓他們從小有了基本認知及環保觀念，有時甚至還能影響大人呢。

在〈認識新朋友〉的主題，則以戲劇表演來呈現。輕快活潑的背景音樂下，頭戴三色貓頭套的小女生走出來。

「媽媽說：走路要抬頭挺胸，要好好地看著走。」阿花小貓東瞧瞧，西瞧瞧，看到一架紙飛機。

「咦——那是什麼？一架紙飛機，上面還有字耶！不知道寫些什麼？拿去問別人吧！」她用嘴叼著飛機，繼續走著。

戴著小狗頭套的小男生出場。嘴裡邊哼著：

「媽媽說：走路要抬頭挺胸，要好好的嗅著走。」

阿花趕緊跑向前，叫道：「阿福，我撿到一架紙飛機，上面還有字耶！寫些什麼，你看得懂嗎？」

阿福說：「我也看不懂，不過，我的鼻子很厲害，我來聞一聞。嗯——我聞出來了，有小男孩和蛋糕的味道！」

戴著長耳兔子頭套的阿麗（劉欣儀）一蹦一跳地出來。

「媽媽說：走路要抬頭挺胸，要好好地聽著走。」

阿花說：「你認得這上面的字嗎？」

阿麗搖搖頭：「我也不認得，不過我的耳朵很好……」話還沒說完，阿麗突然豎起耳朵。

「我聽到了，我聽到一個小男孩的聲音！」

阿福也聳動鼻子，興奮地說：「我也聞到了！一個小男孩的味道，和紙飛機上的味道一樣。」

不知何時，那一座保麗龍小屋子和蛋糕已被放在臺上左方。一個穿著T恤、運動褲的小男孩在屋前拍皮球。

阿花拿著紙飛機，問小男孩：「請問，你知道這上面寫些什麼嗎？」

小男孩笑著說：「當然，我知道，因為那是我寫的啊！」

小男孩拿過紙飛機，念道：「我叫小宏，剛剛搬來這裡，想和你做朋友。我媽媽做了好吃的蛋糕，請來我家一起吃，好嗎？」

「哇！好高興，一下子來了三個朋友！」小宏高興地大叫起來。

阿花笑咪咪地說：「沒錯，媽媽叫我要好好看著走路。」

阿福汪了一聲，說：「是啊，我媽媽叫我要好好地嗅著走路。」

阿麗伸長耳朵說：「我媽媽也說對了，要好好地聽著走路。」

小宏笑嘻嘻地說：「真好，我會摺紙飛機，又會寫字。」

大家都好開心，有蛋糕吃，又交了好朋友。

演完，臺下觀眾報以熱烈的掌聲。雖然劇情簡單，但六、七歲的小朋友能夠一面表演，還不忘自己的臺詞，實屬不易。

佩璇望著摺紙飛機、拍皮球的小男孩，那秀逸的五官、大方的舉止，讓她不禁又想起宇誠。他幼稚園畢業時遊藝會上也曾有模有樣的表演，記得他和幾個小男生都穿著藍色短褲，白色短袖襯衫，領口還別著紅色領結，女生們穿著粉紅色小洋裝，隨著西班牙舞曲的旋律翩翩起舞。

當時眼睛只盯著宇誠，一瞬不離地欣賞自己的寶貝兒子。他爸爸用相機拍下一張歷史鏡頭：一手插腰，一手揚起紅手帕，一腿屈膝在舞伴前，卻轉頭回眸面向觀眾，像小紳士般天真又帥氣的相片應該還在家裡吧。

將近一個半小時的畢業活動在熱鬧、溫馨中圓滿結束。等家長和小朋友全部都離開已十二點多，大家都累癱了！

吃完午飯，高芳妮要大家回去休息：「明後天再來收拾吧，放暑假了，我們有的是時間，是吧，各位。」

「謝謝園長！」一個個整理自己的東西準備離開。

「好好休息，」待人寬厚的她再提醒：「別忘了晚上要聚餐喔！」

「OK，知道了。」

「晚上見！」

每個學期結束，高芳妮會請同事們到飯店聚餐，慰勞大家一學期來的辛苦，她還會貼心的為每個人準備小禮物，歲末的謝師宴更奉上年終獎金。不論錢數多少，禮物貴重或輕薄，園長對老師及其他職員的關懷、體恤與尊重，是大家能體會並銘記在心的。

所以湖星幼兒園的人事流動量不大，大部分都是五年以上的老職員，會離開的多是結婚嫁到外地不得不辭職。

學齡前的孩子是磨人精，身為老師要有大海無私廣闊的包容與接納，要有高山沉穩不動的耐心與定力，尤其是必須打從心底像母親一樣真正的愛他們！這是高芳妮要老師建立的觀念，並常常以之鼓舞勉勵大家。

辦公室牆壁掛著一幅字，上面即寫著：

希望孩子宅心仁厚，就當讓他在親熱中長大。

希望孩子滿懷信心，就當讓他在鼓勵中長大。

希望孩子有正義感，就當讓他在誠實中長大。

希望孩子懂得感激，就當讓他在讚美中長大。
希望孩子愛人如己，就當讓他在團體中長大。
希望孩子明白事理，就當讓他在知識中長大。
希望孩子泱泱大度，就當讓他在忍耐中長大。
希望孩子前途美好，就當讓他在幸福中長大。

「每個小孩都是一塊未經雕琢的璞玉，但願經由我們的手琢磨後，依舊是完好的美玉。」有一次開會時高芳妮說道。

敬佩她視天下小孩如己出的胸懷和使命感。因為她沒有孩子，才能如此豪氣萬丈？如果有自己的孩子，還能如此無私、廣博、平等嗎？佩璇思忖著。

她有自己的兩個小孩，而有失母職的愧疚不安，南北相隔的思念牽掛，依舊占滿她心田。目前她做不到。每每望著：「希望孩子前途美好，就當讓他在幸福中長大。」她就自責沒給孩子幸福的童年。

同事都離開了，辦公室只有她一個人，她不想回去孤獨冷清的屋子。園區、辦公室不是家，躲在這裡，多多少少能逃避或減輕面對「家庭」的罪惡和痛苦。

她關掉冷氣、電燈，打開窗戶，讓電風扇轉動。安靜的午後，在微微風扇聲，吱吱的鳥叫聲中，她趴在桌上睡著了。夢中自己愛暱地望著身穿白襯衫、藍短褲，揮著紅手帕在臺上跳舞的小兒子，老大宇平也坐在旁邊仰頭看著……

喜悅中醒來，閉著眼挺起身往後靠在椅背，雙手上揚交叉倚在腦後，猶恍恍惚惚的沉緬在似真的夢境裡。不知過了多久，她睜開眼，前方一個身影，她猛然驚嚇，放下手，伸直腰板，仔細一瞧，是劉欣儀的父親。

「劉先生，你怎麼來了？」她揉揉眼睛，撥開垂在兩頰的髮絲。突然被干擾的心情有些慌張和不悅。

劉永靖已進來十幾分鐘了。他見周佩璇趴著休息，沒敢出聲，靜靜注視她。交疊放桌上，讓額頭安枕的雙臂，在鵝黃色衣服與烏黑秀髮映襯下晶瑩白皙，俯著的身軀，在質地輕軟的洋裝裡，顯得有些單薄。

待她抬起頭，額頭一片紅紅印痕，雙眼閉著，像沒睡飽的女孩，眉尖微皺，嘴角則隱隱上揚。他噤不出聲忘神端詳著。

她張開眼睛，開口說話，他也嚇一跳。尚未回答，她起身離開座位走過來，說：「畢業典禮是早上，不是下午。」她以為他是來參加女兒的畢業典禮，但是他怎會不知道呢？

「哦——」他尷尬的表情，「我有事想請教老師。」

聽他這麼說，佩璇請他在旁邊的沙發坐下，她進去端出一杯茶放在他面前的茶几上，「劉先生，請喝茶。」「謝謝！」

她在他前面的椅子坐下。他喝口茶，問道：

「早上的畢業典禮很熱鬧吧？」

「是呀，大部分的家長都來了。」

「欣儀表現還好嗎？」

「咦？欣儀媽媽沒告訴你嗎？」她想起早上欣儀哭鬧的事。回去他太太沒說嗎？

劉永靖呆了半晌，才張口緩緩說：「我們離婚了，沒住在一起。」

佩璇一愣，心中嘆口氣。簡單告訴他欣儀原本不想當小白兔的事，「安撫之後就好了，她在臺上表演得很出色呢！」

他有些心不在焉，雙手在胸前交叉，兩隻手掌埋入腋下。濃密的頭髮凌亂，淺棕色的狹長臉龐，因雙唇緊抿更形瘦削。

好一會兒，他自言自語喃喃說道：「她就是沒耐心，脾氣不好。欣儀是很乖的孩子，很乖、很乖……」

偶爾遠方傳來汽車駛過馬路的聲音，隆隆之後，唯聞鳥鳴的園區又恢復安詳寧靜。

世間最喧騰的是人心吧？

劉永靖斷斷續續地敘說他和前妻的觀念差距，齟齬摩擦……，佩璇靜靜聆聽。又是一個家庭悲劇，儘管原因有百千種，破碎就是悲劇。

剛開始，她並不想聽，甚至特意分心想其他事情來阻斷這些聲音進入腦海，因為話語裡勾勒呈現的情境，一一掀開她努力想遺忘的傷痕；自己的痛苦已壓得她喘不過氣來，她的心還無法安頓。如遍體鱗傷的流浪狗，驚慌失措中，好不容易有個地方讓她慢慢療傷。養息中的脆弱靈魂，怎有力量再分擔你的悲苦？不要聽、不要聽！

門口望出去，優美挺直的槭樹長得茂盛青翠，一片片秀麗的掌狀葉子，在太陽下閃著鮮綠的亮光，兩個月後它們會逐漸變成黃色、紅色。好喜歡的槭樹。

佩璇收回目光，望著眼前這位憂鬱的男人，像他灰色格紋襯衫一樣憂鬱的男人。他雙手放下來，有時摸摸膝蓋，有時十指交握垂在兩腿之間，一條條或粗或細的青筋在手臂、手背浮動。

她察覺自己的殘酷、冷漠，對他萌生同情心，將心比心，她應該更能理解他呀。

「替你難過。」她輕聲說道。

「只要能給我愛，能溫柔對待我，哪怕是長得醜，哪怕是一個大胖子，我也會愛她，會對她很好！」

他說完這句話便停下來。描述一段婚姻的結束，以此句點宣告自己感情的立場。

她看看牆上的鐘，四點多了。劉永靖也覺得自己待得有點久了，「對不起，今天耽擱妳許多時間。」他摸摸臉頰，心中的陰霾掃除不少。

「很謝謝妳聽我訴苦，心情好多了。」

她發覺他的聲音低沉有磁性，滿好聽的。

「晚上，我請妳吃飯，好嗎？」

「哦，不行，今晚園長和我們聚餐。」

他有些失望。

「那，可不可以給我妳家的電話？方便嗎？」期待的眼神望著她。

她可以用「不方便」來拒絕，但是她沒有。

知道周佩璇也離婚又單身獨居，劉永靖便展開熱烈追求。

一年後，他在康寧路買了一棟公寓裡三樓的房子，要她搬過來一起住。他一心希望能辦結婚手續成為正式夫妻，她遲遲沒答應。

「妳在猶豫什麼？擔心什麼？」他迫切又擔憂地追問。

她說不上來。前兩年，因為太想念孩子、太牽掛孩子，幾次動念再回那個家。只要我願意委曲求全，不顧尊嚴，願意忍耐，還是可以陪在孩子身邊，讓他們有個完整的家。

但是，想到洪偉國最後那冷漠、憤怒的神情，她就不寒而慄！是自己殘忍冷酷、無情絕情拋下他們而離開，現在有何顏面再回去？

後來聽說在家人安排下，他娶進一位表親的也是離異的養女，她沒有孩子，也不能再生育，如此甚好，兩個孩子有了能全心照顧他們的新媽媽。

當然，佩璇再也不可能回去了。

和劉永靖交往時，她曾因種種矛盾、顧慮、不安而找高芳妮商談。這位EQ極高的園長沒驚訝，反倒輕鬆幽默地說：

「幸好劉欣儀已經畢業，否則家長和老師談戀愛，被披露出來，我可怎麼辦？」然後問道：「妳擔心什麼？為什麼會覺得不安？」

她遲疑囁嚅，理不開的思緒像糾纏一團的毛線。

「他對妳不好嗎？」

「不是，他對我很好。」

他用情之深切，體貼之入骨，讓她享受著被寵愛的甜蜜；這不就是她日夜所盼，而過去十年來一直盼不到的嗎？

「那妳還猶豫什麼？」

「芳妮，」一面對真心關懷她的好友，她試著拉出線頭，「或許是一種罪惡感吧！」

「離開那個家，離開孩子，當時那麼堅定，那麼絕情。但是，妳知道嗎？當我踏出家門，坐上駛往臺北的火車，我就後悔了，卻是倔拗地不肯回頭。常想著：如果只是一場夢，多好！醒來，我依然在那個家，依然擁有丈夫和孩子。我真痛恨自己的自私、殘忍、醜陋……」

「沒有離開，妳是永遠不甘心的。」高芳妮犀銳又包容的眼神靜定地望著她，「同學，妳是不達目的不甘休，不容易妥協的人；不讓妳嘗試。妳總會後悔的。不是嗎？

我太了解妳了，妳溫順的外表會騙人。」

「不到黃河不死心，到了黃河邊，驀地見挾帶黃土的滾滾大河，才倉皇無所適；見了棺材，才傷悲、懊悔……」佩璇兩眼茫然，喃喃說道。

「好啦！」高芳妮揚聲拉起陷入泥淖的老同學，回到現實的問題。

「妳說妳不想結婚？」

「走出一個婚姻，又陷入一個婚姻。我害怕。」

「害怕什麼？」

「離開洪偉國，有幾個原因，其中之一是我想要自由，我想有一片寬闊自由、屬於我自己的天空。再被婚姻套住，豈不——」佩璇輕皺眉頭。

「豈不失去自由？」芳妮接口。

她長長嘆口氣，望著灰濛濛的天空，臺北的冬天陰冷潮濕。辦公室前廊的石桌，是她們喜歡聚談的地方。扣緊毛外套，喝口熱茶，她說：

「劉永靖買了房子，那麼希望妳一起住，妳就住吧。先不結婚，現在不是很流行『試婚』嗎？」

佩璇張大眼睛：「妳是說同居？」

芳妮眨眨眼睛，哈哈大笑說：「有何不可？」

拐進康寧路三段，由斜坡道左轉進去，左邊是一排五層樓的公寓，右邊是植滿綠樹的小丘，盡頭是山壁。道路尚未開通，這裡的居民得以享有無車聲喇叭聲干擾的清靜生活。他們住在倒數第二棟公寓裡，更是徑深境幽。

不是新屋，屋齡應有七、八年吧。原屋主出售之前重新粉刷裝修，所以格局方正，二十來坪的房子有著精巧、乾淨、舒適的氣象。一進門是客廳，矮櫃後面有張圓桌，是用餐的地方，走進去就是廚房；客廳左邊牆後是主臥室，接著是浴廁和一個小房間；後面有個狹長的小陽臺，是洗衣晾衣的地方。

周佩璇喜歡這個房子的簡單雅緻，尤其前面蓊鬱清涼的一大片樹林。剛搬來的前一兩天，唧唧蟬鳴響徹不絕，偶爾稍一停頓，不到一分鐘，彷彿交響樂團員看到指揮棒一揮又揚聲齊奏，那瀰天蓋地、貫耳穿腦的唧唧聲音，讓她徹夜難眠。

適應之後，閉上眼，它們宛若夜空上繁密的星星，璀璨閃爍又靜謐地籠罩著她，而能微笑安然地進入夢鄉，清晨則是被清脆的鳥叫聲喚醒。多美好的生活呀！

劉永靖沒出差的日子，早上他騎著偉士牌摩托車載她到早餐店一起用餐。他父母是山東人，他也習慣麵食，燒餅、油條或包子、饅頭，豆漿或米漿，有時加盤荷包蛋，是他們慣常的早餐。然後送佩璇到幼兒園，他再駛往臺北忠孝東路的公司。下午也是下班後過來接她一起回家。如果他加班或有事，佩璇便自己搭公車回去。

逢假日，他們牽著手到市場買菜。瘦高的他常呵護地摟著她肩膀行走、過馬路，見他臉上掛著幸福滿足的笑容，鄰居總當他們是恩愛的新婚夫妻。

被喚「劉太太」，佩璇心中說不出什麼滋味，當了十一年的「洪太太」，如今枕邊換人，苦澀？甜蜜？羞愧？心酸……眾味雜陳，她似乎不如劉永靖那般純然深情的快樂。

晚餐，兩人一起作飯、洗菜、炒菜，洗碗的是他；假日打掃，拖地板的也是他，她只負責擦桌椅，他在旁邊跟著、繞著，一邊拿著拖把，一邊笑呵呵地說：「不能讓太太勞累，女人的手可要保持細嫩的！」

佩璇天性愛乾淨，有永靖一起分擔家務事，她也樂得輕鬆。

不知為什麼，離開高雄那個家之後，她發覺自己一夕之間變笨了，某些能力突然消失了。

她是嫁給洪偉國之後才開始學習烹飪、打掃、洗衣等家事，這些家事是成為妻子、母親之後才訓練培養成的能力；伴隨愛家庭、愛丈夫孩子而自然附加的能力。

離開了他們，不再為人妻母，頓時她又回到原地。像童話故事裡，十二點一到，魔法消失，豪華馬車變回南瓜，灰姑娘的水晶玻璃鞋消失。她也變成了笨拙失能、心靈貧乏的女人。

後來她明白這就是自然的、本能的「自我保護機制」。過去精心料裡飲食，是為了他們，現在想菜單、切剁蒸煮、揮鏟動鍋，能不想起他們嗎？為了給他們明亮的環境、乾淨整齊的衣物而勤勞作務，現在操持這些清潔工作，意義何在？

為免觸景傷情，她自動喪失了習得的技能，她把自己退縮成未婚的女孩。她變懶了，必須要做的事，只是配合劉永靖，只如機器人般無心無愛的動作。

十二月底，寒流來襲，氣溫驟降。下午五點剛過，天色已經灰暗，低低的雲層浸滿濕氣，隨時等著抖落下來。一走出超市，迎面的冷冽空氣，令佩璇全身起了寒顫，不禁打個噴嚏，「哦──好冷！」劉永靖雙手提著東西，轉頭看她，關心問道：「可以嗎？」「還好。」

走到停車場，他把兩人手上的物品擺放機車前座下的踏板，幫她戴安全帽，翻開紅色羊絨夾克的衣領，拉高拉鍊，讓領子圍住她頸部。瞧她臉色蒼白，心疼地緊擁著。水泥地寒氣竄上來，她身體蠕動：「趕快回家吧。」

跨上車，他將擺在腰前的兩隻冰冷的手放進自己外套兩邊的口袋裡。回頭說：「靠緊我，比較不會冷。」

每到十字路口，紅燈停下來，他也是冰冷的雙手便往後摟摟她手臂，隔著厚厚的衣服，傳遞他的關懷。

過了民權東路大橋，進入內湖，天上開始飄下毛毛雨。他加快車速，總算在雨下大之前回到家。走上三樓，進門捻開電燈，燈光下瞧見她臉上毫無血色，雙唇泛紫，全身不停地發抖。

「妳怎麼冷成這個樣子？」他放下一袋袋物品，緊張地說。

摸摸她額頭，沒有發燒，還好。他從臥房拿出一條毛氈裹住她，讓她在沙發坐下，倒杯熱水給她喝。摀著杯身取暖的兩隻手抖著，牙齒還磕磕上下打顫。

「等我一下！」他著急地跑到後院，扭開瓦斯爐，再跑進浴室，打開水龍頭，熱水流入浴缸，待滿一半時，跑出來褪下她身上的毛氈，拉她起身到浴室，脫光衣服，扶她躺進浴缸。冰冷的皮膚接觸溫熱的水，她感覺寒氣稍減。

他蹲在浴缸旁，將水龍頭旋轉至紅色記號頂端，「我要加熱囉！」慢慢的水溫升高，熱氣在水面蒸騰。她凍僵的身體在熱水中緩緩解凍，肌肉鬆弛，血液終於能正常循環，露出水面的臉蛋有了血色，嘴唇不再青紫。

他鬆了一口氣：「妳真把我嚇壞了！嚇死我了！」

「謝謝你。」她虛弱微笑。

被寒冷凍繃的神經已放鬆，她舒服泡在熱水裡，臉頰泛紅。他放心的起身，「妳再泡一會兒。」正好今天買了老薑，洗一洗，切塊再用刀背拍幾下，放進鍋裡，加水、加黑糖，煮開後慢火燉熬。

她從浴室出來，坐在客廳沙發，捧著一大杯香甜濃馥的熱黑糖薑母茶，一口一口啜飲，心裡很感動。對著眼前癡望自己的他說：

「你也喝呀，你也冷的。」

「我急得滿身大汗，早就不冷了。」

「唉，妳的身體真需要補一補。」他吁口氣，「倒是被妳這一折騰，晚餐怎麼辦？」看看時鐘，已經七點多了。「簡單煮個麵吧，我來煮。」她站起來，被他按下，「璇兒，妳好好休息吧。」

他喚她「璇兒」，介在「啊、兒」之間的尾聲，特別溫柔好聽。

他拿出買回來的食物放入冰箱，聽著打開塑膠袋窸窸窣窣聲，接著洗菜、水流聲、剁菜聲……，她坐著喝薑母茶，享受被疼惜寵愛的滋味。

她末梢血液循環不好，一到冬天，手腳總像是冰棒一樣。戴上手套，能阻隔外在冷空氣的入侵，卻不能讓雙手自動發熱；穿著毛襪睡覺，窩在棉被裡一整夜，清晨醒來，兩隻腳還是冰冷的。習慣自己的體質，她也不以為意。

但是，他常大驚小怪地掀起自己的上衣，把她雙手拉進去貼放在他溫暖的胸膛上，再把她的腳夾在兩隻大腿中間；他以自己的體溫來煨暖她。

尤其平素藏在衣服裡的肌膚，猛一碰觸冰塊或金屬器皿，那種渾身起疙瘩的寒慄，實在很不舒服！

是怎樣的愛令他如此付出？

記得有一次到「六福村民俗文物館」參觀。遇到假日的人潮，木頭搭建的一間間展廳，人群擁擠，大家並肩接踵的瀏覽、行走。高大的他把佩璇攬在胸前如屏風般護著她緩慢向前移動，那時，他有所感真誠在她耳邊說道：

「這個時候如果發生火災或地震，或什麼災難，我一定想辦法，拚了命也會想辦法把妳救出去的！」

她心中一陣悸動，沒說話。

「妳不相信嗎？」

「不是，當然相信」

有一天中午，他載她到常光顧的店裡吃餡餅、小米粥。才一下車，馬路上一輛載滿瓦斯桶的卡車，滾下兩支瓦斯桶，尚未著地，他已牽著她的手往後跑得遠遠的。有些行人沒警覺的駐足觀望，商店裡的人聽到轟然碰撞聲也紛紛跑出來察看。

「這是很危險的，他們怎麼沒有警覺心呢？如果爆炸就慘了……」她心想「換作我，也和他們差不多吧。」

遠遠望見卡車司機走下來，把躺在地上的兩支瓦斯桶搬上車，駛離這條馬路，他們才走回餡餅店。

一個有愛就不嫌累、不怕苦的男人，一個需要傾倒滿懷的愛，也渴求大量愛的男人。

坐在梳妝檯前，她對著鏡子抹上面霜，淡掃蛾眉，撲些胭紅，正要塗口紅時，永靖走過來，「妳忘了等我——」彎下腰親吻她嘴唇，然後深情凝望道：「璇兒，我愛妳。」這是他每天的「示愛儀式」。

過去，她沒有化妝的習慣。出來工作之後，發現把自己打扮美麗也是職場上的禮儀。即使面對的是小朋友和家長，一張亮麗有自信的臉也很重要。

今天週日，劉永靖要帶她去見他父母。第一次見面，她心中頗忐忑。

「不用擔心，不要緊張，我爸媽人很好的。」他相信父母會接受能陪伴他照顧他的女人。

她穿著深咖啡色的絨面長褲，米色毛衣。他從衣櫥裡拿出新買的灰黑交織的大衣，幫她披上。「今天很冷，穿上妳的黑色小馬靴吧。」

劉永靖穿著隨意，很少為自己買衣服，倒是喜歡陪她去買衣服、鞋子，甚至皮包、香水、化妝品等。他常說：「女生就是要打扮得漂漂亮亮的。」

他的眼光不錯，頗具高雅藝術品味，所挑選的多能襯托出佩璇典雅的氣質。而且這方面他超有耐性的，一家兩家三家的瀏覽挑選，往往她已不耐煩嫌累，他還不厭其煩地陪著，勸她：「再看別家，慢慢選，會有更適合的。」

他父母住在永和一棟古老公寓的一樓。永靖上面有三個哥哥，兩位姊姊，他是媽媽四十多歲才生下的老么，因此特別寵愛。年近八十的老夫妻身體猶健朗，能自理三餐，屋子也打裡得整潔舒適，

「爸爸、媽媽，我們來了，」摟著她肩膀，向爸媽介紹：「這是佩璇。」

她有些尷尬，不知該如何稱呼，想想還是輕聲跟著叫：「爸爸、媽媽。」

劉博文個頭高大，中等身材的妻子站在旁邊宛如小鳥依人，兩人和善地點點頭。古佳莉滿布皺紋的臉露出慈祥的笑容，「坐——坐——」她邁著微晃的步履，走往廚房準備倒茶。

「媽，」永靖過去摟住媽媽肩頭，「佩璇不是客人，我們自己來。」佩璇低頭看到她如五歲女童般的小腳。

稍坐寒暄，劉博文端出一個小鋼鍋，裡面裝著他剁好的水餃餡和一包水餃皮，放在桌上。

「今天包水餃給你們吃。」古佳莉說。

「爸媽做的水餃最好吃了，外面沒有一家店能比得上！」媽媽坐下來，喜形於色卻謙遜道：「怎麼會？那是他們吃習慣了。」

佩璇一起幫忙。老人家走路不靈光，雙手則靈巧俐落。佩璇笨拙的舀餡、捏皮，一粒未完成，她已包好三粒排在盤子裡。她一面動手，一面興致勃勃說道：

「以前他爸爸都是自己和麵粉、桿麵皮，我說太麻煩、太辛苦了，到市場買現成的就好了，不過自己桿的皮比較好吃。」

「小時候常吃爸媽做的包子、饅頭、燒餅、麵條、韭菜盒子，好懷念，現在想起來還會流口水。」永靖像撒嬌的兒子在討好母親。

「我們山東人，誰家不會做麵食……」木訥的爸爸也湊合說著。

他們山東腔調的國語，乍聽有些語詞不懂，須得永靖翻譯才明白。有趣的是他跟父母講話很自然就變成山東腔，轉頭和佩璇說話，又恢復平常的口音。

「為什麼我捏皮要沾水才黏得緊，媽媽就不用？」她詫異問道。

「餡是濕的，捏皮時手指頭順便帶上，就可以了。」媽媽示範給她看。

打開話匣子的母親，談當醫生的大兒子、二女婿，談在證券公司工作的二兒子。說到永靖，她難掩愛暱的口吻：「這個老么呀，很聰明也很調皮——」

「小時候做錯事，」永靖搶著笑說：「媽媽要打我，我就跑，媽媽小腳追不上，打不著。」

「他們看我跑不動，都不怕我。」媽媽嘆口氣。

「為什麼要裹小腳呢？」佩璇好奇問著。

「那時候的女孩子都要裹小腳呀，大人說小腳好看，大腳的女孩嫁不出去。除非是鄉下要幹活的姑娘，否則小女孩到了四、五歲，媽媽便會幫她裹腳。」

「很痛吧？」

「怎麼不痛！長長一條布把兩隻腳纏得緊緊的，我常常痛得受不了，偷偷拆開來，被發現，挨罵，還是繼續纏上去……」

「不是後來開放，不讓纏了嗎？」

「那時候，我已經十幾歲了。鬆開來，腳也不再長了。可憐喔——」八十歲的老婦人自我憐惜。

「哪有？媽媽命最好了！」永靖愛憐地望著母親，「媽媽是千金小姐，都是爸爸在幹活、在服侍妳呀，對不對？爸爸——」

劉博文微微笑著，和永靖一般的棕色長臉，老人斑和皺紋交織的歲月模板上鐫刻著「心甘情願」四個字。

過去常聽說「外省人最疼老婆」，從劉永靖身上，她得到見證。從小看著爸爸操持家務、疼愛媽媽，出門必牽手攙扶，耳濡目染，他怎能不受影響呢？（同樣的，洪上武對妻子的專制，大男人心態，必然也讓兒子薰陶了吧？）

她們包水餃當兒，廚房飄來醬油、八角熬煮的濃郁滷味香。劉博文和兒子一起炒菜、煮湯、下餃子。等佩璇把桌子清理乾淨，一道一道的菜就擺上來。

享受浸含父母之愛的家鄉菜餚，自己所愛的女人被父母接受，是劉永靖這天最高興的事。騎著機車，他像個快樂的男孩，一路哼著歌，吹著口哨，哨聲如小鳥的翅膀，撲滋撲滋迎風飛舞。一隻手也不時的從手把移下來緊緊握住她擱在自己腰上的手，一再回頭笑說：「媽媽說她喜歡妳，爸爸也是。」

這學年，佩璇帶大班。中午有位家長來訪，和她討論他最近搬家，學校交通車接送的路線，以及孩子的叛逆行為等事。

這時，已是幼兒園常客的劉永靖走進來，手裡拎了一袋東西。女兒已經畢業，他還往園區走動，起初同事們覺得訝異，經由園長私底下的解釋和表明支持，大家也就以平常心看待他們兩人的交往。是關心也有籠絡之意，他常不期地過來探班，帶些吃的喝的零食給大家。

佩璇看到他，笑一笑打過招呼，繼續和家長談話。

冬天的陽光正移來窗口，辦公室明亮又溫暖，幾位老師進進出出，屋裡屋外尚存喧鬧過後的餘溫和氣息。

高芳妮從桌前迎過來，「劉先生，你好！」她拉開佩璇的座椅，「先坐一下」。

劉永靖把手上的東西交給她，笑著說：「園長，這些小點心，給妳們下午吃。」

「謝謝你，不好意思常常讓你破費。佩璇和家長談事情，你稍等一下。」見他猶豫要不要坐下來，高芳妮說：「坐嘛，待會兒和我們一起用午餐。」

他目光掃著和佩璇談話的男士，心不在焉回道：「不用了，我下午還有事。」便匆匆離去。佩璇有些歉意地對他揮揮手。

下班，佩璇先回來，她先洗米煮飯。打開冰箱，望著前兩天買回來的蔬菜、金針菇、豆乾等食材，正思考要煮什麼時，聽到開門聲，永靖脫鞋、走進來。

「回來了，今天滿早的。」她轉頭說，見他走近，「永靖，晚餐要吃什麼呢？」

她移開盯著冰箱的視線，望向他，臉色暗沉不語。

「怎麼啦？」

他驀地睜大眼睛，犀利憤怒的目光向她直射，質問：

「妳和那個男生談什麼？談那麼久！」

「他是學生家長，來談他孩子的事呀。」她愣著眼不解。

「妳就那麼喜歡和男生說話？」他酸意十足地挖苦道。

她心中有著被羞辱的刺痛。

有一次放學時，她照例在門口送小朋友。一位父親來接孩子，兒子坐在機車後面，環抱著父親的腰，機車啟動，父子倆向她揮手：「老師再見！」

她也揮手：「再見，騎車小心喔！」

正巧劉永靖騎車駛至眼前，看到這一幕。回家之後也是如此地咆哮：

「妳笑得那麼燦爛，要勾引人哪？」

難不成叫我板著臉送人？

由愛生妒，她能理解；對自己用情之深而伴隨萌生的獨占執著，也是自然的情愫。令她生氣的是那莫須有的指控，強冠加的罪名。

漸漸地，她發現認識了他強烈的嫉妒心和鑽研的猜疑心。是他本自具有的心性？或是專對深愛的女人才產生的情緒？

有時和媽媽或同事通電話，他總豎起耳朵坐在旁邊，或故意在周圍晃來晃去。如果碰巧在他進門掛上電話，他眼睛即迸射猜疑焦慮的火光，灼灼逼問：「妳和誰講電話？」接著直直瞪視，想從她的眼神、表情，探查所言的真偽。

她開始提心吊膽地過日子。

日子隨著日出月升在運轉，白天依然處在小朋友的王國裡。雖然每學期訂定了各週的教學主題、教學目標，每天的課程依循進行。但是對學生的學習表現和成果，卻不能執著、計較，抱持過分地期待，這是身為教師尤其學前教育的老師必須有的認知。

每個孩子的個別差異，不時引燃的突發狀況，在在衝擊佩璇那認真、要求完美的性格。從中她隱然看到自己的盲點：不只有「生活潔癖」，更有「人格潔癖」。或許這是她人生悲劇的根源？

學習小孩子的天真，學習他們哭完轉身就能笑的活在當下。

高雄的家，搬進去住的那一年，前面仍是一大片草叢。晚上偶爾會聽到小蟲子細碎的鳴叫聲，曾經還看到螢火蟲，不多，五、六隻吧，黑夜中，在草叢上輕盈飛舞，如小珍珠的點點螢光飄浮移動。兩個孩子興奮極了，跟著牠們在小路上奔跑。

屋前一片草地的記憶深深。那時宇平、宇誠才三、四歲，他們還記得嗎？

她喜歡看雲遐想，兩個孩子也會學著她，邀她：「媽媽，看雲去！」

晚秋，涼爽的午後，母子三人站在青黃相間的草地前，不遠處，幾株蘆葦剛剛冒出頭，細稈上瘦弱的白芒花在微風中輕輕搖曳。

天氣晴朗，澄藍的天空，一簇簇似浪花、似棉花糖的雲朵，閃爍著雪白的亮光。

「媽媽，妳看，哪吒太子在追達摩大師！」宇誠手指向右前方叫著。

這一瞧，果真似兩個身影。前面像光頭、大鬍子，披著大袍穩坐蒲團的達摩大師；後方腳踩雙輪，手提一把劍，作勢往前追的模樣，不就是哪吒太子嗎？母子三人興奮地注視著。

「你怎麼知道達摩大師呀？」佩璇問宇誠。印象中，他們的圖畫書裡沒有這個人物。

「在店裡看到的。」他不假思索說道。

什麼店？他也說不清，佩璇也忘了。

微風吹拂，達摩的鬍鬚漸漸稀疏，衣袍也一片片破碎；哪吒太子追跑得頭髮飛揚，雙輪急速滾動變成橫刷刷的白影。

如細絲、毛髮、鱗片或如山丘、花椰菜、蘑菇等不同形狀的卷雲、積雲、層雲，在天空有白色、灰色、彤色、彩色，它們都是瞬息變化甚至消失。但是凝望它們，總能給她寧靜安詳的感覺。

她站在教室走廊望天發呆。

忽然身後傳來嗚——嗚——哭泣聲，轉身看到王老師牽著小男孩走過來。她關心問：「怎麼回事？」

「他便在褲子了。」王老師簡單回答，一面安撫小朋友：「沒關係，老師帶你去洗一洗就好了。」一面走往盥洗室。這也是老師的工作之一。

小孩子總有肚子痛或憋不住大小便的時候。所以下午留下來的學生，家長除了小枕頭、小棉被，還須準備一套內衣褲放在學校。園方也備有大大小小的衣褲，讓小朋友在需要時得以借用。

不知其他幼稚園是否也如此？佩璇曾讚歎這項體貼的措施。高芳妮說：

「剛成立時，也沒想到，是遇上了，小朋友玩髒了、弄濕了，還有尿濕、拉便等等，才知道有需要，便採購這些衣物，以備不時之需。」

「不經一事，不長一智。人生不也一樣嗎？」她看佩璇一眼，言中帶著寓意。

宇平念小學二年級時，有一天近中午，他導師打電話來，說他憋不住大便在褲子了，要媽媽去帶他回家。她馬上騎車趕過去，一到校門口，看到宇平孤伶伶靠著水泥牆站著。她走近聞到一股臭臭的糞便味道，他一臉的慌張和害羞，令她心疼不已！

看到媽媽，坐上後座，環抱媽媽的腰，雖然壓在褲裡的一坨大便仍令他渾身不舒服，但至少離開讓他羞愧的地方，不用害臊的面對老師和同學們。

回到家，幫他清洗乾淨，換上乾淨的褲子。

「還要再去學校嗎？」她問。

他搖搖頭。

「沒關係，今天就在家裡。我跟老師說。」

她那臺摩托車的坐墊是紅色絨面，一撮糞便的溽濕滲透褲子，滲入絨布面。用清潔劑再怎麼刷，臭味逐漸消失，印痕卻一直無法抹掉。直到她離開，後座墊仍保留一塊深紅色的痕跡。

那幾年，每一看到這塊印痕，她就想到宇平站在校門口的孤單和惶恐，心頭也抽痛一回。一直到現在猶歷歷在目，每一思及便心痛酸楚地淚流滿面。一件小事即令她悲傷難遏，這輩子，她要馱負多少的傷痛？

「不經一事，不長一智」，離開那個家，拋下孩子，我得到什麼智慧？

「張主任，你放心吧，少幾公分沒關係的，在施工上都是在合理的範圍之內……」劉永靖拿著電話筒說著。

佩璇第一次來忠孝東路他的工地臨時辦公室。用鐵皮搭成的兩層辦公室，雖然簡陋，也是桌椅、電話、資料櫃、冷氣、飲水機等設備一應俱全。

晚上兩人相約去吃飯、購物，她下了班就過來這裡等他。剛走上簡單的鋁梯時，電鑽穿鑿金屬的棘——棘——聲音還刺耳價響著，現在已停止了；工人收工、吆喝聲也漸漸遠去。

永靖掛下電話，神色有異地走過來，在她旁邊坐下，強顏笑道：

「讓妳等久了。不錯，妳還能找到這裡。」

「有什麼事嗎？好像談得不太愉快——」她關心問。

「沒什麼，業主在詢問我們鋼筋的規格。」

「鋼筋有什麼規格？」她不明白。

「說了妳也不懂，」見辦公室無其他人，他解釋：「建築上，作為骨幹的鋼筋有規定的尺寸。不過，少幾分粗也不會有多大影響。」

「這叫偷工減料？」她脫口而出，瞄他一眼，怕他不高興。

「其實啊，哪個工程不偷工減料？只是差別在於偷減程度的多寡。重點是，一、不能太過分，影響到建築的安全性。二、不能露出馬腳，被抓到把柄。把握住這兩個原則就沒問題了。」他神色自若說道。

她的思緒變得混亂。

「別擔心。」他安慰並故作輕鬆，「如果不是這麼做，我哪能那麼快就買房子了？」

她心頭浮上：舞弊、貪汙，兩個詞。

彷彿看穿她的疑慮，他說：「沒有那麼嚴重，不用擔心，這是建築行業普遍的現象。」

聰明的他，自詡聰明的他，在工作上靈活地動腦筋。

有一天在家裡，他和同事講電話，板著臉壓抑情緒，忽而敷衍，忽而乾笑。佩璇從臥房走出來，見他大力掛上話筒，氣沖沖怒道：

「混蛋！他以為我那麼好欺侮，等著瞧吧！」目光閃爍，神情凝重地低頭思考。

她望他一眼，沒說話，走往後院收衣服，摺好後放進衣櫃。心裡猶豫要不要去關懷？想一想，還是在他前面坐下來。

他右手擱在胸前撐著左手肘，左手姆指和食指抓著下巴無意識的上下移動。這是他思索動腦筋時的習慣動作。

接觸佩璇的眼睛。

「一個投標案子，本來可以穩拿到手，被這傢伙搞砸了！」情緒已稍緩和平靜，突然又咬牙切齒：「可惡的是，扯我後腿的居然是公司內部的人！」看來他的公司滿複雜的。

「不要看×××平時像好好先生，笑口常開，他常常心懷鬼胎……」

「×××會說出這樣的話，其實背後真正的含義是……」

「×××和×××這陣子走得近，他們是狼狽為奸，在圖謀什麼利益。」

……

耳朵常常聽到這些話。他的同事和他往來廠商的人，好像都非善類？他歸根究柢：

「社會本來就很複雜，尤其建築界，為了爭食大餅，更會勾心鬥角。」

「我們幼兒園就很單純美好呀！」她不以為然地反駁。

「當然，」他喜歡也為她慶幸能身處簡單美好的工作環境，「和天真無邪的小孩子在一起，肯定是快樂的。」

一年一度臺北市幼教界的年會在復興北路的飯店舉行。高芳妮帶著周佩璇和三位同事去參加，有從事幼兒教育工作者近一百人與會。會中討論了幼稚園與托兒所的分野、幼兒教育的功能及定位、幼教工作人員的實務經驗、建立證照制度等等，也交流師資培育、教學內容、幼教人員福利等問題。

六點是聯誼餐會。她們和熟識的園長、老師同坐一桌，鄰桌也都是熟稔的面孔。難得藉此機會相聚，正式的工作會議已結束，大家輕鬆歡喜的閒聊、享受美食。

從事幼稚教育的老師大多是女生，這兩桌難得的竟有三位男士，兩位是園長、一位是老師，他們都到過湖星幼兒園，是高芳妮相識多年的朋友。

七點半之後，大家陸陸續續離開。高芳妮今晚到娘家探望父母，不回內湖。

劉永靖說如果時間允許，七點半會來飯店接她。但是已快八點了，還沒見他人影。

飯店玻璃大門推進推出，仍聞裡面舉杯觥籌交錯歡暢的笑聲。透明落地窗望進去，天花板的水晶吊燈照著一桌桌深紅桌布上的狼藉杯盤。熱鬧的宴會已將近尾聲。

寒冷的冬夜，安全島上濃密的樹木阻隔了對街商店的燈光，只有昏黃的路燈和汽車駛過的車燈點綴黑夜。

門口騎樓下，三三兩兩互相道別後，有人騎機車離去，有的開車，有的搭便車或坐計程車，一一在黑暗中消失。

高芳妮說：「林園長，你也住內湖，就和佩璇一起搭車回去吧！」

林園長是宜蘭人。幾次來找高芳妮，談話時，黑黑的臉龐常露出純樸、謙和、靦腆的笑容；這是老師們對他的印象。

他原本在貿易公司上班，六年前辭職，開設了幼稚園。他說自己沒上過幼稚園，「小時候，看到鄰居小朋友穿著鞋子和白色滾紅邊的圍兜去上學，好羨慕！走過幼稚園門口，聽到教室裡老師彈鋼琴，小朋友唱歌的聲音，很熱鬧、很快樂；外面空地又有顏色漂亮的滑梯、鞦韆、翹翹板。但是，我家裡窮，父母親說沒必要花錢去唱歌玩耍。」

「幼稚園之夢，一直放在我心裡。」

計程車裡，佩璇靜靜聆聽。林園長眼睛發亮，咧開樸實的笑容：

「最初是一個夢想，一個理想，現在它成了我的事業，賺不賺錢，不重要。」

「有多少人能真正實現夢想？你一定很開心。」

「是的。我喜歡小孩子，我兩個小孩，一個小學五年級，一個上國中了，他們慢慢長大，童年愈來愈遠。而幼稚園裡，每年都有一批一批五、六歲的小朋友進來，我身邊永遠有天真活潑的小孩，永遠可以聽到細嫩清脆的童聲。不是很快樂、很幸福嗎？」

佩璇轉頭看著他，敬佩也羨慕他那純粹可愛的心念和心願。

談話中很快就到內湖，她在康寧路巷口先下車。走到公寓大門，掏出鑰匙正要插入門鎖，聽到熟悉的機車聲，車頭白亮的燈光從斜坡轉進來，才幾秒就來到眼前。

「你也回來了！」她推開門，他不發一語把機車停放樓梯間。

走上三樓，大門砰地大聲關上，進入客廳。

「妳約會回來了？」他陰沉的聲音在冰冷的空氣中冒出來。

寒意逼人，她凜然一驚：「你說什麼？我是去參加年會，你又不是不知道。」

「年會結束，再和男人約會，是不是？那個男人還送妳下車。」他像法官冷峻的指控犯人。

應是他正好回到巷口，看到她從計程車下來。

「你沒來接我，」她解釋：「那位園長也住在內湖，就一起搭車回來……」

「妳認識他嗎？隨便和男人上車，不怕被騙了？」

「他來過我們幼兒園，和高芳妮是好朋友。」

兩個人站在客廳爭執，見他滿面怒容，她心裡害怕，又為他的不可理喻感到生氣。

「明明有那麼多女生，為什麼單挑男生一起坐車？一路還聊得很開心……」他繼續刻薄地指責。

頓時，佩璇明白了，他不是在巷口巧遇，他是在飯店門口就看著她坐上計程車。他躲在黑暗中或被樹木遮掩的對面街道，看著她和大夥兒走出來，看著她左右張望尋他，再看著她和林園長一起上車，然後一路尾隨到她下車。

如此行徑令她寒心！他在測試什麼？偵察什麼？

「既然你在飯店就看到我，一路跟著，為什麼還誣衊我，說我去幽會……」她顫聲說道。

話還沒說完，他難抑怒氣，像失去理智般抓住她的頭髮，往牆上猛一撞去。

「妳這賤女人！賤女人！」嘴裡不停吼著。

突來的撞擊，她驚駭變色，踉蹌跌在地上才覺頭痛暈眩。

空氣凝滯，安靜下來。劉永靖突然清醒似地跑來，蹲在她旁邊，焦灼慌張抱著她，揉著她額頭上凸起的腫包，不停地說：「對不起、對不起……我錯了，原諒我……」

他深深懊悔自責，怎能對自己心愛的女人施加暴力呢？

接下來那幾天，他更殷勤、更體貼、更溫柔地對待她。

頭髮被抓，拖往牆上撞擊那一刻，只覺驚愕茫然，沒意識到痛楚。事後，他以消炎膏藥塗抹輕揉時，感覺腫脹疼痛。

生平第一次遭逢此事！父母親沒有打過她。洪偉國雖然有大男人心態，不夠體貼，兩人偶爾會口角爭執，但他不會惡言羞辱怒罵，更從沒動粗出手傷害她。

逐漸認識這個男人，敏感、多疑、善妒、陰晴不定的男人。平時是最熱情、最甜蜜、最溫柔的男人，當猜疑心生起，妒火中燒，翻臉就變成邪惡可怕的狼人。

這倒好，佩璇無怨。

被寵愛，是身為女人內心渴望的。但是這一年多來，接受享受劉永靖的熱愛時，她並沒有預期中的滿足和幸福。罪惡感一直如潛伏心深處的小蛇，此時就伺機咬一口，劇痛，毒液擴散蔓延。

這是背叛他們父子的結果，是犧牲兩個孩子的幸福而換來的代價；我怎能安心無愧地享有呢？雖然這樣的愛，曾是她盼望渴求的。

當劉永靖露出猙獰醜陋的面目時，在第一次沒有防備的驚恐之後，她不再害怕，相反地竟有被虐待的快意；罪有應得，活該被鞭笞的。

最後一次打電話回高雄，洪偉國不耐煩聽她訴說對孩子的思念，撂下一句話：「天作孽，猶可違；自作孽，不可活。」這是他唯一說過的最狠毒的話。從此，這句話深深鐫刻她心版。

是的，自作罪孽，我還有什麼資格活得快樂？那就藉由劉永靖來懲罰我吧！他兩般極端地對待，她在甜漿與毒酖之間游移啜飲。

暑假，幼兒園上班時間較寬鬆有彈性。這一天劉永靖出門之後，佩璇將暗紅色梅子酒倒入水壺，放進背包。先到幼兒園處理一些工作，中午吃完飯，跟高芳妮說一聲，便帶著郊遊的心情離開。

什麼時候開始，酒成了她忘憂的朋友？

第一次她爛醉如泥，趴在沙發上。劉永靖回到家，看到茶几上一瓶酒，地上一灘嘔吐物。他皺著眉頭清理乾淨，輕拍她臉頰，「璇兒，璇兒——」見她昏睡不醒，便把她抱進臥室，平放床上，擰了熱毛巾幫她擦擦臉，理理頭髮，蓋上被子。

不知過了多久，她睜開眼，一雙擔憂的眼睛正俯視她。神智未清，只覺頭痛欲裂，想起自己的嘔吐物，她掙扎要爬起來。

「再躺躺吧。」他倒了一杯溫水給她漱漱口。

望著她紅腫的眼睛，萎靡的神色，心生不忍，柔聲問道：「妳為什麼喝酒？」

「我想念孩子——」才一說兩串眼淚又嘩啦啦流下來。

她像小孩子一樣嗚嗚哭著，邊不停抽搐道：「我想孩子、我想孩子……」

他知道她無時無刻不在思念她那兩個孩子。他的孩子同住在臺北，當他想念時可以到他們學校探望，有時在爸媽家也會看到他們。到底是劉家的孫子，沒有理由不讓爺爺奶奶見的，何況他每個月還給他們贍養費呢。

佩璇呢？身為母親，念子更深切，他們卻遠在高雄。他理解又心疼無奈地任她在懷裡哭泣。

不過，經歷幾次，後來他忍不住吼道：「那麼想念孩子，妳就回去好了！」

「回不去了，再也回不去了！」她哭喪的臉說。

怎麼回去？莫說偉國已再娶，即使他還單身，也絕不會接受已和別人同居的前妻。

在外面，她不會喝醉酒。

公車行駛至北投，見右前方有座山林。她下車沿著街道往前走，兩旁有幾間小店舖。燠熱的午後，路上沒什麼行人，只有幾位國中生模樣的學生，騎著自行車不知要晃去哪兒。

到丁字路口，右邊是長長的斜坡。她往上走，太陽愈來愈炎熱。她拿出手帕擦擦額頭、鼻子上的汗珠，幸好沒多久就進入她在車上看到的山林。樹木扶疏，銀白色的陽光穿過樹梢、葉片，在地上灑著點點光影。

她往裡走，雖然無風，綠蔭下已揮走不少暑氣。她想找尋一座涼亭、一張椅子或一塊石頭，可以坐下來。左邊綠樹間露出橘紅色的屋瓦，走近一看，竟是一座寺院。中間是紅瓦褐牆的大雄寶殿，兩旁走廊裡各有幾間屋子。她走過殿前空地，跨上臺階，進入大殿，舉頭一尊高大的佛像端坐正中央。暗金銅色的臉龐，圓潤莊嚴，雙眼下垂，嘴角勾出內斂的微笑，俯視的眼眸透著無限悲憫的慈光。

仰望沉靜溫柔的容顏，她心生酸楚，好像遠方歸來，進門看見父親的乍喜乍悲的心情，兩行淚水刷刷地流下來。她跪在地上，雙手合十，靜靜凝視，任淚水靜靜滑落。以前家裡供奉觀世音菩薩，她只認識祂的聖像。不知道這是什麼佛，心裡直念著：佛祖，佛祖……她把心中的悲苦向俯視著她的佛祖傾訴。

不知過了多久，感覺到膝蓋痠麻疼痛，她才緩緩站起來。涕泗縱橫，用手指抹抹臉頰的淚水，打開背包找面紙。眼角瞄到右邊一個人影，她轉頭，一位身著黃長衫的法師走過來，遞給她兩張白色面紙。佩璇感謝地接過來，擦乾眼淚，擤擤鼻涕，為自己的醜態覺得羞赧。

元修法師坐在大殿右側的長條桌後面。看到她走進來，正要站起來前往招呼，見她不像一般遊客先張望觀看，而是專注地望著佛像，隨即跪地合掌。她身著白色上衣，下面是寬鬆的淺藍長褲，微卷的長髮紮在後腦勺，淚流滿面地向佛陀訴說什麼。

元修法師便沒驚動，約莫十來分鐘，見她起來才走向前。

「要不要過來坐一下？」引她到桌前坐下，倒了一杯茶遞給她。

「先喝點茶。」

「謝謝。」

佩璇望著眼前這位微胖親切的法師，圓圓紅潤的臉孔，散發溫煦和藹的光芒，熱情洪亮的聲音給了她安定的作用。喝了半杯茶，用手帕揩擦臉上的汗水，胸膛、背後的熱汗浸濕了衣服。桌旁的電風扇搖擺送出的風，似乎馬上就被整個空間的大熱氣吞沒。

剛剛流了太多淚水，也失水不少吧，她又端起杯子，把剩下的茶一口氣喝完。

法師再為她斟滿杯，她不好意思地再致謝。見鼻頭冒著細細汗珠卻神色悠閒的法師，關懷的注視自己，她如剛才乍見佛顏的感覺，又萌生悲楚之情。

「師父——」才一出聲，淚水又湧入了眼眶。

法師再拿面紙放她手上，望著這位秀氣卻憂鬱的少婦，輕聲說道：「妳有什麼煩惱？如果妳想說，可以說出來。」

她拭去眼中的淚水，吸氣，平撫情緒。

「我有兩個孩子，我離婚了，我見不到孩子，想孩子……」她斷斷續續敘說在高雄的婚姻、家庭等，就是沒提現在的這段感情。

吐出心中的鬱結，她撥開少許烏雲。她明白已成定局的現狀是無法改變的，只是一直無法找到自己未來生命的出口，找到能安頓身心的良方。今天來到這裡，她彷彿撥見一道曙光。

「師父，」她期待問：「以後我可以常來嗎？」

「當然可以，」法師見她神色變得清朗，也愉悅地說：「寺院是每一個人的家，歡迎妳常回來。」

心情好了，她望望中間的佛像，問道：

「請問這尊佛像叫什麼？」

「祂是釋迦牟尼佛。」

「釋迦牟尼佛，」她跟著念，然後問：「以前我是拜觀世音菩薩，他們有什麼不同？」

「釋迦牟尼佛是佛教的教主，妳可以稱祂『佛陀』。」

「是教主，那佛陀比菩薩大囉？」

「都一樣偉大。世界上有許多佛，其實觀世音菩薩本來也是佛，祂為了渡眾生，才化成菩薩來世間的。」

法師耐心的以她能理解的語言為她說明，他很希望能幫助這位少婦。

「我們每個月第四個星期日下午，有舉辦大悲懺法會。正好在這週，妳要不要來參加？」

聽了法師的解說，她很高興地報了名。

兩人走出大殿，白花花的陽光灼熱刺眼。有兩位法師和幾位信徒正從走廊走過來。這裡還有其他師父，佩璇於是問：「師父，請問您的名字？」

「我的法名叫元修，妳可以叫我元修法師。」

她很高興認識一位法師，誠懇說：「元修法師，非常感謝您聽我訴苦。今天耽誤您許多時間，不好意思。」

「沒什麼，妳要多保重！記得星期日來參加大悲懺。」法師爽朗笑道。

走出大門，佩璇才發覺進來時眼睛只專注的尋望紅色屋瓦，竟沒看到掩在茂密樹木旁的水泥石牆。她回頭望見石柱刻著：青山寺。

一路上，她心中琢磨著法師說的「一切都是因緣」、「要學習放下」這兩句話。思忖：是什麼因緣讓我走到這地步？和偉國是怎樣的因緣結為夫妻？他是好人，為什麼沒能白頭偕老？什麼樣的因緣讓我失去兩個孩子？現在和劉永靖這段愛妒恐怖的感情，又是什麼因緣結成的？

她早就想掙脫這段孽緣，一段令她驚惶、恐懼、混亂、不安的感情。但是，如何才能結束呢？

回到家，放下背包，叩──地聲音，她取出裝著梅子酒的水壺，她竟忘了喝，此刻也沒興致。倒入水槽，讓清水沖走了酒精。

晚上吃完飯，她刻意輕描淡寫說：「今天下午，我去北投。」

劉永靖投來疑竇眼神卻勉強擠出笑容，裝作無事問：

「到北投？做什麼？」

「沒什麼，去走走。」趕緊加上：「我一個人，坐公車去。」

他靜默不語的空隙，她繼續：

「我發現那裡有間寺院，叫青山寺，很幽靜、很舒服的寺院，我進去拜拜。」

「哦──」語氣放鬆。

「裡面的法師說星期日有法會，問我要不要參加？我想去。」她簡單切入重點。

「法師？男生還是女生？」

「應該是女生。」雖然那位法師長得圓壯，聲音也洪亮，不過，言語舉止看來應是女生沒錯。

「什麼法會？妳不要被騙了。報紙上常看到有些不正經、騙財騙色的寺廟。妳要小心！」

「我想應該不會，那裡看起來很正派。」

「參加法會，要錢吧？」

「不多，二百元。」

他抑制自己的情緒。依他本意，並不想傷害自己心愛的女人。幾次失控令她傷心失望，他亦覺過意不去。就滿她的願吧。

他終究不放心。週日，用完午餐，他騎機車載佩璇到青山寺。大殿裡兩旁各擺著五排的長條桌，金黃色桌布上斜立一本本紅色封皮的經書。已有數十位穿著黑色海青的信徒，站在桌前拜墊旁邊。陸續進來的大都是婦人，也有一些老先生。在殿前空地、走廊行走及櫃檯辦事的師姐，看起來也都老實善良。

怎沒見到法師？他目送佩璇進去，看她和幾位沒穿海青的婦人一起站在最後一排。

不久，殿裡傳來鼓聲，緊接著聽到兩下「鐺——鐺——」聲音。在旁人示意下，他往旁邊後移。有四位穿著黃色袈裟的法師，從右邊走廊一間屋子裡走出來，分成兩列，後面是一位身著黃海青、紅袈裟的法師，他們安詳地徐徐往大殿走來。明亮的大殿裡，滿滿約百人，井然有序，了無聲響。佩璇跟著大家合掌，對面站立。看到穿著紅袈裟的元修法師，她眼睛一亮，原來他是住持！

永靖站在外面聽了法師起腔唱誦，幾分鐘後，他稍稍安心離去。

第一次參加法會，她瞻仰佛顏，依然禁不住心生戚戚而珠淚盈眶；鐘聲、鼓聲、叮噹聲，節奏有序，伴隨悠邈、溫婉又帶些悲涼的曲調，迥異她平時聽慣的活潑輕快的兒歌。

一心頂禮……看著經本，跟著大夥兒一一禮拜諸佛菩薩。

唱到「南無大悲觀世音，願我早得越苦海……」一聲一聲的南無大悲觀世音，她含著眼淚悲悲切切地喚著。想起宇平出生時，為了挽救他的生命，她即是如此的苦苦祈求。

「觸事昏迷，舉心縛著，平等法中，起自他想，愛見為本，身口為緣，於諸有中，無罪不造……」雖然有些文句真正的涵義不甚明白，但隱隱約約她好像探得自己痛苦的源頭。

兩個多小時的法會結束，元修法師站在佛前開示。他說：「藉由大悲懺，懺悔我們所造的惡業。這一生我們常常有意無意的傷害人。真心發露的懺悔，如同清水可以洗清一切罪業……」

這些話深深觸動她的心，好像是對她說的。

結束後，有幾位師姐師兄忙著收拾經本、經架、抽桌子布套、搬桌椅等，人、物雜遝，她愣在那裡，不知如何幫忙，便移步走往大門。

不遠處正和信徒講話的元修法師喊著：「佩璇——」她停下來望過去。「先不要走，等一下。」她點點頭。

沒多久，法師走過來：「怎樣?今天的法會還喜歡嗎?」

她紅著眼睛，訥訥言道：「很喜歡，很感動。」寧靜的心情仍理不清的混亂和迷惘。法師像看透她的心似的，交給她一本書。

「這本《佛法概論》，妳拿回去好好閱讀。可以讓妳了解佛教，對妳也有幫助。」

書上說：「聖教自淺至深，說一切法，不出因緣二字。」所以，法師才說一切都是因緣。

佩璇把這本書放在辦公室，空檔時間便打開來閱讀。原來，因緣是一種看似牽扯不清，複雜而綿密的互動關係，難怪我不明白。

她身體靠著椅背，兩眼發瞢，陷入深思中，不覺芳妮來到身邊。

「佩璇、佩璇。」叫了兩聲，她才回神。

「想什麼呀？」

當初為她有了感情和生活的依靠而欣慰、祝福，沒想到不到一年，她又陷入水深火熱中。不過，她去了寺院之後，似乎心情平靜許多，希望她能在信仰裡找到慰藉和力量。

「芳妮，妳知道妳和妳先生為什麼會成為夫妻嗎？」

「相愛啊！」

「為什麼會相愛？」

「佩璇，妳的問題好奇怪，」坐在對面的同事插嘴，「兩個人看上眼，喜歡了，還有什麼理由？」

「砰——就撞出愛的火花啦！」另一位年輕未婚的老師跟著湊熱鬧。

暑假過了一半，新學年的招生工作很順利，已經報名額滿。開學前還會有取消或新增的學生，也是小幅度的更動，影響不大。造名冊、分班，課程規畫、調整等行政事務都是常態工作。沒有小朋友喧鬧折騰的校園，輕鬆愉悅。

「我和這裡的同事，應該是過去世種下了善因，現在才會共事而相處如此和諧。」佩璇心想。

而高芳妮對自己的情義相挺，想必過去世也有著深篤的因緣吧！

「諸法因緣生，諸法因緣滅。」如何才能滅除和劉永靖的這段因緣？如果結束這段感情，此因緣就能滅除吧？

我等著「緣滅」。

他仍然身處他所謂的「為謀利益而勾心鬥角、爾虞我詐」的建築界，時時於人於事都要處心積慮的謀畫和防備。

四周都是敵人的滋味，肯定不好受。她不由得生起憐憫之心。是呀，他好像沒有真正的好朋友。有幾次見他和同事或某個合作廠商打交道，豪邁談笑，勾肩搭臂，如同交情深厚的哥兒們。正為他慶幸，轉個頭，私下即剖析此人的動機，數落他陰險狡詐等等。

他的真心只有掏給親人和愛人？這是可以肯定的。

只是她已有不勝負荷之艱難。

突然她想起，和劉永靖交往初期，享受他的濃情蜜意，有一次無意中談起他前妻，那時她問道：「你對她那麼好，她為什麼會離開？」

「她說她無福消受。」他不假思索笑道。

當時佩璇還為自己能懂他的感情，能珍惜他的感情而竊喜、而自覺是最幸福的女人。現在她明白，哪天有人問她，她也會以「無福消受」這四個字來回應。

當他又疑神疑鬼，為一樁莫名小事而猜忌、妒嫉到一路憤怒吼道：「妳這賤女人……」

她再也忍不住，即刻從正在行駛中的機車跳下來。車身晃動及旁邊的剎車聲、驚叫聲，他回頭看到佩璇倒在地上，趕緊停下車，奔過來，所幸那時正要駛入人行道，車速逐漸減慢，她只有手腳破皮流血的外傷。饒是如此，已讓他慌張懊悔不已！

到醫院塗藥、包紮，他還請醫生為她注射破傷風抗生素。

她漠然不語。皮肉傷不痛，心也不痛。那晚，她冷冷地提出要分手。他一聽，慌亂地抱著她。

「璇兒，對不起！璇兒，我錯了！以後再也不會了。」他啜泣求著：「我愛妳，不要離開我，不要離開我……」

似石頭般靜默。她心底的聲音在迴盪：「我要結束這段因緣。我不要愛恨兩極、上天入地的感情。」

第二天，他細心小心地幫她擦藥。輕輕吹拂傷口，「痛嗎？」

那些天，更柔情萬千的低喚、愛撫，希望能挽回她的心。

手肘的傷口癒合、結痂，筋骨不再疼痛能伸縮自如，她開始整理行李，環視客廳、臥室，要帶走的只有自己的衣物和日用品。

她喜歡這間屋子的環境和格局。要離開才發現，純粹只是喜歡，並沒有包含感情、摻揉愛，所以無依依不捨之情。是因為住得不夠久？才一年多，或是自己的心根本就沒有繫縛在此？也就不似離開高雄那個家時那許多矛盾、掙扎、依戀不捨等種種情感在纏繞糾結。

和聰明多慮的人共處，她也學會要謹慎計畫。她先把衣服重新整理摺疊再放回衣櫃。這一年來，劉永靖為她買了不少衣服，以後就不用再添購。

不過，即使只是簡單的調整，還是逃不過他銳利的眼睛。隔天下班，他帶回一瓶農藥，在她面前打開來，憂愁悲慟地啞著喉嚨說道：

「璇兒，妳走了，我也不想活——」拿起瓶子就要往嘴裡灌，她驚叫：「不要！」搶過去攔下他的手臂。

晃動中，瓶裡的液體濺到地上，刺鼻難聞的味道跟著濺開來。他將瓶子放桌上，緊緊摟著她，痛哭流涕哀求：「不要離開，不要離開我……」

她身體沒動，像木頭一樣任他摟著。許久，哭聲漸歇，他慢慢放開手。

屋裡燈未點亮，夜幕降臨前，殘餘的灰色天光，從後陽臺勉強而無力的穿滲紗門。空氣僵冷靜止，黑白交替渲染之際的慘澹灰光下，他看到佩璇蒼白的臉上恐懼驚駭，憂愁的眉下，雙眼透出憐憫與嫌惡揉雜的神色；竟無一絲愛戀不捨！

他蓄意恫嚇的激烈情緒，也讓自己一時疲軟。

於是做最後的掙扎奮戰，他威脅：「如果妳要走，我就跟妳同歸於盡！」

「太可怕了！這個男人太可惡！」高芳妮驚訝而憤憤不平。「唉，我可憐的同學，妳的命運怎如此悲苦？」她心裡嘆道。

隔天傍晚，高芳妮拿了幾個紙箱，開車載佩璇回家，幫她一起打包行李。因為已事先歸類整理，很快就收拾妥當。把兩個皮箱、三個紙箱抬進轎車後面的行李箱。然後她們坐在客廳等著。

劉永靖一進門看到高芳妮，很吃驚！

「高園長，妳好。」他看一眼佩璇，警戒狐疑地招呼。

「劉先生，」高芳妮開門見山，嚴肅地說：「我今天來，要把佩璇帶走。」

他聞言，唰地板著臉，強作鎮定道：「不可以！」

「為什麼不可以？」

不等他答腔，高芳妮平靜地說：「劉先生，當初你和佩璇交往，最支持的人就是我，對吧？」

他「嗯」一聲承認。

「我知道你愛她，我也替她高興能有個好依靠。但是沒想到這一年來，你讓她生活在提心吊膽，恐懼害怕當中。」

他心中怨道：「竟把這種事說出去。」憤懣的目光投向一直垂眼不語的佩璇。

「你們的恩恩怨怨，你自己心知肚明，就不須多說了。我希望你們能好聚好散，以後不要再干擾她。」說完正要起身。

「等一下！」他喊住，猶作困獸之鬥。

「怎麼能這樣就離開?」他愛恨交織的眼光瞪著佩璇,「璇兒,妳說,我對妳不好嗎?我是怎麼掏心剖腹地待妳?妳老實說,妳說……」

他逼問。她緊抿嘴不語。

「好啦,不要再多說了。」高芳妮制止。

「我不會放過妳的!」他憤憤低語。

高芳妮一聽,提高嗓子,直視他:

「好吧,劉先生,我告訴你,我已經為佩璇向警察局申請了『保護令』。以後,你敢干擾她,敢動她一根寒毛,試試看!」

停頓片刻,又說:「還有,如果你不放手,繼續來找她,我會找記者,向媒體控訴你是我們幼兒園的學生劉欣儀的家長,你對我們的老師如何由愛生妒轉恨……」

這些話令劉永靖噤聲。他氣得身體顫抖,神情沮喪、默然地任她們兩人離開。

車上,佩璇虛脫地靠著椅背。不敢相信這近兩年如幻似噩的夢魘,竟然這麼結束了。

「芳妮,真謝謝妳,又一次地挺身相助。」她輕輕說。

「沒什麼。」

「妳真的申請了保護令?」

「騙他的！他會恫嚇妳，我也會恫嚇他。不過，必要時我也會如此做。」

握著方向盤的雙手優雅平穩。

「妳先暫時住在我家，過一陣子我再幫妳找房子。」

第伍章

來自十方，取之社會，就要有所回饋；
以法布施給十方，以法供養給每一個眾生……

八年後，國立臺灣大學，男生宿舍。

洪宇誠睜開眼睛，窗外老樹枝葉縫隙間透進了銀白光芒，天已大亮，他猛地坐起。寢室靜悄悄，只有電風扇左右擺動的微微嗯嗚聲。三位室友都還躺在床上，他看看手錶，九點十四分。哦，今天星期日，倒頭繼續睡，才貼上枕頭，突然又爬起來，匆匆穿上運動褲、T恤，瞄一眼床上七零八落的書本、雜物，也顧不了了。

刷牙洗臉之後，離開這髒亂的小房間，跑下樓，衝到宿舍旁的車棚，牽出自己的腳踏車。穿過籃球場，從側門出來，沿著人行道旁騎往校門。

洪宇誠小學畢業後，順理成章地進了爸爸教書的學校，國中、高中念的都是音樂班（其實就是資優班。教育部以「平等」法則，並顧及普通班學生、家長的觀感，最近明令不准另設「資優班」。上有政策，下有對策，各學校「換湯不換藥」，紛紛更名為「音樂班」、「自強班」、「美術班」。既是資優學生，課業之外，多學習一項技藝，對他們而言仍是遊刃有餘。）

大學聯考，他也以高分考進臺灣大學。原本分數可上「醫學院」，但是洪宇誠自覺感情脆弱，恐怕無法面對生命生與死的場景，爸爸也尊重他的抉擇，於是他填選了「動物學系」。

前兩年，他很用功，拿了「書卷獎」的獎學金，高興多了零用錢。現在大三了，當初浪漫的學術熱情已逐漸消褪，對於生命的演化、遺傳、人體基因、細胞生理學……的種種生命課題，他仍有高昂的興致。課堂上教授的講解，實驗室裡的動手探索，還有，一本本厚厚的原文教科書，都開拓了自己對「生命世界」的認識廣度。

不過，生命的複雜、繽紛、詭異、迷人，如深邃黑洞，隱藏多少的未知？這是目前他無法學習得來，也苦思找不到答案的。他的學習似乎走到了瓶頸。

柵欄裡，球場上奔跳腳步聲、籃球著地的碰碰聲，消失在後腦勺。公車、汽車、機車仍繁忙急駛；它們是羅斯福路不變的街景。

經過歲月侵蝕，褪成淺咖啡色又夾雜灰黑塵漬的斑駁磚牆，映入眼簾，圓弧形的牆頭上，「國立臺灣大學」同色系的六個字，如古蹟般嵌在更斑駁的灰白石片上。

兩旁的柵門，因是假日，僅開啟左側門，不少遊客或附近居民攜家帶眷，來此拍照或閒逛。臺大門禁，如同它自由民主的管理風格一轍的寬鬆，門房也只隨意注視，除非形貌「太特別」才會趨前詢問。

他一眼就瞧見站在牆邊的媽媽，米黃的短袖上衣，紮在褐色齊膝的裙子裡，身材和十多年前一般的苗條。

佩璇也遠遠就看到騎著自行車過來的兒子，她揮手咧嘴笑著。

「媽媽，不好意思，我睡過頭了！」宇誠跨下車，「等很久了吧？」

「還好，我也才來不久。」其實約好九點半，佩璇不欲兒子等她，九點十分就來到門口，她已在這裡站了半個小時了。

宇誠帶著媽媽走過椰林大道，轉入竹影掩映的小徑，來到一棟古老的建築。老舊的大門，陰暗的走廊，二樓教室牆上掛著白森森的動物標本。

「這是我們的實驗室，我很喜歡這裡，今天帶妳來看看。」

上回媽媽來看他時，央求參觀他宿舍。男生宿舍沒有門禁，偶爾也會有家長、女同學造訪。

那天下午一打開房門，一位室友剛午睡醒來，服裝不整，見到他母親有些尷尬。穿好衣服，簡單寒暄就出門了。雖然是長輩，終究不是熟悉的人，重點是它是四個大男孩的私祕空間，外人闖入總不太妥當。幸好來過一次，滿足了她的關懷掛念，便沒再提及。

他將媽媽帶來的手提袋放在一張空桌上。

「你還沒吃早餐吧？」知道兒子不愛喝牛奶，「我帶了麵包和杏仁茶，先吃吧。」

她憐愛的目光望著已長成青年的兒子，和小時候一樣俊秀。臉型和嘴巴像她；挺直的鼻梁，質樸磊落的眉目則酷似他父親。他一邊吃麵包，那雙每每思之即令她心疼不已的憂鬱眼眸，淡定地看著她。她從紙袋裡忙著掏出東西，口中絮念：

「這種燕麥餅乾很香很好吃，肚子餓時當點心；你喜歡的海苔；還有水果，蘋果、芭樂；我洗乾淨的小番茄，現在要不要吃？多吃水果，對身體好……」

「現在吃不下了，晚點再吃。」宇誠喝完杏仁茶，微微一笑說道。

他注視到媽媽波浪微捲的短髮裡冒出了好些白髮，眼尾的皺紋也比半年前又增多，兩眉之間兩道細細的八字形紋路正隱約浮現。許是雙眉時時顰蹙不展？

「宇誠，為什麼你們學校的建築都那麼老舊？」

佩璇一踏進這棟大樓，心中疑問又生起。第一次來看宇誠，乍見座落在馬路邊不起眼的校門，極為驚愕：臺灣最高學府、赫赫有名的大學怎麼如此破舊？

「這就是歷史啊，」他淡淡說著，「它很老了，從日據時代就存在。許多房子是老房子，樹木是老樹木。」

半晌又補充：「我覺得這樣很好呀！」他心想：總勝「金玉其外，敗絮其中」，它的光芒、價值不在硬體建築。

「不過，不久我們會有一棟『生命科學樓』，正在建設當中。」

牆邊桌上幾個玻璃箱裡養著白老鼠、青蛙，另有一個水族箱，不同顏色、大小互異的魚悠然游來游去。

「這些動物都是你們的實驗品？」她問道。

小小的白老鼠很可愛，有的張著圓圓黑眼珠滴溜溜望著他們，有的兩隻前腳抱著飼料開心啃嚙。

她心生不忍：「這、這些……都會被解剖？」

「沒辦法。」他點頭，乾乾的聲音回答。

當初會選擇動物學系，是因為喜歡動物，對牠們有高昂的興趣。

小時候，媽媽還在家裡時，他們養過兩隻狗。第一隻叫小黑，黑亮的短毛裹著圓滾滾的身體，如同一顆小黑球。每天放學回家，他第一件事便是到後院摟著牠玩。大約養了半年吧，牠身體變大抽長，卻改不了隨地大小便的習慣。媽媽受不了屎尿臭味，就把牠送人了。

隔年，爸爸的朋友送來一隻體態優美、血統純正的金黃色狼犬。後來，因為小小的院子無法讓牠奔跑，竟然導致後腿彎曲無力，醫生說是得了「軟骨症」，也言明狼犬不適合養在市區。於是爸爸將牠送到鄉下朋友家。

那時他難過地哭著抱怨：為什麼他喜歡的動物都要被送走？爸媽解釋是「為了牠

好」，他也不能理解。直到爸爸帶他們去鄉下探望，見牠快樂地在遼闊的野地裡盡情馳騁，兩條後腿已恢復正常的曲線。他才明白讓牠生活在鄉下，真的是為牠好。

「愛動物的人，怎能拿著刀子，劃開牠們的肚皮，敲開牠們的頭顱？」這也是他最初的矛盾與掙扎。

不願念醫學系，就是不忍見生命的流血和死亡，怎料來到動物系，仍要面對這種情感的痛苦糾結？

直到聽了一位教授所言：

「藉由動物的犧牲，我們從研究、實驗中，得以對生命有更深入更完整的認識，並能造福更多其他的生命；這是作為實驗動物，牠們生命的價值和意義。」

感謝牠們創造、奉獻了生命的價值！

爸爸也教他念〈往生咒〉。所以每次要解剖時，他會心中默念三遍〈往生咒〉，向眼前的動物對不起，感恩牠的犧牲，並回向給牠能往生善道，有個美好的下一期生命。

他如此向媽媽解釋。

走到水族箱旁。「這些魚是我自己養的，不是用來實驗的。」他指著玻璃，輕鬆笑著，「看到沒？還有兩隻蝦子。」

泛著淡淡青光的透明小蝦，弧形的身軀一弓一躍，在水中彈跳，頭上兩根細長的鬍鬚隨著搖曳。

「好漂亮！」佩璇讚歎輕叫道。

綠色的水草、白色的小石子、灰色的岩洞，是宇誠為牠們布置的家園。他常常拉來椅子坐著呆望許久。魚兒不停地游動，在水草、岩洞間穿梭，小蝦不經意撲的一跳；如此「動」的水族世界，竟能予他無可言喻的寧「靜」感覺。

母子倆有一搭沒一搭的聊著，宇誠話很少，都是佩璇問才回答。

中午了，佩璇請他去吃飯，他說才吃過早餐，不餓。而且下午還有事。

溫和敦厚是他的本性，面對十二年前離棄他的母親，依然秉持溫順有禮的態度。

佩璇卻了然於心，相隔十二年（會再持續增加）的時空厚度，已如一道無形的厚厚冰牆；是她多悲切、多無止盡的懺悔粉碎不了，是她多牽掛、多濃稠的母愛亦消融不了的冰牆。

她伸手撩一下他垂在額頭的頭髮，輕撫他臉頰，好想擁抱已長成青年的親生兒子。但是，她不敢，她心怯自覺已無資格享有為人母親的快樂和權利。

塞了一些錢給他，兩人一道走出實驗室。才跨出大門，一隻黃色土狗奔過來，搖著尾巴在宇誠身邊摩蹭，他蹲下來親熱的摟摟牠的脖子，摸摸牠的頭，開心笑道：

「這是我們動物系的狗。」

「你們也養狗呀？」佩璇欣慰他能再續養狗之夢。

「是這棟大樓的工友養的。我們常在這裡進出，和大家熟悉了，就成了動物系的狗。」

宇誠放開牠，牠忙地在佩璇身邊嗅著。

「牠很乖，不會咬人。」他掏出提袋裡的麵包，掰一口，「小黃，來，吃麵包。」

小黃轉過身，從他手裡一口一口吃完半個麵包。

「牠每天就是這麼騙吃騙喝，哈！」

在動物身上，他抒放了心底的熱情與快樂。

臨上公車，佩璇望著清瘦的兒子，再度叮嚀：「要多吃點，注意身體……」

他揮揮手，看著媽媽上車。公車往前駛開，再走回學校。

他說不出現在對母親是怎樣的心情？愛恨交加嗎？

真不想回顧沒有媽媽的日子！尤其媽媽突然出走，他們父子三人相依為命的那一兩年。

不擅理家、不會煮飯的爸爸，他身心焦慮、煎熬、痛苦，卻要壓抑地父兼母職，來照顧兩個年幼的孩子；不時想念媽媽，蒙在被裡哭泣的心情；他和哥哥在學校承受同學異樣的眼光、嘲弄的言行；家裡的髒亂……

不堪揭露和回首的記憶，要丟往哪裡才能完全消遁，永久磨滅？

新媽媽進門，他和哥哥都沒有排斥。長期以來，三個男生的家髒亂、冷清、淒涼。他們都希望能改變吧？

有了女主人，當能為這乾涸的池潭注入滋潤的清水。兩兄弟表現客氣有禮，新媽媽也努力討好他們。她白天要上班，不是全職的家庭主婦，在居家環境維護和三餐料理上，當然不似原女主人那麼費心與周全。

這方面，三個男生也不計較，與兩年來的渾噩悽慘相比，已似曙光乍現般帶來溫暖和光明。

但是，磨合的適應、試探期一過，新媽媽的跋扈、小心眼，易怒的個性逐漸顯現出來，而兩兄弟也正進入彆扭的叛逆期。

他們十來年的成長生活，於她完全空白陌生。何況不是親生的孩子，怎摸得著他們的心思？怎有耐心並包容他們莫名怪異的言行？

各種衝突中，最讓她氣憤的是兩個孩子猶不肯叫她「媽媽」，仍喊她「姑姑」。為了安撫妻子的情緒，也盼著至少表面上維持一個家庭的完整和倫理秩序。洪偉國幾次開導孩子。當他已失去耐性，嚴厲吼道：

「我娶進家門的，就是你們的媽媽！」

「她是你的太太，不是我們的媽媽！」宇誠當下生氣地頂回去。

偉國不加思索，惱怒的摑他一個耳光，「啪」一聲，左頰瞬間紅腫起來，那一刻，偉國為自己的失控而懊悔。他的妻子幸災樂禍冷笑著。宇誠心灰意冷，雙眼麻木茫然走回房間。

那晚，他蒙在被裡哭著，心中直喚著「媽媽——」，宇平在旁邊默默陪他。

應是過兩年吧，有次佩璇南下高雄出差，兩個孩子來她下榻的飯店相見。不巧，宇誠騎來放在門口的自行車被偷走。宇平牽著自己的腳踏車，陪他走了一個小時的路才回到家。

新媽媽追究腳踏車為什麼弄丟？在哪裡丟失？兄弟倆都沉默不語。

偉國心中有氣，卻覺事有蹊蹺，也隱約感覺他們有難言的苦衷。他沒作聲，交由妻子處理。

見她小題大作的憤怒神情，和一再詰責的尖銳聲調，不擅說謊的宇誠挑釁回道：「我們去看我們的媽媽，車子在她那裡被偷的。」

此言一出，偉國驚愣，登時神色黯然。

他的妻子倏然變色，衝到書桌旁，抓起那根視為「家法」的長木條，指著宇誠忿忿罵道：「可惡！那女人來做什麼？她在哪裡？」

她頻頻追問佩璇的住處。兩兄弟自是不肯說。

她情緒激動，歇斯底里揚起棍子，往宇誠身上猛打，嘴裡狂喊亂叫：「她在哪裡？你說不說？你說不說……」邊喊邊打！

宇平奔過去抱住宇誠，喊道：「不要打我弟弟！」他以自己的背部頂受了接續的鞭撻。

不知所措，麻木冷望的偉國，這時才回神似地走過去抽下妻子手中的棍子。

過了好久，「爸爸冷眼旁觀，任由後母打他們」這件事，一直是他們兄弟思之即心酸的記憶。

考上大學，能離開那個家，是他的幸運。

他的哥哥依然留在高雄受苦。每每想起哥哥，在手足之情之外，他更會湧上愧疚與傷感交雜的心情。

打從有記憶開始，他就知道自己的哥哥和別人不一樣。宇平的講話、動作，常常引來或好奇、或嘲笑、或憐憫、或嫌棄的眼光。察覺這些異樣的神色、態度，他心裡很難過。

稍長，自己在各方面的優異表現，更彰顯哥哥的不足與缺陷。他從無得意、驕傲之感，反而為自己資優導致兄弟天壤之別的大落差而深覺愧疚不安。

宇平勉強念到高中畢業，偉國安排他到一位朋友的公司上班。朋友夫妻經營傳真機、影印機等辦公設備的買賣，店面不大。宇平當店員，有時也幫忙送貨。他說話仍會結巴，手腳不靈活，不過工作認真踏實，人也斯文善良。老板對他頗照顧，同事也還能體諒善待他。

洪宇誠和同學郭柏達相約去打網球。上週和人類學系兩位女生嘗試雙打，四個人的搭配默契還不錯，約好繼續練習。

午後，太陽躲進雲層裡，晚春的天空，摻揉操場上奔跑跳躍的熱氣，和不時竄出的尖叫吼聲；活力青春喧騰鼓譟。

紅土球場上隔著中間的線網，球在兩邊飛擊、彈跳。舉手拍擊間，宇誠瞧見對面和郭柏達同組的女孩，揚手、跨步，體態優美柔軟如水中游魚。

休息時間，她從背包裡拿出四罐「舒跑」，好體貼的女孩！長髮紮在腦後，高敞的額頭，幾綹秀髮濕濕貼著，圓圓鼻頭滲出細細汗珠，臉蛋不是特別漂亮，卻予人舒適溫暖的感覺。

糟糕，我忘了她的姓名。

「謝謝妳！」接過飲料，他訕訕言道：「對不起，我記性不好，忘了妳的名字。」

「我叫林惠敏，你是洪宇誠，我沒忘記喔！」她淡淡一笑。

他不喜歡人多吵雜的地方。同學邀去KTV唱歌、舞場跳舞，他好奇地玩一次，便受不了裡面高分貝的人聲、樂聲。而熱鬧喧譁、曲終人散之後的孤寂冷清，更讓他有跌入茫茫荒漠的惶恐與不安。

課業之外，他不停地找事情來填餵饑渴的腦袋。大一，偶然的機緣，他嘗試作美容保養品的直銷。那段時間，他房間擺滿了瓶瓶罐罐各種美顏保養品，經過自己在實驗室的化驗，證實成分優良，於是他自己當試驗對象，率先塗抹，再介紹給同學、親戚。

記得媽媽第一次到宿舍，看到他床頭、桌上擺著這些護膚美容的乳液乳霜，還吃驚地擔心他的性向呢！不到一年，發覺自己不是做生意的料，也沒時間繼續拓展客戶，便擱下了。

大二那一年，他報名中醫課程，很認真地跟一位中醫師學習認識人體的經絡，和把脈、針灸等臨床醫療。當然，也只能用來診治自己和信任他的同學。

大三之後，他的興趣轉移到攝影，花了不少錢購買器材。常常揹著攝影機，隨時捕捉可以入鏡的畫面；沉浸在將美麗的剎那變成永恆的喜悅裡。

「那天天空很特別，傍晚太陽下去，它的餘光被厚厚的雲層遮住，壓成扁扁的一道彩霞。」

他興致昂揚指著林惠敏手上的相片。簡單橫切成三塊的畫面，地平線之上是中灰色雲層，雲頂綿延的畫了一抹細長的橘紅色水彩，上面是淡藍色的天空。

林惠敏出神望著，想像那樣的天空。

「這片雲可真大！」

「是喔，占滿整個天空的下半部！天空無際，雲層無邊，霞光亦無限延伸。灰色、橘紅色、淡藍色，三種色彩在天空中呈水平綿延無盡。不久，夕陽完全消褪，唯一的景況不再現。」

坐在樹下長椅上，宇誠端出他的攝影作品，林惠敏也饒有興趣的一張張欣賞和聽他說明。

第一次見面，林惠敏就對他留下特別的印象。能考進臺大的學生，資質大多不差。洪宇誠不外露的光芒，掩在俊秀和善而質樸的臉龐裡，一雙稚氣的大眼睛卻始終蒙著早熟憂鬱的雲翳。

眉頭不展，唇角不揚的大男孩，悄悄牽住她的心。

林惠敏比洪宇誠大一歲，後來他也坦承他們是「姊弟戀」。

母親的出走，造成他們兄弟被背叛、被遺棄的創傷，也撕裂了他對女性的信心。長久以來缺乏母愛滋潤的枯萎心田，竟被林惠敏以溫柔以善解滴滴澆灌著。

電腦成為大眾在生活、工作、學業各方面不可或缺的工具時，於此已是運用高手的宇誠，受邀編寫《Windows 98 使用手冊》。原有的二手電腦已老舊，為了寫這本書，他必須有較新的電腦來操作和作紙上的畫面教學。

之前學中醫、學攝影，繳學費、買器材，都是向爸爸要錢，爸爸也都二話不說就將錢匯過來，如同在高雄時一樣。抱著愧疚之心，為了彌補，爸爸對他們兄弟在物質上的要求，總是有求必應。這點讓後母非常不滿，他們夫妻常為此爭執。

此次他不想再為難父親，跟媽媽要吧，也順便介紹惠敏跟她認識。

用過午餐，他騎機車載林惠敏前往內湖。來到民權大橋，遠遠地望見路邊挨著人行步道有一團土黃色的東西，快靠近時彷彿見它輕晃一下。他放慢車速。後座的林惠敏也瞧見了：「是貓咪嗎？」

將機車靠邊停妥，他們蹲下來，蜷縮地上的小貓，褐色的眼睛驚恐防備，齜牙咧嘴卻叫不出聲音，撐腿，身體想逃開，蠕動一下又頹然躺倒，面露痛苦之色。

宇誠輕輕摸牠彎曲的腿，牠即張口啞吼。「可能骨折了。」他判斷。

他輕撫小貓的頭，一面溫和安慰牠：「不要害怕，我帶你去看醫生，身體會好起來的。」

貓咪似乎聽得懂，不再掙扎、咧嘴。宇誠雙手小心翼翼捧起牠，交給惠敏：

「就這樣捧在懷裡，不要碰到牠受傷的腿。」

在兩方車輛呼隆呼隆急駛的橋面，對這路邊的小「騷動」，騎在機車、自行車上的人，有人好奇轉頭望一下，有人停下來關心，一位行人還好心指點他寵物醫院的地點。

他放慢車速，避開顛簸的地面。進入市區，很快找到這家動物醫院。

果然如他所料，醫生摸摸牠的後腿即說是骨折。慎重起見，照了X光片，幸好是關節處平整斷開，沒有其他的碎裂。醫生掰開牠的嘴看看牙齒：

「這隻小貓應該兩三個月大，還是幼貓，骨骼會自然癒合。」

醫生將腿骨接合，再用繃帶綁裹一條小板子固定，然後抓起牠頸背的肌肉，打了一針消炎止痛劑。

「請醫生檢查牠還有沒有其他毛病？」宇誠掛心地說。

醫生看看耳朵、眼睛，翻翻牠的皮毛。

「應該還好，滿健康的，牠是怎麼摔傷的？」

他們相視一愣，「我們也不知道……是在路邊發現牠的。」

「唉，又是被遺棄的流浪貓！」醫生嘆口氣，看看這兩位善心的年青人。

「你們還在念書吧？」

「是的。」

「家住臺北嗎？」

「不是，我家在嘉義，他在高雄。我們住學校。」

「那就沒辦法帶回去養囉？」

宇誠問：「碰到這種流浪貓，請問你們會怎麼處理？」

「先放在醫院。如果有人要領養最好，若沒有，過一段時間便送往動物收容所。」

宇誠低頭望著躺在銀灰色檢查檯上的小貓，淺黃斑紋的小臉，兩顆漆黑的眼珠，正楚楚可憐地盯視著他。

他心生不忍，沉思片刻，便說：「那我帶回去好了。請問費用多少？」

「不用了，」醫生爽朗說道：「你們好心救牠，而且是學生，還沒賺錢呢！」

兩位欣然道謝。

此刻沒有其他患者。醫生找來小箱子，小心地把小貓放進去，邊問道：

「你們在哪所學校？」

「臺大。」惠敏回說。

「哦——不簡單！」

「他念動物系。」惠敏又說。

醫生注視他：「你喜歡動物？」

宇誠點點頭。

「幾年級？」

「大三，暑假後升大四。」

「還有一年畢業。畢業後有興趣可以來這裡幫忙。」

宇誠綻開嘴靦腆笑道：「好啊，不知道我做得來嗎？」

「雖然不是獸醫系，你對動物身體的結構不陌生，又喜歡動物，可以先從助理開始……」

顯然這位醫生對宇誠頗有好感，很熱心地慫恿他。

這一折騰，來到「湖星幼兒園」已將近三點。空曠的園區，色彩鮮明的滑梯等兒童遊樂設施，安靜立在草坪上。

走廊裡傳來幾聲細碎的童語，媽媽從屋裡走出來，看見他們，舉手揮一揮。

走近，見她訝異的表情，他趕緊介紹：「媽媽，她叫林惠敏，是我的朋友。」

「洪媽媽，您好。」惠敏有禮貌地彎身致意。

走進辦公室，高芳妮迎過來，「宇誠，好久沒來了！」

「高阿姨好！最近功課比較忙。這是我朋友……」他把紙箱放下來。

「這是什麼？」高芳妮和周佩璇疑惑問道。

他掀開箱子，說明與這隻小貓的奇遇記。輕輕把牠抱出來，放在桌上。

「哇——好可愛！」

後腿裹著繃帶的小貓勉力撐起身子，發出細細的「喵——」聲。

「不錯，精神好多了，會叫了，比較不痛了吧。」他欣慰說著。

從箱裡取出貓糧，拆開，「牠肚子應該餓了。」倒了幾粒在手上，小貓聞到味道，朝他手掌低頭猛吃。

「不錯呀，胃口很好呢！」另一外老師也湊過來瞧著。

「這位醫生很好，沒有收醫療費用，還送了一包貓糧給我們。」林惠敏在旁邊說道。

好一會兒，小貓吃飽，喝了水。

「高阿姨，媽媽，」宇誠望著她們，「想跟妳們商量，這隻小貓能不能放在這裡？我不方便帶回學校，而且現在功課忙，也沒時間照顧牠。」

佩璇看看芳妮，心想如果不行，她就帶回自己的屋子，總不能讓兒子為難。

芳妮略一沉吟，即說：「可以，就給我們養好了，也作為小朋友學習愛護動物的生命教育。」

「太好了，謝謝高阿姨！」

宇誠鬆了一口氣。不忍心小貓送到動物收容所，可能遭受安樂死的命運而將牠帶走，那時他就如此打算，卻也生恐幼兒園不願意接受牠。

「醫生檢查過，說牠很健康，沒有其他毛病。應該是才被丟棄不久，身上沒有蝨子，還算乾淨，毛上有些髒是泥沙沾黏，沒關係，用濕布擦擦，先不要洗澡……」他展眉朗聲地說明和交代飼養注意事項。

「宇誠，你放心，」佩璇見兒子高興，也歡喜地說：「我會負責照顧牠的。」為這隻小貓找到這麼一個大家庭，真好！

高芳妮端了兩份小朋友的點心給他們，「你們吃點心，慢慢聊。」說完便離開。

佩璇此刻才得空和林惠敏交談。一個溫和、講話輕聲細氣的女孩，雖然沒有明說，見她看宇誠的眼神和體貼的動作，應是男女朋友的關係。因此，佩璇待她也格外親切，心中感謝她能代替自己填補宇誠感情缺損的那一大塊。

許多為人母親的，當兒子長大交女朋友、娶了媳婦，心裡會有許多不平衡，挑剔、嫉妒搶了自己兒子的女生。佩璇沒有這種心態。不是她寬宏大度，是她自慚沒克盡母職，只盼有人能愛他們，能讓他們快樂。

聽說偉國娶進門的妻子，因為兩個孩子不肯叫她「媽媽」而非常生氣。想到繼母對待孩子不好，她就心痛焦慮。那次南下和他們見面時，她衷心規勸：

「你們就叫她媽媽吧。我不會介意的，喊一聲，能讓她開心、善待你們，即是我的心願……」

她心想：叫別人媽媽，不喊我媽媽，你們依然是我懷胎十月親生的孩子，這事實是永遠不變的。

那時，她也想起一個事件：有兩個女人爭說一個小男孩是自己的孩子，為此對簿公堂。爭執不清時，法官說：

「妳們一人拉他一隻手，看誰搶贏了，孩子就歸誰。」

兩人拉扯，弄痛孩子「哇——」地大哭，右邊的女人急忙放手，左邊女人高興她搶到孩子。正要抱走，法官判決放手的女人才是真正的媽媽，因為親生的媽媽才會捨不得自己的孩子痛苦。

「孩子，只要你們健康、平安、快樂，不喊我媽媽也沒關係。」佩璇心底念著。

但是，偉國曾請一位好朋友轉達，說他妻子希望佩璇能簽署將孩子過繼給她的文件，佩璇又不肯。所以直到現在，兩個孩子身分證的母親欄上仍是「周佩璇」。

為什麼不願意？她也搞不清自己的心情。

「媽媽，」宇誠拉回她的思緒，「有件事想和妳商量。」

生疏客氣的口吻，令她有些傷感。

「什麼事？」

「我要幫出版社編寫一本電腦使用的書。我的電腦壞了，需要買一臺電腦，能不能借我錢？等書出版拿到稿費再還妳。」

原本是想跟媽媽要錢。開口時突然想起，曾經到她住所探望，租賃的房子極為簡陋，只有一張單人床、書桌、拼湊的小書架和組裝的塑膠小衣櫥，及老舊的浴廁，白色的牆壁有多處漆落，斑駁露出灰色水泥塗面。

看得他心酸！為什麼不租好一點的房子？賺的錢不夠嗎？聽說她曾和一位男生同居，後來分手了。現在一人獨居，竟是如此淒涼的景況。思及此，不忍心向她要錢而改說借用。

「幹嘛用借的？這臺電腦就算我送給你吧！」佩璇說道。兒子開口了，能滿他的願，高興還來不及呢！

半年之後，他完成一本厚厚的電腦使用書。接著又為《國家地理雜誌》翻譯了幾篇文章。

大學畢業，他順利通過甄試進入「生命科學研究所」。由於研究所的學生宿舍已無床位，他在永和一棟老公寓租房，騎著機車往返學校。林惠敏大學畢業後留在人類學系當助教，也住在職員宿舍裡。

這時，在上課、研究、寫論文之餘，宇誠的興趣又轉移到太極拳。自己的父親是太極拳高手，在高雄時沒想到要跟著學習，現在竟然花錢正式的拜師學藝。這次他也拉著林惠敏一起學習。

平時一週兩次，在臺北的會所有位大師兄指導。隔週的六、日則到苗栗的山莊，接受師父的教導。

如此兩人同進同出，相互切磋，是他們最快樂的時光。對洪宇誠而言，林惠敏是他的紅粉知己，愛他知他懂他，能聽他傾訴過往的種種悲慘境遇，能聽他表達或睿智或不成熟的思想觀點；對他也似母似姊的包容寵溺。

林惠敏剛進大學時曾被同學拉去「晨曦社」，聽社裡的學長講佛法，也跟著研讀了佛學義理，才去了兩、三次，後來因為功課忙便沒再去。

剛開始學太極拳時，老師告訴他們太極拳不只是武術，除了身體的鍛鍊，更注重呼吸的調整，意念的淨化。如同佛教禪坐時的調身、調息、調心，他還發給每人一篇《般若心經》，鼓勵大家研習佛法。

那天離開山莊，回臺北的火車上，她對宇誠說：

「我們學校有晨曦社，你知道嗎？」

「知道。」

「我們去參加，去上課，好不好？」

「練拳花了許多時間，而且我現在趕寫論文，恐怕沒空。」他疲倦地回答。這兩天打拳、上課，他已經累壞了，說完便閉上眼睡著了。

好一陣子沒打電話回家了。電話接通，響了幾聲，傳來繼母短促尖銳的「喂——」

「我是宇誠，爸爸在嗎？」

磕——電話筒擱碰茶几聲，半晌，「宇誠——」爸爸聲音略顯蒼啞，「怎麼好久沒打電話回來？還好嗎？」

「爸爸，我很好，在寫論文，比較忙。」

他眼前突然閃過小時候，爸爸兩腿跪趴地上，他坐在背上，爸爸如馬般馱著他在客廳行走的影像，同時，「橫眉冷對千夫指，伏首甘為孺子牛」這句話冒上來。當年結實的身軀，粗壯的臂膀，是他們永不倒的靠山！他有些傷感，問道：

「爸爸感冒嗎？怎麼聲音啞啞的？」

「沒有。你錢夠用嗎？」

「夠用，」他有意讓父親開懷，「我寫了一本書，有關電腦的，剛剛出版，也領到稿費，我寄一本給你。」

「真好，不簡單，一面念書一面寫書……」

可以感受到父親和他談話的愉悅心情。

「哥哥呢?我和他說說話。」也想念起哥哥。靜默許久,他等著。

「哥哥——」怎麼那麼久,他喚著。

「宇誠,」話筒裡仍是爸爸的聲音,「哥哥不在,他回澎湖。」

「回澎湖?」他很吃驚!

「什麼時候回去的?他不是在上班嗎?」

「一個禮拜前回去。他,請假……休息一段時間。」爸爸支吾遲疑說著。想是後母在旁邊,他掛了電話,沒再追問。這一晚,他心惶惶,有種說不出的不安。

第二天,他撥電話到澎湖,在老家照顧奶奶的大伯接的。

「大伯,我哥哥在嗎?」

「他在睡覺。」

「他怎麼啦?為什麼回澎湖?」宇誠焦慮問著。

猶疑片刻,大伯才告訴他:「你知道的,他和你們新媽媽一直處不好。最近工作沒了。」

「為什麼沒工作?他不是做得好好的?」宇誠插嘴。

「那家公司關門了。他重新找工作,你也知道,以哥哥的情況,不容易找到工作，所以這一陣子都待在家裡。和……媽媽摩擦更多，她常常數落宇平、嘲笑諷刺宇平……」大伯一貫慢條斯理的語調。

「然後呢？」他追問。

「後來，宇平受不了，就、就自殺——」

「啊！」宇誠嚇壞了！

「他沒死！」大伯趕緊說，讓他定下心。

他緊繃的心弦稍鬆懈。

聽大伯說哥哥拿了菜刀，衝進浴室，往自己的脖子砍。幸好被爸爸發現，趕緊送醫院急救。

「你爸爸覺得他和媽媽水火不容，住在一起，早晚會再出事，就把他暫時先送回來澎湖。」

這件事對宇誠的衝擊很大，他不能想像失去哥哥的日子。

兄弟倆小時候難免會鬥嘴、吵架。慢慢長大之後，他逐漸看到哥哥的內心世界，那是一個不被了解、孤寂痛苦的世界。哥哥絕對不是智障，他的智力應屬中上，只是無法藉由語言、肢體表達出來，而讓人誤解，得不到認同。

後母脾氣不好，講話刻薄，對於非親生的孩子，自然不會有耐心，不會真心包容接受。怎麼辦呢？宇誠擔憂苦惱。

在澎湖住了二十幾天，宇平嫌無聊又回來高雄。洪偉國半安撫半警告妻子不要再「惹」兒子。此事也嚇到她，便儘量收斂自己情緒。同時他四處探詢，終於在以前的學生家長的工廠裡，幫宇平安插了作業員的工作。

宇平每天騎自行車去上班，做的是單調無趣、不用動腦筋的工作。他自覺像行屍走肉般，沒有人生的目標。他變得更鬱鬱寡歡，連續一個月晚上都失眠，白天精神萎靡恍惚。

他自認為生病了，跑去醫院先掛家庭醫學科，後來被轉介到精神科。醫生診斷他得了「憂鬱症」，開了半個月的藥讓他服用。

回到家告訴爸爸，洪偉國難以置信：

「怎麼談談話，就確認是憂鬱症？有什麼根據嗎？」

「我每天都睡不著，又便祕，很痛苦……」宇平不知如何回答，只斷續說道。

平時倒頭碰枕不到五秒就睡著的偉國，無法想像和理解，為什麼兒子會睡不著？

倒是按時服藥，宇平感覺心情比較平靜。尤其晚上加了安眠藥，讓他能很快入眠，一覺到天亮，第二天排便也正常，是他最舒適的。

半個月後回診，偉國不放心陪著他一道去，並私下和醫生說明宇平的身體狀況，和繼母相處的問題等等。

他說這些，是讓醫生了解兒子是身體的缺陷，以及外在因素影響心情，他精神上沒有病；他還是無法接受兒子竟會患了憂鬱症！

醫生靜靜聽他講完話，溫和地看著他。

「洪先生，我理解你的感受，」他耐心地解釋：「憂鬱症形成的原因很多。有體質、性格、外在壓力等種種因素交互造成，是一種涉及身體、情緒、思想的疾病……不論什麼原因，終究是大腦內分泌不平衡而導致的。」

洪偉國瞪大眼睛專注聽著，問道：「一定要吃藥嗎？」

「它不同於一般人偶爾的、短暫的情緒低落，憂鬱症是必須用藥物治療的。」

「吃藥要吃多久？可以痊癒嗎？」

「至少先服藥半年，再看情況調整藥的劑量。」

「長久吃藥，會不會有後遺症？」他不免擔心。

「多少有一些，其實每一種藥，包括維他命都有所謂的副作用。早期的抗憂鬱劑多少對肝腎有影響，經過不斷地研發改良，現在的藥安全性提高很多。」

後面的患者等著，醫生說：「即使有些微的影響，兩害相權取其輕，只能這樣了。」

騎車回家路上，他心情非常沉重，猶如後座兒子沉甸甸的重量。個頭比他高大，從小對他依賴甚深的大兒子，他已不知如何給予幫助和愛護了！

那天，宇平手持鮮血斑斑的刀子，頸上血流如注的驚駭畫面，他不忍睹，也不敢再回想。

宇平每天按時吃藥，每隔兩星期去醫院取藥。工作之餘，他找到一項娛樂：電動遊戲。初始到擺置一臺臺遊樂器的店裡，花錢消磨時間。後來，宇誠在爸爸電腦上灌入一些軟體，他上網下載了各種遊戲，每天晚上玩得不亦樂乎。

他手腳不靈活，無法實際參與實體的體能玩樂，虛擬的遊戲靠著手指敲鍵盤、移動滑鼠，就能參與享受，而且它不只是單純的玩樂，更有費心動腦的智力挑戰。玩到後來，他幾成個中高手了。

他和爸爸分享心得，偉國也只寬容地叮嚀他：「注意眼睛，不要玩太久。」祈願兒子平安無事地過日子。

週一，放香日。午齋之後，元清法師來到復興北路的三民書局。兩年前，他調來臺北的「明和寺」，與三民書局只隔兩條街。空閒時他喜歡來這裡看書、買書。四樓的文史哲書區，是他最常駐足的地方。

手上翻閱著林語堂寫的《蘇東坡傳》，他非常喜愛這位「兩腳踏東西文化，一心評宇宙文章」的大文學家。之前看過他的《生活的藝術》、《吾國與吾民》，他廣博又淳樸的胸襟，幽默又嚴肅的筆調，以及寫民族、社會、道德，寫生活藝術、心靈的各種真知灼見，在在都令元清賞識折服。

中國文學家裡，他最喜歡李白、辛棄疾、陶淵明、蘇東坡。看來林語堂也喜歡蘇東坡，對這位北宋大家，自序裡說他是一個不可救藥的樂天派，一個偉大的人道主義者……，還說：「蘇東坡比中國其他的詩人，更具有多面性天才的豐富感、變化感和幽默感，智能優異，心靈卻像天真的小孩……終其一生，他對自己完全自然，完全忠實。」

在元清的心中，作者與傳主，同樣地偉大，同樣地可愛。甚至他深深覺得，蘇東坡的靈魂，在八百多年後化成林語堂，再度成為人間瑰麗的珍寶！

看了序文、目錄，他闔上書，準備拿去結帳。目光猶貪心地在整排書背的書名上一一游走，轉身，眼尾餘光彷彿掃見遠方一個人影鵠立。

他抬眼直視，驚得張口結舌！約五公尺處，一個男生緩緩朝他走來。

「廷軒！」元清輕叫，訝異問道：「你怎麼在這裡？你什麼時候回來的？」

吳廷軒一走上四樓便瞧見元清。他已站在那裡有十分鐘了，目不轉睛注視穿著黃長衫的身影。兩排書櫃之間，青白頭顱下仍是皎潔如玉的肌膚，雙手捧著書，低頭專心閱讀，那鼻梁、嘴形、下巴勾畫出的優美側影，依然熟悉。待闔上書，在眼角、嘴邊漾開來的滿足喜悅神色，和昔日無二別。

他靜靜凝視，沉緬在二十多年前的記憶裡。

迎上前，「心玉，」富磁性的聲音低喚，回道：「我回來一個多星期了。」

「你不是在嘉義嗎？來臺北辦事？」想起六年前去法水禪寺找他。

「我兩年前調來臺北。」

「你買了什麼書？」

元清把書的封面轉向他，盈盈一笑，仍是天真女孩的模樣。雖然兩隻大眼睛旁已泛著細細的幾條皺紋，恬淡純真的笑靨和氣質仍依稀沒變。

自己都五十多歲了，他應年近五十了吧？

「你有時間嗎？」廷軒不想就此分手，「我們去喝杯咖啡，好嗎？」

「廷軒，我現在的身分，不方便去咖啡廳呢。」元清委婉說道。見他有些失望，便說：「我們的道場就在附近，去道場坐坐吧。」

離開三民書局，跨入絡繹不絕的行人與驅來駛往的車陣中，元清就後悔了。他一個比丘尼和一位男士在路上行走，即使兩人都已中年，他還是覺得忐忑不自在，只盼十分鐘的路程趕緊結束。

幾次他刻意移開兩人的距離，廷軒卻是和往常一樣自然地靠近他。過馬路時還伸手要牽他胳臂，一觸及袖子，見元清身體往右移，才警覺道：「對不起！」

臺北的二月天，厚厚的灰色雲層，像冷凍櫃上方凝結的冰霜，散落的濕冷空氣，令裹著厚衣的路人一個個縮頸縮肩地打著哆嗦。一襲寬薄的布衫怎得禦寒？

「冷嗎？」他不禁關切問著。

「還好。」元清口中回道，身子卻激伶伶打了個寒顫。

「你們不能穿外套嗎？」

「不行。須往裡加，我有穿毛線衣。」

「能戴毛帽嗎？」沒了頭髮，光光的頭顱怎受得住寒風？他忍不住追問。

「習慣了。」元清搖搖頭。加快腳步，委實不願在路上和他多說話。

來到民生東路，進入「明和寺」，回到自己的堡壘，他才放鬆下來。到了九樓，走出電梯，和櫃檯的師姐打招呼，往會客室走去。

瞧見住持、一位法師和兩位信徒走出來，元清趨前介紹：

「住持，這位是我大學的學長，剛從德國回來。」

「歡迎、歡迎，請到裡面喝茶。」住持親切回應。

他們兩人在會客室沙發椅坐定，師姐端上兩杯熱茶。元清雙手摀著熱熱的瓷杯取暖。廷軒環顧一眼簡單而乾淨雅緻的客堂，深邃的眼睛便移來盯視著元清。

「你身體還好嗎？」依然瘦削單薄的身子令他掛念。

「還好，你呢？」

燈光下，頭頂剛冒出的一鬗短髮裡摻雜的些許白髮熠熠閃爍。廷軒攏攏自己散亂的花白頭髮，心中嘆息已流逝近三十年的歲月。

「你這次回來多久？什麼時候回德國？」元清被瞧得有些不自在，趕緊問道。

「我不在德國，已搬到瑞士了。」

「哦？」六年前，兩人在分離二十年後，乍一見面，震驚中無暇問及他的狀況。事後留在腦海中的只一張悲苦蒼涼的容顏。

「聽說你結婚了，有孩子吧？」他關心問。

「唉，」廷軒微微嘆口氣，「我有個女兒，今年十八歲，很可愛很懂事的女孩。」他眼中閃著愛暱的光芒，繼續說：「我很愛她，她是我的驕傲，我最大的支柱。」

他從外套內面掏出皮夾，打開來抽出一張相片，湊到元清面前。有著健康膚色的鵝蛋臉，紮個馬尾，穿著T恤、牛仔褲，修長的身材，洋溢活潑的青春氣息。旁邊一隻灰白色的長毛大狗。

「這是她的弟弟，」廷軒指著這隻狗，「跟著她快八年了，他們感情很好。」

他侃侃不絕的細數女兒小時候如何學習中文、如何和他頂嘴辯論、會撒嬌卻不善作女孩兒打扮、個性如男孩般獨立……

「確實，看得出來，他非常寵愛這寶貝女兒。」元清心想，順口問道：「你太太還好吧？」

廷軒光彩的神色頓時蒙上薄霧，從兩腮旁至頦下一大片叢生的灰黑鬍鬚，霎時像荒蕪暗淡的雜草。片刻才索然說：「我們沒住在一起。」這段失敗的婚姻，是他人生的噩夢。

當初因為妹妹麗華的介紹，她遠從臺灣飄洋來到德國與他認識、交往。雖然兩人在心靈、個性上不是很契合，但是道義上他不能把她送回臺灣。也因多年的獨身孤寂，自己也渴望成家，便結婚了。

婚後，朝夕相處，才發覺她的膚淺粗俗，加上生活態度、思想理念各方面的差距，時時齟齬、摩擦。最後他受不了，提出要離婚。不過她不肯。咬住他對女兒的鍾愛，以此作為握在手上有恃無恐的籌碼。

僵持許久，最後為求得心情的寧靜，他只好自己搬出去，一個人另租屋而居。幸好還能常常和女兒見面。

「她當然不肯離婚，」他故作輕鬆，「她吃定我，靠我養她。」

「她沒有工作嗎？」元清問。

「一開始是能力不足，後來悠閒慣了，她也懶得自我充實……」

「什麼時候搬去瑞士的？」

「有十多年了，研究所畢業，結婚之後，就到瑞士了。」

「這是很美麗的國家。」

「是的。如果你來，你一定會很喜歡。」他語意深長地望著元清。

「你在瑞士做什麼工作？」元清當作沒聽到，問他。

「我在日內瓦的聯合國裡工作。」

「聯合國？」元清睜大眼睛，好奇問道：「以前課本讀過，好像是一個神聖又神祕的地方，它是做什麼的？」

「這是一個國際組織。主要是阻止戰爭，並促進各國在國際安全、經濟、人權、自由各方面的合作，是一個讓各國對話的平臺。」廷軒依官方說法簡單表述。

「真的能阻止戰爭嗎？」元清疑惑。

「你說呢？」廷軒聳聳肩，沒回答。

他年輕時的雄心壯志，隨著歲月逐漸消磨。在海外，立足國際舞臺，遠觀自己的祖國——臺灣和大陸，他依然熱切地關注，依然愛深責切地針砭國事，常常為文評論，或在好友之間大放厥辭。卻發現起不了作用，什麼也改變不了。

人微言輕，他又不想當官，成為政治人物，所有言論只是自己心中的抒發罷了。眼前這位紅粉知己也曾聆聽他發表各種言論。個性單純，思想善美的她，當初對政治就沒多大興趣。現在出了家，想必更不管這些世間俗事了。

「你常回來臺灣嗎？」元清的聲音打破他的沉默。

「很少，這是第二次。第一次就是上回去嘉義法水禪寺看你那一次。」憶起初見他的情景。

「早些年，我被禁止回國，直到一九八七年解嚴之後，我才能回來。」

「是喔，我想起來，警備總部的人來找過我呢！」

「可惡！連你也被盯上！他們有為難你嗎？」他驚訝擔心地急問道。

「還好，他的態度滿客氣的，只是嚇一大跳而已。」

元清敘述當時的情形和談話內容。

家人、朋友因為他而受驚嚇、而被干擾，思及此，他心中的憤慨又萌生。

「所以，你知道嗎？我父親去世時，我這位長子竟然無法回家奔喪！想來就覺得可恨可悲！」

「啊，爸爸往生了？」

「爸爸一直血壓高，後來心臟病發就走了。」

「媽媽身體還好嗎？」

「也不太好，膝蓋關節退化了，常常喊痛、沒力氣，不太能走路。」

「平時誰照顧她？」想起這位慈祥的母親，曾經對自己的疼愛、關照，元清關心問道。

「大弟廷憲結婚後仍住在家裡，爸媽主要都是他們夫妻在照顧，他們很辛苦。真慚愧，我都沒幫上忙……，過幾年，退休後，我打算回來照顧媽媽。」他面露愧疚之色，惆悵言道。

如老朋友般的敘舊，談過往、說現況，把空白、未知的拼圖補上，完成一張生命圖譜。縱然有裂痕，不完美，至少是「已知」，得以在其缺憾中，給予衷心的祈禱祝福。

師姐進來添加兩次茶水。過了五點，一位師兄詢問客人要不要留下來用晚餐？廷軒起身回說不用。

「今天談了那麼久，很高興。」他有些依依不捨，兩眼殷殷望著元清。

假如當時不是戒嚴，他沒被禁止返國，他一定會飛奔回來找尋她；假如他沒有到德國留學，一直留在臺灣，心玉肯定會嫁給他的。心底快速流過兩種「假如」，嘴裡不自禁冒出：

「如果我沒有出國，我們兩個肯定會在一起的！」

沒頭沒尾沒來由的一句話，元清心頭一震，有些不知所措，慌忙說著：

「代我向媽媽問好。」

「嗯，」他眼睛一亮，「如果媽媽狀況比較好時，我可以帶她來看你嗎？」

「當然可以。」

於是，廷軒帶著期待的心情離開。

晚上回到寮房，如同往常，元清盥洗後坐在書桌前，誦持自己的晚課：《阿彌陀經》、〈八十八佛大懺悔文〉，回向給法界一切眾生，皆能離苦得樂。

然後，他靜靜坐著，觀照自己的心：下午乍見廷軒的驚訝紊亂之情已不再。洪偉國、吳廷軒這兩位以濃厚感情深愛她的男生，都先後知道他出家，也見了他出家相。當初，自己也不分軒輊地付出了真情。如今，年輕時的兩情繾綣已雲淡風輕，不在心中激起漣漪。

感恩他們過去對自己的愛戀、照顧。這份情緣已昇華，現在看待他們如家人、如兄長，因此，多希望他們能有美滿的家庭、幸福的人生。沒料到兩位的婚姻竟然都觸礁！

元清無可避免的生起愧疚與自責之心。

思及佛陀成道之後，有一次回去探望父親淨飯王，見到過去的太子妃耶輸陀羅，他以慈悲、憐憫、平靜的口吻對她說：「雖然我對妳很抱歉，但對得起天下眾生。」

也想起才華洋溢，俗世感情、生活多采多姿的李叔同，出家成為弘一大師後，精嚴刻苦的修行，和勤奮治學弘法的精神。

佛陀、高僧大德們的威德行誼，自己當然無法相比。但是，他們對於世間情愛的淡然、豁達，將自私的小愛擴大為對所有眾生的大愛，則是他畢生必須學習的功課。

桌上貼著〈大懺悔文〉裡的一段文字：

我今發心，不為自求，人天福報，聲聞緣覺，乃至權乘諸位菩薩。
唯依最上乘，發菩提心，願與法界眾生，一時同得阿耨多羅三藐三菩提。

這是元清出家十多年來，用來砥礪自己的座右銘。洪偉國、吳廷軒、爸爸媽媽、哥哥、弟弟……都是法界眾生，他垂首衷心祝福他們。

下了火車，他們手牽著手，穿過月臺上擁擠的人潮。每逢週日傍晚，整個車站就像散場的電影院、假日的夜市一樣，熙熙攘攘的人群，如水塘裡的泥鰍不停地肩挨肩蠕動著。大都是南下返鄉探親訪友或踏青歸來的人吧。

從附近停車場牽出摩托車。

「今晚，不要回學校，好不好？」洪宇誠邊戴安全帽邊問道。

「好啊。」林惠敏溫順答應。

他投以感謝的目光。這兩天在山莊，除了練拳，還有打掃、搬運物品的勞動，他覺得筋骨格外疲憊，很希望有她陪伴。

他們騎到便利商店，惠敏下車，進去買了兩碗泡麵、飲料和餅乾、豆乾等零嘴。跨上後座，兩人便直奔他永和的住處。

老舊狹隘的水泥樓梯，兩邊牆壁處處是龜裂、脫落的痕跡。留在牆面上的白漆早已變成黯淡的灰漆，不知有多少年沒有粉刷了？每層頂上的燈泡，外罩的白色盒蓋裡面，堆積褐黃色水漬、黑灰色塵埃和許多小蟲子的屍體。因此，整個樓梯間就瀰漫著昏黃詭異的氛圍。

他們踏著沉重的腳步，爬到了三樓。

「應該向房東反映，要換燈泡，清洗燈罩。」林惠敏在後面說著。

「有啊，提了幾次，房東也不在乎，他認為這不是大問題吧。而且還有其他住家，這公共區域不歸他管，是不是大樓的管理委員要處理？」

最上層的四樓沒人住，所以往上的階梯也堆滿對面住家的物品。他將鑰匙插入鐵門鎖孔，迫不及待地躲進自己的窩巢。

確實，只是一個小窩，二房一廳，勉強棲息的陋仄老屋。一進門最不協調的當是一張幾占客廳一半的大方桌，估計是前房客留下來的。以其大，便也成了他吃飯、看書、打電腦、置放雜物的地方。

他已經研究所畢業，拿到碩士學位，不打算再攻讀博士。一來不想繼續添增父親的經濟負擔，二來他已有些厭倦繼續當學生。拿到博士學位又如何？

他急著要自力更生。暫時先以自己的所長，在臺大生化所擔任教學助教，從事生化教學影片的拍攝、剪接等事。薪水不多，付了房租，還得縮衣節食才能過活。以後錢賺得多再換好一點的房子吧。

他挪出一個空間，把手中的糧食放下，滿臉倦容地坐在椅上。林惠敏將熱水壺加滿水，按下煮沸鍵。走過來拿出泡麵，撕開鋁箔紙蓋，關心地看著宇誠：「很累喲？」

「嗯——」他從口袋掏出手機。看到一通來電未接，是哥哥打來的。

有了手機之後，他就儘量少打家裡的電話，不願聽後母的聲音，有事直接打爸爸或哥哥的手機。

不過哥哥很少主動找他，他撥回去，等了一會兒，「哥哥，剛剛在外面，很吵，沒聽到鈴聲，你找我？」

「弟弟，我——我——又跟後母吵架了。」吃力結巴又粗嘎的聲音傳來。

「為什麼吵架？她又怎麼啦？」宇誠有些緊張，豎直背脊。

「只——只是小事，又發——發飆，」宇平斷斷續續說道：「她說我洗完澡，衣服丟在浴室，沒拿去院子……就一次忘了，念個不停。下午，我打開冰箱，看到一瓶可樂，拿來喝了。她睡午覺醒來，找不到，我說我喝了。他就生氣罵我，說怎不說一聲，那是她要喝的……冰箱的東西，不是都可以吃的嗎……」

平時寡言的哥哥難得講那麼多話。他耐心地聽他釋放情緒，眉頭隨著話筒裡含糊不清又氣急敗壞的語調愈蹙愈緊。

「這些事，爸爸知道嗎？」最後，他問道。

「不知道。」聲音不再高亢，頓了一頓，無奈幽幽地說：「不想讓他擔心，而且，說了也沒用。」

是的，爸爸能怎樣？夾在妻子與兒子之間，一向怕麻煩的他又能怎樣？宇誠一顆心沉沉跌落。

「麵泡好了，先吃吧。」坐在一旁的惠敏靜靜地聽他講電話，注視他憂愁的神色。麵已軟，再不吃就糊了，他低頭扒麵，食不知味地把麵條吞下肚裡，喝兩口湯便擱下碗筷。

惠敏收拾妥當，坐回他身邊，望著一雙發愣的眼睛，她輕聲詢問：「哥哥發生什麼事？」她沒見過宇平，只從宇誠口中了解宇平的身體及精神狀況。

他敘說哥哥和後母的齟齬之後，緩緩說道：

「我很擔心哥哥，這樣下去，很怕會再出事。」

他心裡盤算，也帶著徵詢的口吻問她：「我想帶哥哥上來臺北一起住，好不好？」

「只有脫離那個環境，他才會快樂，才不會出事。」他補充說明。

「嗯，我也覺得這樣比較好，」善良的惠敏明白宇誠的心情，「不過，哥哥來臺北，找工作會不會有困難？」這是很現實的問題。

「先上來再說吧。目前要緊的是讓他離開那水深火熱的環境！但是，不知道爸爸肯不肯？哥哥願不願意？」

第二天，爸爸在學校時，他撥了電話過去，先告訴爸爸昨天哥哥來電發牢騷。

「唉，怎麼又吵架，他們兩個就是水火不容，彼此都看不順眼。我都不知道怎麼辦才好……」爸爸又是無可奈何的口氣。

「問題總是要解決。」於是他提起想讓哥哥上臺北之事。

偉國考慮片刻，「對你而言，會不會太辛苦？」宇誠對哥哥的顧念與情義，令他感動。

「沒有其他辦法，我想這是對哥哥最好的安排。」宇誠經過一夜的慌亂憂心、思索，他已能平靜地說著。

「宇誠，對不起，爸爸無能，自己的兒子都無法保護。」

後來，每每想起電話結束前，爸爸說的這段話，那無奈自責又蒼老的聲音，總令他心酸難抑。

不久，沒去苗栗山莊練拳的週六，宇誠下高雄，只在家裡住一晚，第二天便帶著哥哥北上。爸爸送他們到火車站，一起將宇平的兩箱行李送上火車。叮嚀他們兩兄弟要互相照顧，缺什麼再打電話回來等等。

窗外，站在月臺上的父親，因缺乏運動，身子逐漸發福。原本稜角分明的方正臉龐，兩頰垂著鬆弛的肌肉，眉頭緊蹙，寬大的黑框眼鏡後面，落寞蕭然的眼神凝視著他們。

一個不快樂的父親。火車卡隆卡隆開始啟動，兩兄弟揮揮手。父親舉起右手微微揚動的身影，很快消失在後頭。

宇平新奇又緊張地迎接未知的新生活。宇誠扛起了沉重的責任。

知道宇平上來臺北，周佩璇即刻過來探望。坐在客廳大方桌前，她看著多年不見的大兒子，身體愈發粗壯。兩兄弟的體格，一高大，一袖珍，他們身高、體重的差距，從小到大一直維持相同的比例在成長。

微微傾右上揚的下巴冒著稀疏的短鬚，頸子一道約兩公分的粉紅色疤痕，怵目驚心！

「宇平，」佩璇伸出手指頭輕撫，心痛地說：「以後千萬不能再做這種傻事，好嗎？」

接觸母親悲傷哀求的眼神，宇平點點頭。

「不過，媽媽，」突然罩上一層薄霧的眼睛遙望遠方，「哪天，我、我若真的走了，妳應該替我慶幸，終於解脫這……這個痛苦的生命。」

「宇平，不要說這種話！」佩璇惶恐阻止。

宇誠上完廁所，打開浴室的門，洗衣機裡洗衣服的轟轟聲傳來。佩璇起身，拿出帶來的芭樂，到洗手臺洗乾淨，用帶來的水果刀，以桌子當砧板切成一片片，要他們吃。她心裡盤算：這裡沒有廚房，不需要廚具。即使三餐都在外面吃，總也要備些碗盤、筷子、杯子、水壺……

她走進宇誠的房間，小小的空間，衣服凌亂堆在單人床旁的敞開舊木櫃裡，棉被也沒摺疊，平鋪在床上。宇平剛住進來，同樣的小房間就空蕩整齊多了。摸摸他們的棉被，薄薄硬硬的。

她問宇誠：「你們的被子夠暖和嗎？」

「現在秋天剛好，到了冬天，我再加條毯子。」

「棉被是在臺北買的嗎？」

「我的是上大學時買的，哥哥的是從家裡帶來的。都用了好幾年。」

「用了那麼多年，都變薄了。我買兩條新被子給你們，原來的就當墊被吧。」

她掛念的巡視兩個兒子在這屋裡還需要什麼？

宇平在旁邊跟著。「媽媽，我要找工作。這兩天看報紙看有什麼工作，能不能請妳也幫我留意？」

「好的，我來想想看。」

離開他們，回到自己的住處，她之前的念頭又生起。宇誠念研究所，在外面租屋而居時，她曾想過搬去和他一起住，可以照顧他，但是不敢提及。

現在宇平也來了，兩個兒子都在臺北。如果能像以前一樣，重新當個母親，為他們料理三餐，為他們洗衣服，關照他們的生活起居，多好！

現在這間公寓太小了，必須再另租一間，有三個房間、有廚房的屋子。她憧憬一幅母子團聚的美麗藍圖，她要再給他們豐沛的母愛。

早上用完簡單有營養的早餐，三人各自去上班，中餐只能在外面解決；下班回來，她會準備一頓熱騰騰的飯菜，母子三人邊吃邊談白天工作種種……宇誠女朋友惠敏住在學校宿舍，也歡迎她常常過來。嗯，愛屋及烏，我也能善待她的。

放假日，偶爾也可以一起去郊遊或看電影……想著想著，朵朵心花綻開花瓣，她兩邊嘴角快樂上揚，眼角泛起幸福的魚尾紋。

他們不再是小孩，已經長大成人，都快三十歲了吧。已有自己的想法，各自的交遊、朋友，不會再像小時候喜歡膩在她身旁，或許不想和母親一同出門呢。那也沒關係，她能理解，不會干涉太多。只要他們在身邊，她看得見摸得著，知道他們身體健康，知道他們平安快樂，她就心滿意足！

但是，宇誠一人住時，她不敢提；現在宇平上來同住，她也不敢說。如果他們開口邀請，她肯定欣然同意。他們沒有。

善良的兩個孩子，對母親出走遺棄的創傷，他們的怨恨憤怒，沒有在她面前表現出來，而是內斂地磨成冷淡、生疏、防備的粉末，輕輕撒在眼眸、言語和動作。即是這冷漠、生疏，令她不敢輕舉妄動。

踉踉蹌蹌走過十多年沒有母親的日子，現在他們好似不需要或不想要母親了？如今她只能被動地、有距離地等候他們的需要。

找一天去買兩床羽絨被給他們。至於宇平的工作，她第一個想到能求助的仍是高芳妮。唉，什麼事都麻煩這位老同學，有點過意不去。

在湖星幼兒園呆了那麼多年，五十來歲的她已不像年輕人，可以帶著小朋友蹦蹦跳跳。若在其他幼兒園早就被淘汰了，是芳妮有情有義讓她留著。現在她主要工作是規畫課程、寫教案，並教導新進的老師。

感念芳妮的知遇和禮遇之恩，她也竭盡所能的付出和協助。

宇平的事，可以找其他人嗎？她打開手機的通訊錄。

爸爸、媽媽，家裡的五金行？不行，偉國肯定不高興；自己的交往人脈大都是幼教界，不太適合。

螢幕往下拉，龍黛婷，在北投青山寺認識的師姐，見過幾次面，還一起吃過飯，交談愉快，是一位熱心、和善又幹練的女士，她好像擔任什麼主管職位？每次見面大都談學佛、修行的話題，沒關注其他呢，試試看。

「黛婷，我是佩璇，最近忙嗎？」她撥了電話。

「還好。」

「我有事情找妳，不知道妳什麼時候方便，我們約個時間見面，好嗎？」

「太好了，我不是一直邀妳來木柵嗎，我家附近有杏花林、櫻花園，和很棒的茶館，這個星期六過來吧。」

半山腰平地上的「茶園」，從屋頂到地板包括外圍的欄楯，全都是棕色的木材。坐在同色系的木桌木椅，往外望出去，每一扇木窗外就是一幅幅不同風光的山林風景圖。

「我喜歡這棟小木屋，不是假日的時候，人少更清幽。」龍黛婷盈盈笑道。圓圓的兩頰，靠近嘴角有兩顆可愛的小酒窩。

三三兩兩的人在其他桌閒適聚著，細碎的低語，被外面清脆聒噪的鳥叫聲掩蓋。

「來這裡的人，看來素質都不錯。」佩璇心想，雅緻的環境自然招來雅緻的客人。

服務員端來兩壺茶，小巧的杯子，外身是紫砂紅，內身為白釉彩。

龍黛婷面前的茶水色澤淡綠，有著隱士的清香，她說：「我喜歡文山包種茶。」望著手中杯裡的濃醇琥珀紅，佩璇笑說：「我的視覺、嗅覺喜歡綠茶，我的胃卻只能接受紅茶。」

龍黛婷塞一片杏仁糕到嘴裡，喝口茶，問道：「有什麼事，需要我幫忙？」

「是這樣的，」佩璇委婉說：「之前跟妳說過，我有兩個兒子，老二已經畢業。」

「時間過得好快，念完碩士了？」

「是的，他現在留在學校當助教。」

「很好啊。」

「不久前，老大上來臺北。」她沉吟片刻，把宇平的身體狀況，和為何離開高雄等種種告訴龍黛婷，只沒說他曾輕生，有憂鬱症。

「以他的身體狀況和條件，自己要找工作很困難。妳見多識廣，認識的人多，不知道能不能幫忙，看哪裡有工作給他？」她期盼地望著黛婷。

「我想想看。」黛婷認真思考。

過了好半晌，山中烏鴉「嘎——嘎——」聲劃破天空。

「這樣吧，先到我們公司試試看。」

佩璇心喜地睜亮眼睛。

「別家公司的人不認識宇平，他去了，我也不放心。我們公司這兩年有徵半年一聘的臨時工，他先來做做看。如果他適應不錯，也適合，或許以後能當正式職員。」

「太好了，太謝謝妳了！」佩璇感激地說。

「我們公司是國外企業，」有必要讓這位母親了解，龍黛婷說：「我們做汽車輪胎。臨時工大多是搬運輪胎的粗重工作，還有，工廠在桃園，路途比較遠。」

一聽是運輸的粗重工作，她有些擔心，宇平雖然高大，但平衡感不好，不知他力氣如何？而且地點那麼遠……

「妳也在桃園上班嗎？」

「是的，我也搭火車到桃園，再坐汽車去公司。」龍黛婷明白她的意思，安慰她：「習慣了也不覺得遠。很多人都是每天從臺北到桃園上班的，妳放心好了。」

「喔，那就讓他做做看吧。」

頓然思及是她在求人幫忙，怎說得如此勉強，訕訕一笑，趕緊說：

「不好意思，是我掛念太多。非常感謝妳的幫忙！」

「沒關係，我能理解做母親的心情。」龍黛婷爽朗說著。

「今天二十七日，就下個月一日開始上班吧。」

「真的？那麼快……會不會造成妳的困擾？」

「不會的，這件事我還能作主，不用掛礙！」她邊打開手機搜尋。

「我給妳一個電話，妳記下來……這位王先生是組長，也住在臺北。我會跟他說，叫洪宇平跟他聯絡，約好在臺北火車站見面的時間。他會帶宇平一起搭車，到了公司會帶來找我。」

辦完「正事」，兩個人都鬆了一口氣，悠閒地喝茶、嗑瓜子，有一搭沒一搭隨意聊著。

龍黛婷一頭俏麗的短髮，身著淺灰色寬領羊毛衫，頸子繫上有著橘、黃、綠圖案的細滑絲巾。鮮豔的色彩，將薄施脂粉的臉蛋襯得亮麗動人。

黛婷只比她小三歲，卻是充滿生命活力和自信心的女人，尤其有個幸福美滿的家庭，更是令人羨慕。

「妳的女兒還在美國念書？」想起她唯一的孩子前年去留學，佩璇問道。

「是的，現在大二，她說今年過年會回來。」談起女兒，換成媽媽的口吻：「她太嬌生慣養了，動不動就耍大小姐脾氣。到外面歷練就知道，不是每個人都會順著她的……都是她爸爸寵壞的！」

「她像妳嗎？」

「嘿、嘿，是有點像。我先生說平時我是一隻溫柔愛撒嬌的小貓，發起脾氣就變成兇猛可怕的母老虎，哈！」笑靨盈盈，兩顆小酒窩抹去了幹練精明的神采。

走出「茶園」，晚秋的沁涼滲入肌膚。濛濛薄霧在墨綠遠山、在路旁一株株葉片稀疏的樹林間浮移。

「再過一兩個月，櫻花就會盛開，接著又有杏花，滿山一大片的紅色、白色、粉色，真是漂亮！到時候再邀妳來賞花。」黛婷說。

宇平第一天上班。晚上她迫不及待打電話給他。他回答母親一連串關切的問題：「搭捷運到火車站。」「搭七點四十分的火車到桃園。」「四個人同搭一部計程車到公司，車程約十分鐘。」

「坐車的錢不少呢，你有帶錢嗎？」

「有，不過王先生說，從臺北火車站到公司的交通費，由公司負責。家裡到臺北火車站的這一段，自己負責。」

「那不錯啊！見到龍小姐了嗎？」

「見到了，」宇平頓了一下，「媽媽，原來龍小姐是處長，很大的主管！她中午還到員工餐廳關心我有沒有吃飯。」

佩璇心中萬分感謝這位好朋友。

「累不累？做得來嗎？」這是她最掛念的。

「有點累，就是搬輪胎嘛……」他的語氣有些索然。

「先做一段時間，試試看，或許習慣就好了。」佩璇安慰他。

「嗯。」

「早上要早起，晚上早點睡覺喔。」

「好的。」

過幾天，她打電話問黛婷，宇平情況如何？

「他很斯文，很有禮貌，是一個有教養的孩子。搬運輪胎是體力活，他動作比較慢，不過很認真，努力想做得好。慢慢會習慣的，妳不用太擔心，我會交代王先生多多關照他……」

十樓的大殿祥和寧靜。隨著雲朵的移動，由兩面牆上窗戶透進的天光，在米色牆壁、棕色地板，或明或暗，如海浪般款款舞出無聲的光影圓舞曲。天花板上蓮花弧形的藻井，青黃赤白的蓮瓣紋、雲紋和圖案，以莊嚴、華麗又典雅之姿，供養前面端坐的三寶佛。

元清在佛前頂禮三拜之後，沿著四周慢慢經行。都市道場，沒有遼闊的戶外空地可以行走。長方形的殿堂，是明和寺唯一寬敞、可供經行或跑香的場地。他喜歡一邊行走一邊思考。腦子裡正思惟著下一期社教班的課程。

師父常說「寺院即學校」，指示每個道場都必須有教育的功能；來自十方，取之社會，就要有所回饋；以法布施給十方，以法供養給每一個眾生……所以，除了舉辦法會（以法相會，各種佛事也皆是法音宣流呢），更要開設社教班、都市佛學院。

明和寺已有二十年的歷史，在這方面已頗具規模和成果。不少學員因為聞法而改變思想觀念，而有了光明的人生，最後成為護法者，甚至出家為僧。

元清調到臺北不久，住持即讓他負責社教班。現在他腦中像跑馬燈，一一閃過初級、中級、高級各班過去的課程，接下來的課程？安排哪些師資？……心中約略有個譜，他回到殿外的服務臺，在咖啡色長條櫃檯裡坐下來。

今天是他值班當知客，沒人來時就可以在此看書，做自己的事。前沿約十公分高的桌面，放著道場每季的行事曆，以及本山的資訊、海報；下沿的桌面、抽屜，則放各種報名表，及殿堂會使用的一些物品。

元清將《六祖壇經》經本和講義先放一旁。眼前攤著三個班級的課程表，和幾張空白表格。先做初步規畫，剛拿起筆填上課程名稱、講師，聽到電梯噹的聲響，抬起頭看到電梯門開，一位男士走出來。

中等身材，穿著土黃色卡其褲，上身是一件洗得褪色的藍色方格襯衫。頂著蓬鬆短髮的頭左右張望，遲疑邁向大殿。

元清趨前，微笑招呼：「先生，你好！」

男士嚇一跳，沒留意冒出一位法師。

「你要進去禮佛嗎？」陌生的面孔，應是第一次來，他委婉說道：「麻煩請脫鞋，謝謝。」

「哦，我只是看一看。」男士愣了一愣，還是彎腰鬆開運動鞋的鞋帶。已磨成灰色的兩隻白襪子，都露出粗糙的大拇趾，他不自在地踱向佛前。舉頭看看佛像，移動腳步似在尋找什麼。原本站在後面遠遠觀望的元清，往前靠近。

「師父，怎麼沒有香？我想拜拜。」男士側頭問道。

元清從牆角香罐裡抽出一支香，點燃，拿給他。

他雙手捧著香彎腰猛拜幾下，逕自插入中間的香爐。轉頭看到這位法師猶溫和地看著他。他猶疑片時，囁嚅說：「師父，我可以和你談談嗎？」

「可以。」元清引他坐到服務臺前的圓凳。從保溫桶倒了一杯茶給他，自己也在他面前坐下。

靜定地望著他，略為黝黑的方形臉，兩頰一些坑坑窪窪的痘疤痕。應是四十來歲的中年人，下垂的雙眼有著滄桑後的頹靡。他喝口茶，放下杯子，吁了口氣說：

「師父，我剛從監獄裡出來。」

元清一聽，矍然心驚！即使強作鎮定，仍難掩倉皇之色。

「你放心，我不會害你的。」男士趕緊說。這位出家人看起來很慈祥親切，嚇到他，有點過意不去。

元清一時不知如何回話。

「跟你說，」男士繼續說：「我是和朋友合夥做生意，被欺詐陷害。那時氣不過，和他爭吵、打架，一時失手……殺死了他……我不是蓄意的。」他迷惘地回到不堪的記憶。

「判刑要關十五年。我在獄中表現不錯，關了八年，現在假釋出來。我很想重新做人，再也不要回去監獄！但是，我的家人、兄弟、親戚都不肯幫我……」

「為什麼？」元清怯怯輕聲問。

「師父，你不知道，」他神色愴惻，幽幽說道：「世間是很現實的，許多人都怕被連累。我已經改過自新，他們也不相信我。」

「也難怪他們，我年輕時不學好，不務正業，常常四處遊蕩，又愛耍流氓……」早春峭寒的空氣，從緊閉窗戶的縫隙竄進來，元清看到他單薄衣服裡的身子微微顫抖一下。心中愀然悲憫。

「我出來三、四個月了，四處找工作，但是坐過牢的人，沒有人敢用。」他頓了一頓，「最近知道臺南有一家工廠，肯雇用更生人士。已經聯絡好，他們答應讓我去那裡工作。」

「真的，很好啊！」元清替他高興。

「但是，」他面露尷尬，說：「他們也提供住宿，不過要自備棉被。我沒有錢買……

我連到臺南的車錢也沒有……」

「師父，」他急促地說：「你能不能借我錢？我身上沒有錢，今天都還沒吃飯。」

「噢，我先拿點東西給你吃，你等一下。」元清最見不得人家肚子餓。

他打電話撥內線：「師兄，麻煩你，我記得早上的麵包還有一些，能不能請一位師姐帶幾個上來？還有，看有什麼飲料，也拿兩瓶。謝謝！」

男士愣了一下，傻傻發呆，沒說話。很快地，師姐提了個紙袋上來。元清拿出麵包和鋁箔包的豆奶，放在他面前。

「很抱歉，不是用餐時間，沒有什麼飯菜，你先吃麵包充饑吧。」

男士看來真是肚子餓了，馬上拆開塑膠袋，大口吃著。

「你慢慢使用。」元清站起來。

他走下樓梯，回自己寮房，打開抽屜，抽出皮夾裡的一千五百元，找到一個舊信封裝進去，放入長衫口袋裡。

回到服務臺。男士吃了兩個麵包，正在喝豆奶。

元清溫和地對他說：「再吃呀！」

「吃不下了，謝謝你。」

待他喝完，元清誠懇地說：

「先生，人非聖賢，孰能無過；知錯能改，善莫大焉。我相信你在監牢裡那麼多年，吃了苦頭，是想要痛改前非，是不是？」

男士點點頭。

「我相信你的改邪歸正。」元清重申並勉勵：「到了臺南，好好的工作，學得一技之長，至少能養活自己。」

他拿出信封，輕輕推到男士面前：「我是一個出家人，身上沒有多少錢。這裡的一千五百元，你拿著，應該夠你買火車票和棉被吧？」

男士原本打算借個三、五千元。瞧這位法師清清瘦瘦的，剛才在大殿，無意中看到他腳上的襪子，兩隻都破了兩個洞，似乎比我還窮呢！

尤其自己這副落魄窮酸模樣，他沒有嫌棄，從頭到尾那麼慈祥溫和的對待，給我東西吃，而且他相信我、鼓勵我。相形於這幾個月遭受的歧視、排擠、冷漠，男士感動莫名，熱血湧上心頭，喉頭哽咽，徐徐說道：

「師父，非常感謝你！你對我那麼好，我一定會努力工作，不再做壞事。等我拿到工資，我會把錢寄還給你。」

「沒關係，這點錢就算我給你的，不用還。」元清微笑說道。能幫助一個人改頭換面，重新振作，才是最重要的。

「不行，我一定要還，」男士堅決說：「師父，這裡的地址是？」

元清拿了一張行事曆給他，「這是我們明和寺這一季的活動公告，下面有地址。」

「師父，你叫什麼名字？」

「我叫元清。」

男士離開後，他俯首繼續未完成的課程表。有師兄、師姐來去進出，他望一眼，招呼一聲，沒事便再低頭做事。斷續中總算將三班的課程規畫表完成，明天早上給住持過目，看是否需要調整，如果沒問題，就可以公告了。

把幾張紙梳攏梳攏，放進資料夾，往旁邊一擱。《六祖壇經》的教材移到面前。

電梯又噹一聲，他抬眼，一個高大的身影已在眼前。

「廷軒──」他高興地招呼，「你還沒回瑞士啊？」

「明天要回去，今天過來看看你，向你辭行。」

「剛到九樓，裡面的法師說你在十樓值班。」吳廷軒在前面的圓凳坐下來。

「是呀。對了，今天有件特別的事情──」面對廷軒，他感覺很輕鬆、很自在，像老朋友相處一般自然。

他描述那位男士來借錢的經過。

吳廷軒邊聽，眉頭頻蹙，緊張問道：「那時只有你一個人嗎？」

「是啊，平時會有一位師姐一起值班，今天那位師姐有事請假，沒來。」

「多危險！如果他心懷不軌，如果身上藏著刀，怎麼辦？」

「我沒想那麼多，應該不會吧。」

「不是一般人，是監獄的犯人，很可怕的，你一個女生……」廷軒思之心驚膽顫，捏一把冷汗，喃喃說道。

「這裡是寺院，我想他不敢為非作歹，而且他還到佛前上香呢。」

見他一副天真的表情，廷軒不知要再說什麼，只能祈求佛菩薩佑他護他。

吳廷軒擔心的是元清的人身安全。

事後，師兄、師姐聽聞此事，有不同的猜測和掛念：

「或許他是一個騙子，到每個地方，都是如此地騙錢。」

「你好傻喔！」

「你給的錢，他是不會還的！」

是的，那時元清也曾在心中閃過「騙錢」這個念頭，但是他馬上自我反駁：

「假如那位男士所言是真，他到處碰壁，走投無路，會不會因為沒錢吃飯，沒錢坐車到臺南工作，鋌而走險又偷又搶，再度被關進牢裡？」

他來到佛門，我怎能不給他機會？所以當時元清即抱著：「寧可被騙，也不要錯失一個因緣，一個救度人、給人改過向善的因緣。」
「錢給了他，就沒想要他還。」
「你回寮房拿錢時，他一個人在十樓，櫃檯抽屜裡有沒有錢呀？」有人問。
「哎唷，我竟沒想到這點！」元清伸伸舌頭，為自己的疏忽難為情。
「抽屜有錢，不多，後來我數了沒少。常住的功德款若丟了，那可真罪過。」
兩個月後，元清幾乎忘了此事，忽然收到一封信，寄件地址是臺南，打開來，一張粗糙的白紙包著一千六百元，紙上黑色的筆歪歪斜斜寫著：
「師父，還記得我嗎？我已經在臺南工作，上個月領到工資二千元。一千五百元是還給師父的，另外一百元供養您。賺的錢不多，只能給一百元，不好意思。謝謝您對我的信任，我會努力工作，不讓您失望。」
粗拙的字，簡單的幾句話，元清看了兩遍，心中的歡喜無以言喻。不是錢的失而復得，以一千五百元賭人性，他贏了！贏得對人性光明、向善的信心！

上一期中級社教班有一位學員劉靜娟，是這裡信徒的女兒，在臺大念書。很活潑開朗的女孩，難得的從初級班開始，沒有缺過一堂課，很認真，饒有興致的學習。
那一期有門課程是〈宗派概論〉，由元清自己教授。記得是講完禪宗的起源、法脈傳承和重要典藉之後，劉靜娟找他，說她是臺大晨曦社的組長，想請他去上課。

「你們想要上什麼課？」元清有些心動，能到學校和青年學子結法緣，是件美事。

「平時有學長帶我們研討佛教義理，和談佛法在生活中的應用。聽說以前，我還沒有加入之前，曾經請法師來講過《心經》、《金剛經》。不知道為什麼後來就沒有經典的課程，我很想再恢復。」

劉靜娟侃侃而談，熱忱高昂的神態令他感動。於是，經過半個月的溝通、協調，他每週六下午到臺大晨曦社講說《六祖壇經》。

選這部經典，除了它是禪宗乃至佛教史上重要的經典，其內容精采，極富故事性，較能吸引年輕人，也是他考量的因素。

前兩次，人數不多，約二、三十人吧，在一間不大的會議室（或研討室），同學們在中間長方形大桌旁，緊挨著圍坐。來參加佛學社團的學生，應是對佛教有興趣或友善。因此，當一位法師，尤其比丘尼進來時，大部分的人都持以恭敬和善的態度。

首次來到臺灣第一高等學府，面對一群精英，坦白說一開始他有些緊張。環視一張張猶帶著稚氣的臉孔，他深深吸一口氣，告訴自己：佛學是我的專業，我來是結緣，是分享。這麼一想，便歡喜自在的流暢講說。

送給他們每人一本《六祖壇經》。前面兩堂課，他先簡單講述禪宗的歷史、此部經的重要性，和介紹惠能大師的生平。

今天第三堂課，人數似乎多一些，兩邊增加了幾張坐椅。和臺大自由風氣相符，社團更是隨興，人數多寡，來來去去，沒人點名過問。元清也不在意，只專心認真講課即是。

他不喜歡太嚴肅的氣氛，上課時常會拋出問題，讓同學思考、回答；偶爾也停下來，讓他們提問，一起討論。雖然會延緩進度，但是如此腦力激盪，相信大家的收穫會更多。

講到曾為將軍的惠明，第一個追到惠能，要奪取置放石頭上的衣鉢，竟然提掇不動！

他問：為什麼？

「惠能大師施展神力罩住！」

「鉢是重銅鑄造的。」

「他跑太快，突然心臟病發作，手腳無力。」

……

七嘴八舌，滿堂笑聲。

接著，惠能對心生慚愧地惠明說：「不思善，不思惡之時，那個是你本來面目！？」

元清解釋何謂本來面目，然後說明最後一句話可以是問號，也可以是肯定句。突然有個同學舉手：

「老師，我們從小的教育是要知道善惡，要能明辨是非。如果沒有善惡的觀念，這個社會豈不更亂了？」

「問得好！」元清注視這張清秀而陌生的面孔。第一次來的同學提出他原本就要解說的重點。

「我先說個故事，」他徐徐說道：「在《莊子》裡有一則故事，南海王和北海王，常常到中央帝王渾沌家，每次都受到很好的款待。有一次吃了豐盛大餐，兩個人想要回饋，給什麼呢？他們發現渾沌竟然沒有七竅，好可憐喔！於是，好心好意地每天幫他開一竅，到第七天，七竅完成，中央帝王枯萎而死。」

大部分的人沒有聽過這則故事，一副吃驚的表情。

他問：「知道七竅嗎？」

好似突然失去記憶，一忽兒，聲音才冒出：「兩隻眼睛、兩隻耳朵、兩個鼻孔、一個嘴巴。」

「為什麼原本無憂無慮、天真無邪的中央帝王，有了七竅之後，竟然不快樂而衰頹死亡？」他再問。

靜默無聲。

「好，這個問題，大家回去想一想。」

他說：「世間是相對的，如此多元多采，有男生、有女生；有美麗、有醜陋；有黑白、善惡、高低、貧富、貴賤……它們有一定的標準嗎？所有的標準，不是我們人類自己分別、訂出來的嗎？想一想，如果沒有壞人，是不是就沒有所謂的好人？」

「那就是『聖人不死，大盜不止』？」新面孔的男生問。

元清想一想，「不太一樣。」接著慎重地說：「在世間，要有一套善惡標準來維繫社會秩序。佛教也說諸惡莫作，眾善奉行，這都沒錯。」

「好，回到原來的問題。本來面目是我們每個人的自性、佛性；這佛性，亙古今而不變，歷萬劫而彌新，它無形無相，無所謂的青黃、長短、善惡種種分別。」

「前面不是說過嗎，這部經典的主旨，即是在講我們的佛性……」

如此簡明又深奧的核心思想，他希望能透過此經傳達給這些學生。

洪宇誠被林惠敏又哄又拐進來聽第一堂課。對於他所提的問題，法師旁敲側擊的回答方式，鑿出更多他必須思索的問題。

接下來，沒去苗栗打拳的週日，他們兩人就會出現在晨曦社的課堂上。

在桃園輪胎公司，第三期半年臨時工的最後一個月，洪宇平表示期滿後他不想再繼續工作，原因是太累又無聊。

周佩璇幾次見他，雖然因為勞動，肌肉看起來比較結實，眼眸仍是一種看不到目標的茫然。

龍黛婷告訴她：「宇平不適合勞動，他的氣質是屬於坐在辦公室的。我很想讓他成為正式的職員，這樣對他往後的生活也有保障。但是，我們是美資公司，美國人做事一板一眼，不講情面。正式職員要經過考核，有一定的學歷、經歷要求……有些困難。」

能讓宇平當臨時工，佩璇已非常感謝龍黛婷的幫忙。她清楚自己兒子的狀況，能理解黛婷的立場。

宇平重新自己找工作。喜歡電玩的他，對電玩雜誌的編輯工作有興趣，他的文字能力還不錯，但對方嫌他只有高中學歷；這陣子沉迷動手做模型，模型公司說他動作太慢；到處林立的便利商店，見他講話口吃，含糊不清，連打工的機會也沒給他……

沒有後母的冷嘲熱諷，他心情平靜許多。

從高雄上來時，醫生囑咐他要繼續服藥，並介紹了臺北榮總一位精神科醫師。所以他兩週跑一趟榮總，每天按時吃藥。每天除了出去吃飯，便是在家打電玩、看看書。節省的花費之前上班存下來的不多積蓄，加上爸爸每個月固定存入他帳戶的一萬元，目前的生活費尚能勉強維持。

弟弟對他很好，對他所作，從不干涉、不責備，只在一旁默默關心和靜靜聽他發牢騷。但是，弟弟手足之情的溫暖與包容，無法填補他心靈的空虛。

被排斥、沒有工作、沒有人際的互動，他更退縮到唯有自己的世界裡，一個永無止盡的孤獨寂寞的世界；每天睜開眼就得面對的無以排遣的孤寂！

他開始喝酒。全身細胞浸泡酒精裡，肌肉放鬆，精神酥麻的感覺很舒服。原先是為了喝酒更好入睡，現在不分晝夜都盼著有酒相伴。

他們父子三人，洪偉國是飲酒三分即滿臉通紅，再增幾分就醉倒；洪宇誠自幼是過敏體質，長大後發覺喝酒會讓他全身發癢，引發氣喘，便不再碰酒。唯有宇平酒量最大，因此不知不覺，禁不住往酒囊深探。

沒有錢買好酒，就灌便宜的米酒或其他劣酒，但求長醉不願醒。沉沉醉倒的夢鄉裡，有個溫柔的女孩陪在他身邊。

他不求長相多漂亮，只要能愛他、對他好，就心滿意足。常看到一些眼盲或肢體殘障、弱智等條件比他更差的人，也能擁有真愛，過著有人相伴的幸福生活。他很羨慕，渴望能遇到一位愛他，也被他珍愛的女孩。夢裡的姑娘，何時真正走入他生活，不再消失？

宇誠下班回家，常聞到發酵的酸腐氣味瀰漫在空氣中。哥哥總是醉醺醺躺在床上，或搖晃晃從房間走到廁所，從廁所走回房間。

「哥哥，」他也總擔心地說：「不要喝那麼多酒，喝太多酒會傷身。」

哥哥也只紅著眼睛側頭朝他斜睨，什麼話也沒說。宇誠在身後亦步亦趨跟著，留意他踉蹌的步伐。

有一天回到家，發現哥哥歪倒在浴室門口，眼鏡跌碎在旁邊。宇誠緊張奔過去，醉得不醒人事的宇平，額頭腫個包，紅紅的血流到臉頰、地上，他嚇壞了，叫著：「哥哥、哥哥！」

喚不醒，又扶不起來，趕緊打一一九電話，救護人員用擔架把他抬下樓，送到醫院急診室，額頭縫了三針，等他完全清醒，他們才回家。

由於出生時黃膽的後遺症，宇平的平衡感極差，加上酒精的侵蝕，麻痺了心靈，也麻痺了腦袋和肢體。

像一顆定時炸彈擺在家裡，宇誠提心吊膽地防備著。

又一個晚上，周佩璇接到宇誠的電話，趕到耕莘醫院的急診室門口，宇誠神色黯然的佇立慘白的燈光下。見到母親，一語不發，默默地帶著她穿過像菜市場一般人聲細碎、步履雜沓的走廊，拐進一個寬敞的空間。十來張的病床並排著，家屬（或朋友）、醫生、護理人員，在床邊、在空地穿梭，或擔憂注視，或輕聲交談。

一靠近宇平，濃濃的酒味撲鼻，他酡紅的臉孔，右眼皮、眼眶四周和額頭都瘀青腫脹，兩眼仍惺忪渙散狀。

「宇平，你怎麼把自己搞成這個樣子？」佩璇心疼地輕聲念著。

媽媽溫柔責備的聲音和焦慮擔憂的神情，令宇平胸口一酸，布滿血絲的眼眶裡霎時泛上濕濡濡的淚光。

「痛嗎？」

他微微搖頭。

佩璇拿下他手中的冰敷袋。米黃色紗布袋裡的冰塊已融解得只剩幾粒碎冰在水中浮動，仍然沁涼，她輕輕擱放在瘀青的地方。床邊點滴架上的點滴液一滴滴流入他身體。

「是生理食鹽水，醫生說讓身體的酒精快一點排出來，也加了消炎止痛的藥。」宇誠說。

綠色的被巾蓋在身上，露出深藍色運動褲的褲管，和光裸裸的兩隻腳丫子，趾甲該剪了，腳面皮膚粗糙乾澀，為什麼不穿襪子呢？低頭看到床下一雙藍白色橡膠拖鞋，在家裡跌倒的吧。

穿著米色短袖汗衫的上半身，像一座靜止的石膏像。她撫著厚實的臂膀，心中喟嘆：

「長得那麼粗壯，如一棵大樹那麼粗壯的兒子，如此頹廢、如此憂鬱，可怎麼辦？」

「孩子，媽媽對不起你，給了你一副有缺憾、不完美的身軀，又拋棄你，讓你缺乏母愛……」

她心裡又不停地愧疚自責。嘴裡只能叨念著：「以後不要再喝酒了，好嗎？」她所知，他因醉酒受傷而到醫院就診的，這是第二次。未知的、宇誠沒告知的，有多少次呢？

「你看，你受傷自己受苦，弟弟、媽媽多擔心呀！」用親情呼喚，讓他知道家人對他的愛與關心，希望他能珍惜自己。

「不要再喝酒了，好嗎？」她再次勸說。

看著媽媽關切懇求的眼神，他微微點頭。

是累了吧，他閉上眼。宇誠碰碰她的手，輕說：「媽媽，我們到外面說話。」

在外面走廊椅子坐下，宇誠滿臉憂愁。

「我真的很擔心，幾次都是我正好回到家，及時送醫。」他哽咽地說：「如果我不在家，他又發生什麼事，我很難想像，很害怕……」

憂心掛礙而生怖畏。

每次哥哥跌倒，他腦海會浮上一首歌詞：

「人生的路很漫長，而且蜿蜒曲折……我很堅強，足夠背負著他，他不重，他是我的兄弟……肩上的負擔不會把我壓垮，他不重，他是我的兄弟……」

扶不起哥哥沉甸甸的碩大身體時，他常忍不住心中悲痛呻吟：「哥哥，你真的很重！我無法扶你、揹你呀。我的心也快被你壓垮了！」

「媽媽，我把哥哥從高雄帶過來一起住，我沒有後悔，只希望遠離那個環境，他能快樂一點，平靜一點。」宇誠憂傷的臉孔，兩道眼淚溢出來，抽抽噎噎低訴，「但是，他現在這個樣子，我真的非常難過，非常擔心……」

佩璇心疼宇平的自傷，更心疼宇誠所背負的重擔！

她拍拍他肩膀，好想擁住這瘦削的軀體，但是，她不敢。強抑憐憫雙兒的傷痛，她喃喃說道：「每天呆在家裡，如果有個工作會比較好吧。」

「或許吧，」宇誠順口問：「媽媽，假如讓哥哥去阿公家幫忙，可以嗎？」

「阿公的店已經沒有了。」

「喔，什麼時候？我怎麼沒聽說？」他上來臺北也只和外公外婆見過一次面，還是他們去學校看他呢。

「有兩年了吧。這幾年傳統的五金行愈來愈難做，生意不好，而且阿公阿嬤年紀也大了，便關起來。後來連店面也賣了，現在和大舅住在一起，幫忙照顧他們的小孩。」

他有些失望。

「我再想想看。」佩璇想回去找芳妮幫忙。

「其實，工作是原因之一，」他悵惘的眼神望著媽媽，「哥哥的感情沒有寄託，他很想有個女朋友。之前曾請惠敏幫忙，惠敏介紹一個女孩子，還不錯，哥哥也很喜歡。但是，見了兩次面，那女孩就不想再交往了。這件事對哥哥的打擊滿大的。」

「哥哥很善良，人品也很好……」他沉吟道：「要有極大的愛心，才會接受他，看到他的優點。」

「唉——」知道兒子被拒絕，心痛的她深深嘆口氣，暗自祈求佛菩薩能給宇平一個好因緣。

她從皮包拿出五千元交給宇誠，邊問：「醫療費夠不夠？」「夠啦。」

回到宇平身邊，他已經醒來，說：「弟弟，我要小便。」便挺身坐起來，雙腿移下床。宇誠提著點滴袋陪他走往廁所。

回來坐在床上，他口中含糊說著：「我要回家。」

「我去問醫生。」宇誠走開。不久，和醫生一起走回來。

「怎麼樣？頭還會暈嗎？」醫生問。

宇平搖搖頭。

「你再躺一會兒，等點滴滴完就可以回去。」醫生轉頭對宇誠說：「沒有腦震盪，眼睛也還好，只是皮肉外傷，沒關係。」說完即匆匆離開。

宇誠先去繳費。二十分鐘後，護士來拔去針頭。酒味尚未完全消散的宇平，在瘦小的媽媽和弟弟陪同下，走出人影雜沓，氣氛緊張的急診室。

已經九點多了，對照馬路上的漆黑，急診室門口的燈光更顯蒼白猙獰。

「唔——咿——唔——咿——」救護車的鳴笛聲，由遠而近的傳來。一輛計程車緩緩駛來。

「媽媽，」宇誠說：「那麼晚了，內湖很遠，妳先上車吧。」

「沒關係，你們先回去。」再次叮嚀宇平不要再喝酒。佩璇憂心忡忡地望著一胖一瘦的兩個兒子鑽進車裡，揮揮手，直至車子消失，她才往公車站牌走去。

第二天到幼兒園，找個空檔和高芳妮談宇平的事。這位好朋友認真思考，答應幫忙尋找適合的工作機會。

佩璇也再度思索搬去和兒子同住的事。考慮兩天，她打電話給宇誠，有些惶恐，真怕他會拒絕！電話那頭停了半晌。

「媽媽，」似經過沉思後的謹慎措詞，「妳過來一起住，我想對哥哥是比較好……不過，現在的房子太小，只有兩個房間。」

「我們可以再租大一點、有三個房間的房子。」兒子沒有拒絕，她很高興。

「但是，今年的續簽合約才剛簽好，也付了一年的租金。我想等合約期滿再搬，而且一時要再找適合的房子，也不是那麼容易。」

「好吧，等時間快到時，我們再留意。」

她有了期盼的目標。心中常常憧憬著重為人母的畫面，規畫著如何打理他們的生活。甚至想到如果能買棟房子，有個固定、屬於自己的家就更完美。她盤算先籌錢或貸款，來支付購屋的頭期款，以後再分期付款。

也盼著自己孤獨的日子終將結束；等宇誠和惠敏結婚，有了小孩，就退休幫他們帶孩子……

三天的連假，佩璇和同事們到臺東旅遊。這兩天到「臺灣史前文化博物館」、「卑南文化公園」，參觀了史前聚落遺址，了解原住民的民俗文化。也到臺東森林公園、琵琶湖，遊了河口海邊濕地。這兩處的自然生態和北部景區都大不相同，更具原始風貌。

尤其整座城市少有高樓大廈、蔚藍的天空、遼闊的綠色田野，和乾淨的空氣，真是讓人心曠神怡。

白色的渡假中心小巧樸素。兩層樓的房子呈一個「口」字，每個房間的房客打開門，站在走廊可以和左右、前方的同伴照面呼應，都可以看到中間方形、透天的中庭。庭裡植有草坪、花木，鋪上碎石小徑，擺著石桌石椅，是個露天的花園交誼廳。

今天將搭火車經花蓮、宜蘭回臺北，沿途又可見一望無際的海洋。昨晚飽睡一覺，兩條腿的痠疼已減輕，服了胃藥，劇烈的胃痛也已舒緩。這半年來腸胃不太好，所以隨身會帶著藥。

剛用完早餐，她上來收拾行李，心想：還要吃藥嗎？吃吧，免得在路上又痛起來。

倒杯水，吞下一包藥，淺咖啡色細顆粒狀的胃腸藥，帶著淡淡肉桂香，經過喉嚨的味覺還滿舒適爽口。

放在床上的手機鈴聲響，走到床邊，宇誠打來的，「喂，宇誠——」

「媽媽，我昨晚打給妳，妳關機了。」

「我和同事們來臺東，白天走了許多路，很累，所以晚上早早就關機，睡覺了。」

「哦，妳在臺東。」聲音僵硬，和平時不太一樣。

「待會兒我們去搭火車，下午就回到臺北。」

「媽媽，」低沉緩慢的音調：「哥哥走了。」

「走了?走去哪裡？」她不明白。

「哥哥死了。被車撞死，但是，我認為是他自己跑去撞車的。」

她腦袋一轟，整個人呆住。

「媽媽、媽媽——」見沒回應，宇誠叫了幾聲。

「嗯——」聽到回音，他說：「等妳回來再說。」

她坐在床沿。浴室門打開，同事走出來。她恍神問著：「剛才妳有聽到電話鈴聲嗎？」

「沒有呀，我在洗頭，水聲大，沒聽到，怎麼啦？」

那只是夢吧？她捏捏自己的手，不痛，沒有感覺，確實是夢。宇誠並沒有打電話來。

同事拿了吹風機進去浴室，嗚——嗚——的風聲，隔著三夾板木門悶悶地傳出來。兩張床上，床單凌亂攤開；她的行李箱蓋子還沒蓋上，剛剛將毛巾、盥洗用具放進去。服了藥，正要檢查是否有物品遺漏了。

恍神的夢裡，接到宇誠的電話，是吧？

她不確定。鼓起勇氣撥了他手機。

「宇誠，你剛才有打電話給我嗎？」

「有。」

「真的嗎？你沒騙我？我不是在作夢吧？」

「沒有。」宇誠哀傷又肯定地說：「媽媽，哥哥真的死了。」

確認此噩耗，全身被轟炸的感覺延續，腦漿、五臟六腑，被炸得支離破碎，只剩空蕩蕩、麻木無知覺的軀殼，很像身體已飛走，褪下來掛在樹枝的枯乾、如網狀通透的蟬殼。

撕心裂肺的痛，猶有痛覺。剎那間，肉體和靈魂被震碎、抽空，抽空的蟬殼裡，陰森、凜冽的黑風，肆意地吹刮啃噬，只覺刺刺麻麻、顫慄、痙攣。此時若巨石往頭頂砸下去，碎骨粉身也不會覺得痛吧！

她拉闔行李箱拉鍊，把它豎直放妥。呆呆打開房門，走往隔壁房間，站在門口。這次旅遊，高芳妮的先生一道前來，他們住在旁邊。佩璇本能的，遇到困難就想找這位老朋友。

她傻傻立著，沒敲門。聽到裡面抽水馬桶的聲音，不清楚的講話聲。

藍天下，早晨淨白的陽光在每扇米色大門抹上柔和的光彩。穿著鵝黃色棉衫、淺藍寬鬆長褲的佩璇，像稻田裡為了驅趕麻雀而矗立的稻草人，單薄靜止。

好一會兒，門往內拉開，高芳妮驀然瞧見直立門外的人影。

「佩璇！」她詫異：「咦，妳臉色怎麼那麼難看？身體不舒服嗎？」

只見沉鬱冰冷的臉上，一雙空洞茫然的眼睛，似無法聚焦地朝向前方，完全變了一個人！高芳妮嚇得兩手扳著她的肩膀，盯著她：

「佩璇，發生什麼事？妳說話呀！」

她先生聞言也走出來。

「宇誠打電話說，宇平往生了。」佩璇乾啞的聲音好似從遙遠的地方傳來。

「什麼？」高芳妮不敢相信，驚嚇問著。

「我的兒子死了。」佩璇喃喃地說。

芳妮不知該說什麼，一把摟住她僵硬的身體，輕輕拍她的背，感覺她身子在顫抖。

放開手瞧著，呆滯的臉孔，無一滴眼淚，卻憂傷悲苦得令人震撼！令人揪心！

這一刻，高芳妮看到什麼叫做「至悲無淚，至痛無聲」。

回程路上，她一語不發，緊閉著眼睛。偶爾睜開眼無意識地看看窗外，又閉上眼。她真盼沉入夢裡，醒來發現只是虛驚一場，一切都沒變。

在每個父母眼中，不論孩子多大，永遠都是令他們掛念的孩子。

何況在兩個孩子十、十一歲時，她就離開他們。沒有陪著他們從兒童走到少年、青年、成年，二十幾年的空白，對他們的認知有斷層，在心中更將他們當成小孩吧。

宇誠的情感如何荷負哥哥撞車身亡的悲慘事件？接下來的繁瑣後事，他能應付、能處理嗎？

中午，大家買火車上販售的便當，她吃不下，沒買。

手機響。「媽媽，妳到哪裡了？」宇誠問。

「剛到宜蘭，應該下午兩點會到臺北。」

「哥哥在板橋殯儀館，我和爸爸都在這裡。妳在板橋火車站下，坐計程車五分鐘就到。坐上計程車時打電話給我。」

佩璇請同事幫她把行李帶回幼兒園，她繼續坐往板橋。

一下計程車，就看到宇誠在圍牆外的步道上等她。兩雙愁眼對望，默默無語。宇誠帶她穿過廣場，灰色的天空、灰色的水泥地，經年焚香不斷與腐腥臭混雜的氣味充塞其中，籠罩著在此行走的每一張悒鬱的面孔。

「哥哥在哪裡？」她悲切低問。

「在裡面。」

跨進磚砌的一間大屋子，阿彌陀佛的塑像豎立在內牆的中間，兩旁一列一列擺著亡者的相片，相片前是小小的香爐和水果、餅乾。一個個緊挨著，數不清有多少人。

往左走到後頭，宇誠停下來，她看到宇平的相片。好年輕清秀的一張臉，短短的頭髮，飽滿的額頭，細框眼鏡後面是一雙清澈的眼睛，光滑端正的臉孔瞧不出絲毫異常。

宇誠點了一枝香交給她，她持香舉眉，緩緩插入香爐，凝視片刻，走出來。

「哥哥在哪裡？」她再問。她要看他的人，不是相片。

「哥哥放在冷凍庫，不在這裡。」宇誠說：「我們先到禮儀社，爸爸在那裡，我們先去討論接下來要處理的事，再去看哥哥。」

她順著宇誠，不再要求。突然想到要跟偉國見面，她有些緊張。

「媽媽，我也告訴大舅，他剛剛來到。」

馬路邊儘是一間間店面不大的禮儀社、香燭店、壽衣店。走進其中一間，小小的客廳，洪偉國和大哥坐在桌前，林惠敏也來了。大哥看到她，表情嚴肅，頷首打個招呼；洪偉國神色蕭索，扁著雙唇沒說話。

兩人二十年沒見，再相見竟是在這種場合！兩張飽經滄桑的蒼老面孔下，心中正為他們猝死的兒子在滴血。

「媽媽，我已跟爸爸和大舅說明哥哥去世的情形，現在也跟妳說。」宇誠平靜說著。「依照警察的判斷，哥哥是在前天凌晨去世的。在靠近華中大橋的馬路上，哥哥被車子撞擊，從身上輾過，深夜沒有人發現，到早上路人報警，警察到時已經死亡，便就近送到這裡的殯儀館。」

他停頓一會兒，繼續說：

「警察說發現時，他身體仍餘有酒味。所以研判是醉酒，神志不清，不慎被車子撞傷，沒有及時送醫……肇事者逃逸，沒有目擊者。他們調出公路攝影監視器的帶子，在那段時間，有一輛汽車急奔……從車牌號找到車主。是一位剛拿到駕照的十九歲青年，警察找來詢問，這位年輕人說黑夜中看到一個人突然冒出來，他要煞車，但一緊張竟猛踩油門。知道撞到人，他很害怕，不敢停下來，就趕緊離開……」

再次描述哥哥悲慘的死亡經過，宇誠有些心力交瘁。

「這位年輕人以過失殺人罪，先關在拘留所。警方要你們去一趟，看是怎麼追究和賠償。」

他轉頭對佩璇說：「媽媽，剛剛你還沒到之前，我和爸爸討論，其實我們知道是哥哥自己要尋死的，他一直想結束自己的生命。藉著這位年輕人，他達到目的。這個還是學生的青年有點無辜，如果我們要追究要告他，他可能要坐牢三年至七年。爸爸的意思是就不追究。媽媽，您的意思呢？」

告他，兒子能活過來嗎？「就依你們說的。」佩璇說。

接著宇誠說明對宇平後事的安排。

因為是年輕晚輩，不宜鋪張，所以徵得父母親的同意，採取聯合奠祭的簡單樸素儀式。然後他和禮儀社負責人商談各項儀式、時間安排與費用等等，以及最後的簽約。

偉國和佩璇看著聽著，訝異地認識和意識到他們的小兒子並不小，他是大人，三十三歲的大人。

能一肩扛起生死大事的大人。

最後敲定三月二十六日的尾七，三月二十七日告別式，火葬、骨灰奉安寶塔等事。佩璇的大哥代表外公家，拿了一個「白包」給宇誠作治喪費用，便說有事先離開。走出禮儀社，佩璇又問：「哥哥在哪裡？」她一心牽掛此事。

宇誠帶著爸媽走到一棟灰色土牆。他跟門口的管理員說：「這是我爸爸、媽媽，他們要看我哥哥。」轉頭說：「我昨天才看過，就不進去了。」

管理員領他們在一進門入口的右邊停下來，拉出一個冷凍櫃，深綠色厚塑膠布蓋在長形鋼板上，他說：「眼淚千萬不能滴到他臉上。」輕輕掀開頂端，即離開。

一個比生前腫脹的頭顱和慘白僵硬如石的臉，呈現在他們面前。眼睛閉著，暗紫色的嘴唇微張，裡面似乎還含著乾掉的黑色血塊；這已是稍做擦拭的遺體。偉國和佩璇靜靜的凝視。無淚。

已經五點多了，管理員準備下班，他走進來把塑膠布拉上，鋼板推進去。他們走出來，宇誠和惠敏在外面等著。

從板橋回到永和，計程車上，四人靜靜的。偉國坐在前座，宇誠疲憊至極，惠敏悄悄握住他的手，十指相扣，一路上。惠敏的無言慰藉，這一幕，讓佩璇感動與感謝。

一進宇誠家客廳，她便忍不住抱住宇誠。心中念著：我唯一的兒子，至愛的兒子，你辛苦了。

「有沒有開水？我要吃藥。」偉國問惠敏，一面從背包裡拿出藥袋，窸窣撥弄著。

「哪裡不舒服？」佩璇關心問道。

「爸爸有糖尿病。」宇誠說。

「哦？」她很意外，「你不喜歡吃甜的人，怎麼會得糖尿病？」

「我也覺得很冤枉，從不碰甜食，竟會得這種病。」

「有家族遺傳嗎？」

「沒有，目前就只有我。」

「糖尿病的人禁不得餓。」佩璇問：「家裡有東西吃嗎？」

宇誠搖頭。

「附近有餐館嗎？」

「也沒有，只有便利商店。」

「這家便利商店有賣微波加熱就可以吃的咖哩飯和燴飯，我去買。」惠敏體恤他們的心情，自動要當跑腿。

偉國點了燴飯，宇誠只要泡麵。佩璇又開始胃痛，她從早上到現在都沒吃東西，她點了一個麵包和鮮奶來填胃。

「你還有在運動嗎？有繼續打太極拳嗎？」

「早就沒打了。以前學校工作忙，現在退休了也懶得動。」

「待在家裡，不是很無聊嗎？」

「就睡覺啊。」

「爸爸每天在研究《易經》，也會找人下棋。」

……

四個人圍坐，像一家人般一起吃飯、談話。氣氛自然、和諧，實為不可思議。

喪子之痛的兩顆心靈，縱不能相互撫慰、相互取暖，至少知道對方的悲傷愴惻和自己相同，無距離的等同。身上流著他們各一半血液的兒子，血液已凍止，躺在冷凍櫃裡。

人間之悽慘，何甚於此？多深的怨懟，多大的憤懣，能不消融嗎？

惠敏把桌上的餐盒收拾乾淨，為每個人倒了一杯水。靜靜地坐下來。

「對於哥哥的死亡，我有責任，」宇誠沉痛剖白心裡的話，「三天連假，我和惠敏到嘉義玩，並去探望一位好朋友。如果我沒有出門，丟下哥哥一個人在家，就不會發生這種事。」

見他自責的表情，偉國、佩璇不約而同說：「不是你的錯，不能怪你！」

「不是第一次了，宇平執意要死，這次沒達成，他還會繼續……」偉國安慰他。

背負宇平這沉重的擔子，已經夠辛苦，夠他們心疼了！只剩下的唯一的兒子，他可要健康平安地過日子。

話題轉到二姑姑的兒子正在開畫展。

「去年和表哥見面時，聊起他的兒子，」宇誠說：「他的兒子也是和一般小孩不一樣，有點像過動兒。他們去找醫生，經過詳密的檢查，確診是『亞斯伯格症候群』。」

第一次聽到此病名，兩人疑惑地望著他。

「我和表哥仔細思量、討論，我們認為這是家族遺傳，我們洪家有『亞斯伯格症候群』的基因。」

他有條理地敘說：

「一般人會把它歸為自閉症。但是和自閉症不同的是『亞斯伯格症』的人，智力不差，甚至高於一般水平。他們的徵狀是：人際關係上有障礙，在社交、語言溝通上比較困難；對於自己的興趣表現出專注、特別執著的態度；無法理解社會的常規；其思想、行為表達，有時也和一般人不一樣。所以常常得不到別人的認同。」

「此外，他們在家務、生活瑣事，大都笨拙，不喜歡做家事。」

佩璇想起以前她常怨怪偉國不幫忙做家務事。

「我們來看看，洪家的小孩大都滿聰明，爸爸、二伯，尤其屘叔，他物理化學方面很厲害，繪畫藝術的成就非凡，他兩個女兒也都從事繪畫工作。嗯——好像洪家有幾個人在繪畫上有天分，表哥也是。」

「宇誠從小也很會畫圖，」佩璇插嘴，「你在音樂上也表現優異。」

「後來興趣轉移，沒有再繼續。」他淡淡一笑。

「屘叔的兒子從小被認定自閉症，講話有困難，但是他的數學能力真是超乎常人，可說是這方面的天才！」他侃侃而談，細數洪家小孩的優異和外在表現的障礙。

佩璇離開洪家時，偉國姐姐的孩子都還小，屘叔也還只有一個小女兒。他們後來的狀況，她都不曉得。

「其實，哥哥也是。你們說他的身體是出生後嚴重黃膽症造成的，我想也是他有亞斯伯格症的基因。」

「宇誠，你也是？」佩璇問，擔心這位高智商的兒子。

「是的，我的想法和行為，在許多人的眼裡也覺得很奇怪。」他苦笑道。

「根據科學統計，罹患亞斯伯格症的機率是百分之〇點七，也就是平均每一千名新生兒，會有七名嬰兒罹患，其中百分之七十五是男生。」

「目前，被診斷為亞斯伯格症的名人不少，如安徒生、牛頓、愛因斯坦、莫札特、貝多芬……據說比爾蓋茲也患有此症。」

第一次聽聞此症之名，第一次知道兩個兒子也許患有此症。常聞「天才早逝」，對於宇誠的聰慧，他們固然欣喜，但更祈願他能福壽雙全，康寧過一生。

九點多了，宇誠滿臉倦容，這幾天的折騰，可夠累了。

「我該回去了，」她說：「宇誠也早點休息。」她起身望著偉國，「你也多保重，留意身體。」

偉國微微頷首，沒說話。

宇誠送她下樓，到巷口幫她招了計程車。見車子駛離，才走回家。

二十二年來，爸爸、媽媽第一次同時出現在他面前。同桌共語這二、三小時，如夢般虛幻，此景恐不復再有。

十天之後，後事全部結束。哥哥離開了，徹底地離開了。突然之間，令他牽腸掛肚的擔子消失了，心變得空蕩蕩。

三十年來，打從他有記憶、懂事以來，他就明白並認定這位和別人不一樣的哥哥會是他一輩子的牽絆。他自覺比父母親更了解哥哥的心思。以前覺得哥哥的思想觀念和爸爸很像；到臺北念書，與媽媽稍有接觸之後，發覺哥哥跟媽媽也像；等哥哥上來同住，發現哥哥也像自己。

這親子手足的生命是如此的共通和親密。

研究生命科學的他，過去，從爸爸身上、從國文課本裡灌輸的儒家對「彼世」的看法：「未能事人，焉能事鬼？」「未知生，焉知死？」這幾年又常聽聞「輪迴說」。不同的看法在心中撞擊，他產生了許多疑惑。

這天，晨曦社《六祖壇經》的課程，講到有位僧人請問惠能大師有關「色身無常，法身有常」的問題。下課後，他留下來請教元清。法師慈藹的容顏，使得他先坦言哥哥的猝然往生。

「法師，我是學科學的，知道每個生命有所謂的遺傳基因，是和父母乃至家族，有著密切的牽連關係。」他坦直問道：「而佛教說生命是自己一世一世的在輪迴。我不明白這當中是否矛盾？或是有怎樣的雷同與關聯？」

元清悲憫望著陡然喪親的年輕人，憶起父親往生時，自己對生命的種種疑惑。他溫和而認真地告訴宇誠：

「生命的遺傳因子，科學說是基因，以佛法來說就是業力。會成為父母子女，是過去世的因緣，更是業力使然。怎樣的業力，就會牽引你去找尋怎樣的父母。」

為了讓他明白，元清說明何謂「業」，並進一步解說引業、滿業；定業、不定業；共業、不共業……

宇誠專注地聽著。

「如果說基因只得自遺傳，為什麼相同的父母生出的小孩，長相、心性、智力沒有完全一樣？投胎到同樣的父母、家庭，是子女的共業；每個孩子各有不同，就是不共業。好比遇到同一樁災難，有生、有死、有輕傷、有重傷，這也是因為有共業、不共業……」

「看來佛教講得更徹底。」他有些佩服。

「法師，說到輪迴，」他再提問：「前不久有位研究紫微斗數的朋友，他排了我哥哥的命盤，說我哥哥這一世是第一次投胎當人，身而為人很生疏，所以活得很辛苦。真的嗎？」

「你認為呢？」

「我不知道……有點相信。」宇誠說。

「我也不知道。」

雖然佛教不算命卜卦，強調命運是個人自作業自承受。而「因果業報」幽微繁複，凡人難以通透。但世間多不可思議之事，或許真有「高人」能確切窺測也說不定。因此，元清沒有駁斥否定。

「……每個人都是隨著業力，以自己的因緣果報在六道裡輪迴。」元清耐煩講解。

「不知道我哥哥現在在哪裡？」他悵然自言自語。

「如果你想探究生命、生死這些課題，可以來我們道場上課。」

元清看著這位俊雅又憂鬱的年輕人，很希望他能在佛法裡找到安身立命之道。

過了八點，大家陸續進辦公室。暮冬，難得現臉的朝陽，正緩緩爬上窗臺。地上、花架上排滿的盆栽，才被清水滋潤的葉片閃著一顆顆珍珠般晶亮的光彩。

在本山，從寮區、各堂口一走出門，甚至在室內推窗一望，盡是滿山滿谷的一片綠。

生活在遍植花木的園林裡，少有人另外再種盆栽。來到臺北這水泥叢林，大家竟紛紛的想要蒔花植草；一方小小的綠色花園，是心靈對大自然的渴望和寄託吧。

靠裡的牆面正中掛著千手觀世音菩薩的畫像，另一面牆則是師父的法相，和他手書的「常樂柔和忍辱法，安住慈悲喜捨中」兩行墨寶。不大的空間，十張辦公桌對望並排，矮矮的淺藍層板隔成個人的小天地。

有的人收拾整理昨晚社教班結束後的各種資料；有的在安排臘八節，煮粥、裝碗、發放的義工；有的準備歲末聯誼的各項事宜……義工、師姐在外面客堂、齋堂、流通處、教室忙著，時而有人進來找法師詢問事情。

坐在元清旁邊的元道低頭寫字，桌上放著幾本書，他正準備後天光明燈法會的開示。突然，他轉頭問元清：

「我們知道萬法唯心造，心念一轉，所見的世界就不一樣。最常被舉出的例子是『哭婆變笑婆』，你知道還有什麼這方面的例子嗎？」

「國王斷指。」元清說。

「這也講過了。」

「以前看過，」坐在對面的師兄熱心提供來自網路的故事，「有個商人到非洲賣鞋子，發現當地的人赤腳不穿鞋，很喪氣。有人告訴他這就是商機。」

元清思索半晌，說：「我有個自己的體驗，你看可不可以？」他有些靦腆，「我很不會洗衣服，也不喜歡洗衣服。尤其到了冬天，衣服又厚又重，洗得很辛苦。」

這跟心念有什麼關係？他們好奇。

「冬天嘛，短褂不用每天換洗。第一天「洗手腳」（臺語），只換裡面衣褲，不用洗衣服；第二天洗澡，裡外的衣褲全部換下來洗。想到要洗那麼多衣服，就覺得很累。有一天洗衣服時，靈光一閃：洗完熱水澡，身體暖和又乾淨，很舒服，而且今天洗了衣服，明天就輕鬆不用洗。「小洗」時也想到：真好，今天不用洗衣服。如此，每天盥洗時，不管要不要洗衣服，我心情都變得很愉快。」

幾位法師聽了元清的「洗衣奮鬥小史」，覺得好笑。

「跟你相反，我很喜歡洗衣服，」一位師兄說：「衣服在洗衣板上搓搓搓，或拿著刷子刷刷刷，那聲音，還有白白的肥皂泡沫在手指間流過，這時候，我的心很平靜很歡喜。」

「哈，這是你的『洗衣禪』！」

同樣的生活小事，每個人有不同的感受。

「洗澡、洗衣服是日常生活裡都會碰到的，滿貼切的例子。」

「不過，我們女眾法師把這……有些私密的行事，當成例子，在大眾中舉出來，是不是不太妥當？」

大家安靜思考。

「我想還是不要用，」提出此例的元清也覺得不妥，「這種例子只能跟師兄弟分享就好了。」

「再找其他的故事吧。」

住持進門，適才的「洗衣公案」已結束，恢復寧靜。

「後天的光明燈法會，」住持說：「青山寺需要兩個人支援，這次輪到誰？」

元道和另一位法師舉手。

「但是，住持，這裡的法會，我要開示，是你開牌的喔。」元道笑著眨眨眼。

「啊，我忘了，那有誰可以支援？」

「我去吧，我可以。」元清說。快過年了，法務組、典座組的師兄都特別忙，他便自告奮勇地舉手。

他和元隆搭捷運到北投站，一位居士開車來接他們到青山寺。這是元清第四次來支援。座落在郊外，有綠樹掩映的這所分院，會令他想起嘉義的本山。

有一次留下來住宿，晚上和元修從坡道到山門口，來回散步、聊天。數顆星星閑靜的掛在黝黑的夜空，寺裡的黃色土狗跟在旁邊巡邏，偶爾聽到風吹草動，急著吠叫幾聲。

「來福，你又看到什麼？」元修說：「牠呀，除了看門、防小偷，還會捉蛇。」

「牠怎麼捉蛇？」元清好奇地問。

「不是牠捉，是牠發現，叫我們去捉。有次金剛師兄還未到，牠著急地跟著，靠得太近，差點被蛇咬了呢。」

樹林環抱的山居生活頗愜意，唯最大的苦惱是蚊子太多，那一晚被嗡嗡鳴聲擾得無法安睡。元清的體質易招惹蚊子，每次耳邊蚊鳴聲縈繞時，他就不禁惱道：「我的血液可以布施給你，趕快喝吧，叮就叮了，幹嘛嗡嗡地吵個不停……」

來到青山寺，元修和元隆先到大殿禮佛。一進門聽到西單一陣陣低低的吵雜聲。已有不少信徒陸續進來，有的人安靜地往兩旁的拜墊坐下，有的則好奇地往那一簇人群湊近。

傳出元修的聲音，元清過去。只見一位婦人閉著眼睛，上身斜倚著牆面。元修抓著她的手，拇指在她合谷穴上按摩，一面叫一位師姐去泡杯黑糖水。

「怎麼暈倒的？」「貧血嗎？」「還是心臟有問題？」……七嘴八舌的關切聲。

凌亂的頭髮下，憔悴的臉龐，蒼白且微微泛黃，寬大黑色外套的映襯，更顯慘白悽苦的病容。元清憂心端詳。

「你們不要圍在旁邊，都沒空氣了！」元修抬頭，眼睛掃過去，「大家去排班。」信徒聞言，一個個離開。

人群散開，果真有新鮮空氣飄來似的，婦人慢慢睜開眼睛。

「好了，好了，」元修喘口大氣，拍拍她的手背，「來，喝點黑糖水。」看到法師擔憂的表情，婦人虛弱地說：「師父，對不起，給您添麻煩了。」她立直身子掙扎地要站起來。

「慢點，再休息一下，」元修按住她肩頭，問：「等下的法會，妳要參加嗎？可以坐在後面，沒關係。還是妳要回家休息？」

「我還是回去好了。」婦人自覺仍有些暈眩，此刻只想躺在床上。

「那妳等一下，我請人載妳回家。」

「師父不用麻煩，我自己搭車就好了。」

「怎麼可以！萬一在路上又暈倒，怎麼辦？不要逞強了。」

他跟元清說：「你陪她一下，我去找人開車。」就匆匆走出大殿。

婦人也撐著站起來。

「先不要動，緩一下，」元清扶著她手臂，稍會兒，「頭還會暈嗎？」

「還好，一點點。」瘦小身子慢慢移開步伐。

「妳常暈倒嗎？」元清陪在旁邊。

「以前沒有，最近才這樣。」沒力氣的聲音虛虛回答。

「我建議妳應該去看醫生。」

「好的，謝謝師父。」

兩位法師看著她坐上車。元修告訴開車的師姐：「送她到家，陪她進去，沒有問題再離開。」

車子駛離。看看手錶，還有五分鐘，幸好沒耽擱到法會。他們趕緊回辦公室換海青、搭袈裟，上臺。

法會結束，用午餐時，元清問：「以前沒見過這位師姐，新來的信徒嗎？」

「好幾年前就來了，不過這一年來很少看到她，她說這陣子身體不太舒服。」

「身體看起來很不好，生什麼病？」

「她沒說。唉，又是一個苦命的人。」

「哦？」元清詢問。

「離了婚，現在自己一個人住。」

接獲高芳妮告知的訊息，宇誠極為震驚！

隔天早上，他和惠敏搭捷運轉淡水線，依高芳妮的指示，從忠義站出來，向左拐，沿著鋪上碎石子路的人行步道往前走。冬日的藍天暖陽下，一排洋紫荊樹，尚有幾朵紫色的花危顫顫地掛在樹梢。

走進隧道，爬上階梯，轉入一堵石牆隔成的小徑，遲疑的詢問路過的行人，繼續前行，看到黃底黑字寫著「和信醫院」的指標，知道沒有錯。一棟一樓敞開的建築物，機器聲轟轟響，一陣陣奇怪的氣味飄散出來，辛辣濃烈的香料氣味？（後來聽說是醫院的消毒劑），往前左轉就是玻璃大門。

大廳裡不像一般醫院那麼熱鬧，只疏疏落落的家屬或訪客在進出。乘電梯上了五樓，走廊牆壁是粉紅暖色，他們一間間尋找房號。站在半掩的門前，宇誠暗自吸口氣，旁邊的惠敏輕握一下他的手。

前面的床空空的，中間的隔簾拉到一半遮住了裡面的病床。他們走進去，輕聲和床邊的高芳妮打招呼，望著床上閉著眼睛的母親。

「昨天傍晚才動完手術，早上醒來一會兒，醫生來巡視後，剛才又睡著了。點滴裡應該有止痛、鎮靜的藥吧，昨晚睡得很沉。」高芳妮面露倦容，疼惜地說。

凝視媽媽，心中一酸，眼眶紅了起來。才幾個月沒見，媽媽怎麼縮小了？頭變小了，蒼黃的臉變小了，淡粉紅色被子裡的身體也是小小一團，真如無意中滾進去的一顆枕頭。左手臂露在被外，點滴的管線垂在袖口，也是粉紅小花圖案的病患衣服，無法掩飾慘淡瘠瘦的病容。

半年前吧，才和媽媽見面，只覺她清瘦些，看起來有些疲倦，以為是工作忙碌。怎麼一夕之間就像汽球噗地洩氣變得扁癟癟的？

坐在走廊的塑膠椅。

「你媽媽的身體，已經好一陣子不舒服了，」高芳妮說：「開始她說是胃痛，也沒去看醫生，只在藥房買成藥。稍微舒緩疼痛，沒多久又發作。我勸了她幾次，就是不肯去醫院。聽說前不久去寺院參加法會，還暈倒被送回來。」

宇誠靜靜聽著，想像煢孑無依又逞強的母親。

「一個月前，我押著她去榮總看胃腸科，心想不管是胃潰瘍、胃出血，總是能對症治療。沒想到照了胃鏡，醫生還要她作抽血檢驗、腹部超音波檢查。隔幾天去看報告，醫生說長了腫瘤，是惡性的，是胰臟癌！」

「不是說胃的問題，怎麼是胰臟？」惠敏不解地問。

「我也這麼疑惑。轉到腫瘤科，醫生說胰臟的位置深藏隱密，在胰臟周圍又有不少器官，如胃、十二指腸、肝、腎等。胰臟出了問題時，往往會以為是這些器官的毛病……」

「唉，所以，」芳妮嘆口氣，「醫生說胰臟癌初期很難被察覺，往往確診是胰臟癌時，已到晚期。」

「啊——」宇誠張開嘴，心頭一懍，打了個寒顫。

「目前癌細胞已經侵犯到胰臟、十二指腸，不確定是否移到淋巴結了。」

「這些，媽媽自己知道嗎？」

「知道，她很勇敢，一開始就表示要了解病情。」

沒有家人陪伴，強迫自己要堅強的母親，又令宇誠酸楚不已。

「原本她不願意開刀，認為得了癌症也活不久，開不開刀都一樣，她只求給她止痛藥。人對痛的忍受，還是有極限的吧。醫生告訴她，疼痛只會愈來愈加劇，到時候連止痛藥也無法止痛的，她才同意。唉，總是盡了力，有一線希望。」

「接下來呢？」他徬徨又茫然問道。

「應該等傷口癒合，身體狀況復原後，會化療吧。」

「宇誠，」高芳妮沉吟一下，說：「你媽媽生病，開刀，她都不要我告訴你，她不要你擔心，說你很忙，不能讓你煩惱。」沉重的氛圍在流動。

「有空過來陪媽媽。那麼多年來，她一直不快樂，她一直覺得對不起你們兄弟。

這種極深的愧疚自責，把她壓得很苦，我想這種痛苦壓抑的心結，是造成她生病的主要原因吧。」

「沒有一個母親不愛自己的孩子。兩個兒子是她的最愛，你哥哥的往生，給她很大的打擊；她認為這也是她的錯，如果當初沒有離開你們，就不會發生這種事……」

宇誠聽著，兩道眼淚撲簌簌的直流。惠敏遞來一張張面紙。許久，擤擤鼻涕，擦乾眼淚。

回到病房，佩璇已睜開眼睛。

「媽媽。」宇誠站在床邊喚著，聲音猶有些抽噎。

「宇誠，你怎麼來了？」佩璇疲憊渙散的眼神望著他，無氣無力小聲說。

「妳應該告訴我的，媽媽。」忍住淚水，他在床邊坐下來，輕輕握住媽媽的手，枯瘦的手指冰涼。

「會冷嗎？」他兩手摩搓，要把自己的暖氣傳輸給媽媽。

「會痛嗎？」

她微搖頭，一雙眼睛緊緊盯住他的臉，似要把摯愛的兒子的臉孔深深嵌印在腦中、心底、骨髓裡。她眼眶濕潤，淚水從眼角滑落耳際。宇誠用手指輕輕揩拭，撫摸瘦削無肉的臉頰。

他心亂如麻，只憂心注視，說不出話來。見媽媽闔眼又昏沉欲睡，他說：「媽媽，妳好好休息，我會再來看妳。」

高芳妮送他們走出病房。

「高阿姨，很感謝妳對我媽媽的照顧。」他誠懇對芳妮致意。

「沒什麼，我們是老同學，」芳妮說：「不過，我也要上班，你們也是。所以我請了一位看護，下午會過來，住院期間她會照顧佩璇。」

「我想，我和惠敏晚上可以輪流過來陪媽媽。」他詢問地望著惠敏，她點點頭。

「那最好了，媽媽會很開心！」

「另外，請問媽媽的醫療費用？」身為兒子，他有責任要承擔。

「不用掛念！」芳妮心想真是懂事的孩子，「媽媽有健保，而且她有存款，住院前她還把銀行提款卡給我，說所有費用她自己支付。你不用擔心。」

佩璇一向不會占別人便宜，了解她矜持的個性，便也尊重她。芳妮明白宇誠剛畢業不久，賺沒多少錢，他媽媽肯定也不要增加他的負擔。

接下來，只要晚上沒有特別的事情，他們便輪流過來醫院。主要的照顧還是靠看護，他們只能陪伴；而此陪伴，尤其是宇誠在身邊，即是佩璇最大的心靈慰藉。

她從注射營養劑，到喝米汁、流質食物，接著能吃煮得熟軟的食物，精神也逐漸恢復。兩週後她要求出院，醫生同意並預約一星期後的複診、檢驗。屆時視身體狀況再安排化療的時間。

回到自己的小窩，她彷彿從鬼門關走回來。遵循醫生的囑咐，步調放慢，飲食清淡。其實不用醫生叮嚀，大病之後的她，即使性子急躁，身體也已由不得她。

地板、門窗沾滿灰塵，她沒有體力擦拭。光是拿著抹布來回揩一揩桌子、椅子、床鋪，她就精疲力竭，必須躺下來喘緩。自己變得如此虛弱不堪，很出乎她的意料。

這一週的早餐，是五穀粉加燕麥片，中餐、晚餐，湖星幼兒園那邊幫她烹煮，由高芳妮或同事送過來。她實在不願添增別人的麻煩，心想過一陣子有了體力，就可以出去買菜回來自己煮。

直到現在，她仍然沒有讓父母知道自己罹癌。也一再交代芳妮、宇誠不能向兩位老人家透露。

鏡子裡如此憔悴的病容，爸媽看了，該多震驚、多憂愁？這不孝的女兒已讓他們諸多牽掛。唉，等我身體恢復，氣色好些，再和他們見面吧。

宇誠每次打電話來關心，她也提振力氣安慰他：「不用擔心，逐漸復原中。」

第一次複診，看了檢驗報告，醫生皺一下眉頭：

「妳的血球數值，還沒有達到正常值。妳再繼續吃藥，下個月再來看看。」

雖然聽聞化療之後，身體會有各種的痛苦反應，佩璇不免畏懼，也有些排拒。

「唯有化療才能殺死癌細胞，才不會再復發、轉移。」

「已經動了手術，等開始化療，再忍耐幾個月的痛苦，就可以痊癒了。」

來自醫師，來自周圍的勸說、鼓舞，多少點燃她存活的生命希望。她按時服藥，勉強自己吃下許可的健康食物。期待可以化療。

這天中午，高芳妮帶著園裡廚師特地為她煮好的飯菜，開車到佩璇住處。進門沒見她在客廳。

「佩璇，妳在哪裡？」走進旁邊的小房間，見她蜷縮在床上。

「怎麼啦？」芳妮緊張的蹲下身。

她臉色蒼白，冒著冷汗，雙手交握摀著腹部，「我……我很痛。」

芳妮扶起她，載她直奔醫院掛急診。

佩璇第二度住院，不敢再瞞著她父母。

兩位年近八十的老人家趕來，乍見躺在病床上的瘦弱女兒，驚駭不敢置信！老淚縱橫，哽咽埋怨宇誠：「這麼大的事情，怎麼沒有告訴我們？」

「媽媽不讓我說，」宇誠低聲回答：「原本連我也瞞著。」

沒料到她身上的癌細胞那麼快就擴散。醫生先為她輸血，讓血球達到正常值範圍，隔天試著為她注射微小劑量的化學藥物，觀察她虛弱的身體能否承受？微小劑量的藥物能不能遏制癌細胞的生長？

檢驗報告顯示癌細胞被控制住，大家高興；見她又被禁食，只能靠注射營養劑維持體力，又覺得心疼。

狀況稍佳，被允許喝半杯米汁，直如飲瓊漿玉露那般欣慰珍惜。精神好時，她可以背靠著搖高的床，聽爸爸、媽媽、宇誠、芳妮或訪客說話，偶爾也回一兩句。狀況差時，就在止痛劑的催眠下鎮日昏睡。

如此，時好時壞，她與病魔奮戰；親人陪著剖心剮骨的傷痛。

四個月之後，她終於嚥下最後一口氣。

宇誠吃驚地發現，媽媽往生的日期和哥哥相同！去年的三月十五日，哥哥往生，一年後的這一天，媽媽走了。

一年裡，他失去了哥哥和母親。

母親又離開他、拋棄他了，這一次永遠離開了，再也不會回來，再也不會和他相見了。

他怨恨媽媽又一次地遠走高飛。

二十多年來，尤其年少、還在高雄時，他對媽媽懷抱著種種複雜的感情。天生的孺慕、愛戀、思念，和被遺棄的不滿、怨懟、委屈，時時揉雜糾纏，攪得他心神不寧，痛苦不堪。

他篤定確認爸爸的寡歡，他和哥哥的憂鬱，都是媽媽造成的。當然，後母進家門，這個家變得暴戾不和諧，冰冷不溫暖，也是媽媽造成的。他怎能不怨不恨呢？

忘了什麼時候，在什麼情況下收到媽媽的一封信。信裡叮嚀他們兄弟要好好吃飯、用功讀書等等，最後說只要他們健康、快樂，不用對她多加思念。另外，為了他們不肯喊後母「媽媽」，後母很生氣。她知道之後，勸他們要聽後母的話，要叫「媽媽」。

這兩件事，對他們幼小的心靈帶來很大的震撼與打擊。他們對親生母親的想念之情，不肯背叛的忠貞之心，在媽媽眼裡竟是如此不值一文，如此輕忽視之！

原來，兩個兒子在她心中已無重要地位，難怪她能狠心決然離去。年紀漸長，心智漸趨成熟。來臺北念書，和媽媽幾次見面，從她眼神、舉止，才隱約陌生的感受到久違的一絲母愛。不過，後來有了惠敏，她給予的溫柔情愛，填補取代了對母愛的渴求。

這一陣子媽媽罹癌住院，每次去醫院看她、陪她，只要她睜開眼、見到他，即使神識模糊，依然清楚認得他而目不轉睛地盯視，凝住不動的眼眸，飽含如山如水難喻的深情（如同其他人的母親），從他一出生那一刻就存在，就不曾減少消失的濃厚母愛；他深刻體會感受著。

而望著望著，眼眶泛紅，不時潸然淚下，痛苦歉然地對他說：「對不起，媽媽對不起你們……」

至此，他才明白媽媽一直愛著他，也才明白媽媽深受「思念」之苦。她不要自己的孩子也遭受此苦，寧可忘了她，只求他們健康快樂。

現在明白，已太遲了。

媽媽所有佛事結束之後，高芳妮要他去一趟湖星幼兒園。這是媽媽安身十多年的幼兒園，以後恐怕不會再來了吧。媽媽在時，他好像也只來過四次。

坐在辦公室，高芳妮交給他媽媽的遺物：一本銀行存摺、印章，和她的一些證件，以及一個如水果禮盒大小的紙箱。

「這應是你和哥哥的東西，」高芳妮神情落寞，「上面寫著你們兄弟的名字。佩璇很寶貝它，搬家時都緊緊抱著。」

失去最好的同學，也是她工作上最得力的幫手，她一時有些不能適應。

宇誠默默接過。忽然一團黃色在前方跳下來，是他撿來的那隻小貓。

「小虎，」芳妮喚牠：「來，你還記得宇誠哥哥嗎？」

小貓喵一聲，慢慢靠近芳妮身旁。當初盈盈一握的小貓，已是健壯的成貓，虎斑色的皮毛整齊濃密，真像一隻小老虎。

「妳們養得很好。」宇誠想著媽媽初見牠的憐愛神情。

「以前大都是佩璇餵牠吃飯，照顧牠，幫牠洗澡，」芳妮抱起牠：「所以牠和佩璇最親。她生病住院之後，小虎見不到她，每天進來辦公室巡一匝，就跳上她的椅子躺下來。」

「大家說，牠也想念佩璇，要嗅著她的氣味……」芳妮將小虎遞給宇誠。小虎也不陌生、不害怕，依偎在他懷裡，閉眼享受他的撫摸。

寬淺的白色瓦楞紙盒，顏色、質地皆顯出久經歲月的磨損殘褪。黏貼盒面上的黃色貼紙也早變成灰白色，藍色原子筆書寫：「宇平、宇誠之物」，字跡稍淡仍依稀可見。

他掀開盒蓋，凝視，不動，數分鐘之後，想像也跟著媽媽一一打開她的記憶寶匣：他剛進小學一年級，每次月考的各科考試卷，每一張都是一百分；數張獎狀；幾張圖畫紙，有哥哥畫的圖，有他畫的圖——彩色筆畫的爸爸、媽媽、房子、汽車、太陽、花朵、樹木……有的旁邊寫著：「媽媽，母親節快樂」，稚兒以畫筆表達對母親的祝福。

現在看起來，確實哥哥在構圖、筆觸、用色，都比他簡單笨拙。有一張卡紙上，他畫兩道平行的大大S形線條，中間橫線隔成一個個方格，一格一物，是用細筆勾勒、彩色筆塗上顏色的小瓢蟲、蜜蜂、蜻蜓、蝴蝶、草莓、香蕉……

這張圖，他有印象，自覺是得意之作。當時，爸媽、老師都稱讚說畫得唯妙唯肖、靈活生動。原來，也被媽媽珍藏了。

兩朵紅色縐紋紙的康乃馨，是念幼稚園時老師讓他們帶回來的；四張母親節賀卡，是媽媽離開後前兩年，他和哥哥去文具店買來寄給她的，後來就沒再寄了。

一個塑膠存錢筒，是哥哥送的。一個杯身印有海豚、海象、水母、小魚的圖案，隨著水溫會變成藍色的玻璃杯，是他精心挑選送給媽媽的。她捨不得用，當成紀念品留存著。

有一隻色澤鮮明的石頭小鴨子。嗯，這是國小一年級或二年級吧，學校老師帶他們去春遊（忘了去哪裡？）在景區的販賣店，他想選個紀念性的禮物送給媽媽。有一隻大公雞很豔麗、小白兔很可愛，有一把花扇子也好秀氣，但是都很貴，他身上只有二十元，就選了這隻塗有藍綠紅黃光亮顏色的石頭小鴨子。媽媽很喜歡。叫它「翡翠鴨」。

這些大都是母親節時，他們兄弟送給媽媽的，也只有這時節，他們才會應景地向媽媽表示謝意。這些簡陋的心意，都被媽媽當寶貝般珍惜著。

他還看到兩封旺叔寄給媽媽的信。打開來，旺叔俊秀的字跡寫著：「三嫂您好……」仍稱媽媽為嫂子，他心中有著說不出的滋味，欣慰？遺憾？感傷？

嘆口氣往下看，兩封信敘述她離家之後，兩個孩子對她的想念；他們與後母的相處情形……還提到他的任性，他在生活上無心思無厘頭至令人擔心的程度，如開了水龍頭忘了關，任水流一整夜，也曾忘了關瓦斯爐等等。

他逐字讀下去，沒想到自己讓大家如此牽掛。信紙上，好幾處有水漬留在字上，渲染的斑斑痕跡，可以想見母親閱讀此信時那涕泗縱橫的悲傷心情。

媽媽的記憶寶箱，箱子陳舊但保存得很乾淨，裡面的物品同樣不染塵，玻璃杯、翡翠鴨依然有著油亮的光彩。

二十多年裡，她的眼睛看過多少遍？她的手指撫弄多少次？可憐的媽媽，她擁有兩個孩子的回憶，只有十年、十一年，二十年多來，她是憑藉這些記憶在維持生命嗎？

暮春的夜晚，空氣寒冷。他躺在迫仄的房間，瞪大眼睛望著天花板，客廳牆上小夜燈透進的微弱昏黃光暈，罩映一個孤寂的身影。

他輾轉難眠，許久。終於闔眼入睡，在媽媽給他的暖和羽絨被窩裡，他跌入兒時有爸爸、媽媽、哥哥圍繞在身邊，一場又一場幸福溫馨的夢境。

雖然對母親混摻著種種錯綜複雜的感情，雖然自己三分之二的人生，母親沒有參與，不在身邊，突然失恃的依戀之心似有似無。但是，在倫理、血緣上，她終究是至親，悲傷慼愴的情緒，仍令他終日惶惶，不知所適。

期末課程結束，聽聞晨曦社同學說他們七月要去「打禪七」，便也報名參加；他需要換個空間，來沉澱自己的思緒。

位在臺北縣的「石門道場」，如同其名，迎面即是一棟有著中國古城門造型的建築，灰色水泥牆砌築的三層大樓，就像牢實的碉堡。戶外有廣闊的園林，處處可見鬱鬱的參天古木。是一個清靜幽雅的修行地方，一進來頓覺塵勞滌除。

此次禪七，除了晨曦社約二十位同學，還有其他青年共近五十人參加。這裡的法師都是男眾，帶他們掛單、認識環境、介紹生活作息等，都是男眾法師和學生模樣的居士。只有在齋堂、大寮，才看到不少師姐在穿梭忙碌。

禪堂前方供奉著一尊佛像，四周褐色春櫈上，擺著一張張深咖啡色的方形坐墊和較小的長形墊子。大家依序坐上去。維那師說明禪堂規矩，鐘板、木魚等號令作用，接著以「毗盧七支坐法」教導坐禪之調身，以「數息觀」來調平呼吸及收攝心念。

大部分的人是第一次參加禪修，前兩天兩腿痠麻疼痛，坐立難安，無法專注地調息觀心。宇誠可能是長期打太極拳，筋骨柔軟，倒是很快就適應。

他依著法師所教導，數著一進一出的呼吸，從一、二、三……數到十，再由十倒數至一。如此反覆，將心專注在呼吸，數著數著，靜極。到後來，自然而然不顧數字干擾，只觀著那細微的呼吸，清清楚楚覺知它的存在。只餘這呼吸，其他蕩然無存，連身體也沒了……

一個寂靜、清淨、輕安的狀態，他沉溺著。引磬「鐺——」地響起，他才醒來，意識到自己的存在，好像靈魂從遠方匆忙跑回身體。

有一兩次，聽到引磬聲，微微弱弱似有似無的「鐺——」聲，靈魂不理它，仍停在遙遠的雲端……

「各位同參……」低沉渾厚的聲音把他拉回來。始知大家已跑完香、喝水、上淨房，回到座位，正聆聽和尚開示。

「西方哲學家笛卡兒說：我思故我在；佛教講『無我』，四大假合，五蘊皆空……」平穩的聲音徐徐在禪堂縈迴。

宇誠心想：

「人類異於禽獸，即因有思想，會創新、改造，所以才有文明的進展，才有各種科學的研發。會思考的靈魂，故有一個個獨特的我。而佛教講無我，在破除對自體的執著。《心經》說：『色不異空，空不異色……諸法空相，不生不滅……』科學與佛學，這兩者是否有衝突？或者有融通之處？」

有一天，和尚開示提到：「夢裡明明有六趣，覺後空空無大千。」他想起禪修之前，晚上睡覺常常作夢。兒時的天倫之夢，美好甜蜜令他沉緬不願醒；幾次夢中再見哥哥死亡時的恐怖慘狀，以及媽媽憔悴的病容，往生後枯槁而平靜的臉孔。

夢裡的自己陷在痛苦泥淖，不斷掙扎。醒來全身冒汗，胸口鬱悶難以釋懷。或許是悲傷的延續吧，他竟也夢見有糖尿病的父親突然暈倒在地，沒人發現。第二天趕緊打電話回去，聽到爸爸的聲音，確認沒事才放心。

是的，他憂心焦慮：親人一個一個離他而去。

「不管夢裡多悲傷痛苦，多繽紛精采，醒來，一切都消失了。人生不也如夢嗎？《金剛經》說：一切有為法，如夢幻泡影，就是如此。許多人都醉生夢死的過日子。不知道：醒來了，就不是夢。」

和尚這句：「醒來了，就不是夢。」像一支大鐵鎚敲在心頭！

原來，我作了三十多年的夢，什麼時候醒來？醒來的心境，是不是如同打坐時那般？

禪七結束前的小參，他把心中的種種疑惑請教和尚。

和尚只簡單說：「心的本質不生不滅，它可以解脫輪迴，超越時間和空間。」

「這心，就是佛性嗎？」他想起元清法師上課所言的「本來面目」。

「是的。」和尚賞識的看著這位聰慧的年輕人。

事後，拿了一本《維摩詰經》給他。希望他能融通有無，進一步萌發大乘菩薩的心懷。

一整天，他總覺得右肩後背上，有一處如細針扎著，微微刺癢，不時伸手在背後抓一下，捏一下。

晚上回到寮房，心想早上剃完頭，明明已把沾在衛生衣上的頭髮一一撿乾淨，也一再檢查，難道還有漏網之魚？

在浴室裡翻開衛生衣內面，對應刺痛位置仔細搜尋，果然看到一個小黑點，不到○點一公分，像鋼筆在白紙上輕輕一頓的小黑點，埋在衣服綿密的纖維裡。用指甲將它掐出來，那麼細微的一釐之毫，竟如「芒刺在背」般不舒服。

元清突有所悟：感覺不會騙人！

觸覺如此，視覺、聽覺、嗅覺、味覺，何嘗不是？

他再思量，粗浮表顯的五根能察覺，深微隱藏的意根，當它獨頭，於幽暗處起心動念時，我是否也能察覺？也能了了分明，不被欺誑？

回來本山的一個月短期參修，已近尾聲。他很喜歡群山環繞的總本山，自己的法身慧命之家，但盼生生世世都能在此安身，在此弘法利生。

山上怕有不下百種的鳥吧？每天清晨，牠們精神飽滿的群體出巢，在樹間、天空、地上，不住的翩翩飛舞，吱喳鳴叫。不同的鳥有不同的叫聲，啾啾、唧唧、咕咕、咕嚕咕嚕……有一種鳥叫聲很特別，如英文的「quickly」，彷彿找到食物，開心的呼朋引伴：「快一點！快一點！」

往寮區大門走去，迎面是三棵高大的火燄木，火紅的花朵在濃密的綠葉間一簇簇綻放著，地上躺著三、五朵被風刮下來的花，形色如小香蕉的花托、花萼，輕含猶鮮豔的橘紅花瓣。

現在是十一月，它繁花盛開如火燄般旺熾，到了明年六、七月，落在地上的會換成一根根火箭形狀的深咖啡色鞘莢，裡面是一片片、一層層，井然有序密密排列的種子。

幸運沒被颱風打落的鞘莢，在樹枝上綻開，那時，無數半透明、月牙白薄膜裹著鵝黃心形狀的小巧種子，便如羽毛、似雪花片，隨風飛揚四處飄落。

這素雅美麗的種子，第一次邂逅時的疑惑、驚嘆，至今仍留存心底。每回走到圓門，就喚起他溫柔的記憶。

嗅著牆邊一排桂花散放的淡雅香味，他步履輕快的跨出寮區。

後天有出家剃度典禮，元清被邀留下來幫忙。他和長老師兄及男女眾學部的老師們，在會議室討論此次剃度典禮的相關事情。

一開始，一位長老師兄先說：「這一次請求出家的人數有七十幾位，大部分是學院的學生，老師要嚴格審核，謹慎把關。不是每個人都適合出家，他是否道心堅固……」

大家輪流審閱申請剃度的名單資料。元清不是學院老師，這些學生他都不認識。不過基於關心，他仔細翻閱，翻到第五張，他愣住，熟悉的姓名跳出來。

姓名：洪宇誠

學歷：臺灣大學碩士

籍貫：高雄

沒錯，他什麼時候來讀佛學院？難怪後面幾堂課沒見到他，他要出家？再往下看：

親屬欄——

父親：洪偉國

職業：中學教師

……

元清胸口似轟然炸開，無比震驚！

洪宇誠是洪偉國的兒子？竟是偉國的兒子！

「師父指示，這次剃度典禮之後，再為他們授沙彌、沙彌尼戒，所以有增加一個儀式……」長老的聲音在耳邊滑過。

待心情平撫之後，他有個衝動，想要和洪宇誠見面。想問他，父親知道他要出家嗎？

不過，還是沒提出此要求，一來山上一向男女眾分隔森嚴，他不方便過問男眾的事情。二來問了又如何？偉國知道與否，會改變洪宇誠的決定嗎？再細看自己的心，原來為洪宇誠祝福同時，他擔心偉國受打擊和悲傷。

莊嚴肅穆的大雄寶殿，七十多位發心出家的戒子，男女分別排列東西兩單。和二十多年前的自己一樣，青白的頭顱，黑色的海青，將為佛門再添龍象。剃了頭的洪宇誠，依然俊朗秀逸。他安詳垂目，眉宇間的神韻和挺直的鼻梁，果然跟偉國極為相似。

元清搭著袈裟，在門口、殿內引導家屬和觀禮者。

直到典禮結束，終究，洪偉國沒有出現。

我從世間來

作者	釋滿觀
主編	賴澄如
編輯	吳曉惠
美術編輯	林紫婕
封面設計	林紫婕
出版・發行	香海文化事業有限公司
發行人	慈容法師（吳素真）
執行長	妙蘊法師
地址	241新北市三重區三和路三段117號6樓 110臺北市信義區松隆路327號9樓
電話	(02)2971-6868
傳真	(02)2971-6577
香海悅讀網	www.gandha.com.tw
電子信箱	gandha@gandha.com.tw
劃撥帳號	19110467
戶名	香海文化事業有限公司
總經銷	時報文化出版企業股份有限公司
地址	333桃園縣龜山鄉萬壽路二段351號
電話	(02)2306-6842
法律顧問	舒建中、毛英富
登記證	局版北市業字第1107號
定價	新臺幣380元
出版	2016年3月初版一刷　2016年6月初版三刷
I S B N	978-986-6458-94-1
佛光審字第	00034號
建議分類	佛教小說

國家圖書館出版品預行編目（CIP）資料

我從世間來 / 釋滿觀 作；--初版 .--臺北市：
香海文化,2016.03　ISBN 978-986-6458-94-1(平裝). --
224.515　　105001871